처음 만나는 민법

김세준

박영사

머리말

이 책은 대학에 막 입학하여 법학/민법학을 처음 공부하고자 하는 학부생을 대상으로 한다. 법학 전공 여부는 상관없다. 학생들이 본격적으로 민법학을 공부하기 전에 민법의 전반을 조망하는 것은 의미가 있으며, 실제 그것을 목적으로 하는 교과목이 개설되어 있기도 하다. 다만 그러한 기회는 한 학기라는 짧은 시간인 탓에, 많은 훌륭한 민법의 입문서가 출간되어 있음에도 불구하고 수업 현장에서는 그것조차 방대하게 느낀다. 저자의 능력부족 탓이다.

그래서 이 책은 민법의 모든 분야를 망라하여 다루지 않고 입문자가 알아야 하는 기초개념과 원리에 중점을 두었다. 중요하지만 입문 단계에서는 이해하기 어렵거나 나중에 심화학습을 하는 것이 더 낫겠다고 판단되는 내용은 전부 민법 각 과목의 학습으로 미루고 생략하였다. 즉 이 책은 무엇을 어떻게 덜어 낼 것인가에 관한 고민의 산물이다.

동시에 민법이라는 거대한 하나의 체계를 조금이라도 파악할 수 있도록 '흐름'에 중점을 두었다. 세세한 내용은 차차 배울 것이어서 지금 단계에서는 이 흐름이라도 이해하는 것이 중요하다고 여겼기 때문이다. 따라서 법전 및 교과서의 체계와 순서를 따르지 않고 나름대로 재구성하였다.

각 장에서 파악하여야 하는 핵심개념과 키워드를 제시하여 그것을 중심으로 흐름을 이해하도록 하였고, 추후 각 개별교과목에서 학습하는 것이 더 효과적이라고 생각되는 내용은 간단하게 표시해 둠으로써("더 공부할 내용") 나중에 어느 부분에서 무엇을 더 공부해야 하는지 알 수 있게 하였다. 이 책은 이 자체로 민법의 교과서라고 할 수는 없고 일종의 가이드 정도에 머무는 것이며, 그것이 목적이기도 하다. 따라서 이 책으로 학습한 이후에는 반드시 민법의 심화학습이 뒤따라야 한다. 그리고 이 책을 볼 때는 항상 법전을 곁에 두고 각각의 해당되는 조문을 찾아가며 학습하기를 권장한다.

가능하면 쉽게 풀어 쓰려고 했으나, 그것이야말로 대가의 영역임을 뼈저리게 느꼈다. 표현과 내용에 부족함이 있다면 보완해 가고자 한다. 저자와 독자가 함께 배우고 성장할 수 있다면 참으로 보람되고 기쁠 것이다.

작업의 고통을 내색하지 않으려던 게 오히려 가족들에게 많은 신경을 쓰지 못한 결과가 되었다. 그럼에도 불구하고 늘 행복한 가정을 꾸리려 애쓰는 아내와 두 아이에게 감사하다. 또한 이 책이 나올 수 있도록 연구실까지 찾아와 독려해 주신 박영사 김한유 과장님, 그리고 세심하게 편집해 주신 이수연 대리님을 비롯한 편집부에도 깊이 감사드린다.

요즈음의 강의실에서는 책을 찾아보기 힘들다. 디지털 디바이스의 시대에 이 책이 어떠한 방식으로든 민법학을 공부하려고 하는 학생들에게 작은 지침이 되었으면 하는 바람이다. "Schwarze Buchstaben auf weißem Papier"(하얀 종이 위에 검은 활자).

2025. 6.

성신관 연구실에서

김세준

목차

머리말 1

제1장 민법과의 대면

Ⅰ. 민법은 어떤 법인가 11
1. 민법이란 11
2. 민법은 왜 필요하며 무엇을 배우나 12
3. 민법전의 체계 14

Ⅱ. 법원 15
1. 민법의 법원 15
2. 판례도 법원인가 18

Ⅲ. 민법의 기본원리 20
1. 근대민법의 기본원리와 수정 20
2. 우리 민법의 기본원리 22

제2장 권리와 의무란 무엇이며 어떻게 발생하나

Ⅰ. 권리와 의무 29
1. 법률관계와 권리 · 의무 29
2. 권리의 종류 32

Ⅱ. 권리의 변동 35
1. 법률효과와 법률요건 35
2. 법률행위 36
3. 법률행위의 유효한 성립 38
4. 의사표시 44
5. 법률행위의 대리 47

제3장 누가 무엇에 대하여 권리를 가지나

Ⅰ. 권리의 주체와 권리능력 55

1. 의의 55
2. 권리능력 55
II. 행위능력 57
1. 의사능력과 행위능력 57
2. 제한능력자 제도 59
III. 권리의 객체 61

제4장 계약에 의한 채권 · 채무의 성립
I. 채권과 채무 65
1. 채권의 의의와 성질, 효력 65
2. 채권의 종류 67
3. 채무와 책임 68
4. 채권 · 채무의 발생 68
II. 채권 · 채무관계의 성립과 계약 69
1. 계약 69
2. 계약의 성립 73
3. 계약의 효력 75

제5장 계약의 목적에 흠이 있는 경우
I. 유상계약과 매매계약 83
II. 매도인의 담보책임 83
1. 권리의 하자에 대한 담보책임 84
2. 물건의 하자에 대한 담보책임: 하자담보책임 89

제6장 법률의 규정에 의한 채권 · 채무의 성립
I. 의의 95
1. 법정채권관계 95
2. 법정채권관계의 종류 95

Ⅱ. 부당이득 96
1. 의의 96
2. 요건 97
3. 효과 100
Ⅲ. 불법행위 102
1. 다른 제도와의 관계 102
2. 요건 103
3. 효과 106

제7장 채무를 이행하지 않는 경우의 문제

Ⅰ. 채무불이행의 의의 111
1. 이행지체 111
2. 이행불능 113
3. 불완전이행 115
Ⅱ. 채무불이행의 효과 117
1. 강제이행 117
2. 손해배상 120
3. 계약의 해제 125
Ⅲ. 채권자지체 128
1. 의의 128
2. 법적 성질 129
3. 요건 129
4. 효과 130

제8장 채권 · 채무관계에서 더 살펴볼 것들

Ⅰ. 책임재산의 보전 133
1. 채권자대위권 134
2. 채권자취소권 135
Ⅱ. 채권의 담보 138

1. 책임재산에 따르는 문제 138
2. 인적담보 139
3. 물적담보와 담보물권 140
Ⅲ. 채권양도와 채무인수 143
1. 지명채권의 양도 143
2. 채무인수 145

제9장 채권 · 채무의 소멸

Ⅰ. 일반적 소멸원인 149
1. 변제 149
2. 대물변제 150
3. 공탁 150
4. 상계 150
5. 그 밖의 소멸원인 151
Ⅱ. 소멸시효 152
1. 시효제도 152
2. 소멸시효의 요건 154
3. 소멸시효의 중단과 정지 156
4. 소멸시효 완성의 효과 158

제10장 물건에 대한 권리

Ⅰ. 물권이란 163
1. 의의 163
2. 물권의 객체: 물건 163
Ⅱ. 물권의 종류 164
1. 물권법정주의 164
2. 민법상 물권 164
Ⅲ. 물권의 효력 166

1. 물권 사이의 효력 166
2. 채권에 대한 효력 167
IV. 물권의 변동 167
1. 물권행위 168
2. 물권의 변동요건으로서 공시방법:
공시(公示)의 원칙 169
3. 공시방법과 공신력: 공신(公信)의 원칙 170

제11장 소유권

Ⅰ. 소유권이란 175
1. 소유권의 의의 및 법적 성질 175
2. 소유권의 내용 175
3. 소유권에 기한 물권적 청구권 176
Ⅱ. 소유권의 취득 180
1. 법률행위에 의한 취득 180
2. 법률의 규정에 의한 취득 180

제12장 물건을 사용·수익할 수 있는 권리

Ⅰ. 용익물권 185
1. 의의 및 종류 185
2. 전세권과 임차권 186
Ⅱ. 주택임대차계약과 임차권 187
1. 「주택임대차보호법」의 의의 187
2. 주택임대차법의 적용범위 188
3. 주택임대차법의 주요 내용 189

제13장 법률관계로서의 가족

Ⅰ. 가족법이란 199

1. 의의 199
2. 가족법상 법률행위 199
3. 친족이란 200
Ⅱ. 혼인 203
1. 혼인의 의의 203
2. 혼인의 요건 203
3. 혼인의 효과 207
4. 이혼 209
Ⅲ. 부모와 자녀 216
1. 친생자 216
2. 친권 219

제14장 사망한 사람의 재산에 관한 법률관계
Ⅰ. 상속과 유언 223
1. 상속제도의 의의 223
2. 유언이란 224
Ⅱ. 상속제도의 주요 내용 225
1. 법정상속의 의의 225
2. 상속순위 225
3. 상속분 226
4. 대습상속 226
5. 특별수익자와 그의 상속분 228
6. 기여분 229
7. 상속의 승인과 포기 229
8. 유류분 230

사례연습 해설 235
판례색인 244
사항색인 247

제1장

민법과의 대면

민법과의 대면

Ⅰ. 민법은 어떤 법인가

1. 민법이란

내가 가족들과 살 집을 하나 장만하려고 하는 상황을 가정해 보자. 집을 새로 짓지 않는 이상, 누군가가 가지고 있는 집을 나에게 내놓으라고 한 후에 그로부터 집을 받아서 거기에 들어가 사는 수밖에 없다. 그런데 처음 단계에서 나는 단지 어떤 집을 하나 사려고 하거나 빌리려고 할 뿐이지, 그 집을 누군가에게 내어놓으라고 할 수도 없으며 그 집에 마음대로 들어가 살 수도 없다. 따라서 특정한 누군가에게 특정한 집을 나에게 내주도록 하려면 어떻게 해야 하는지 그다음 단계를 생각하여야 하며, 또 다음 단계에서는 그 누군가로부터 받은 집에 대하여 내가 어떠한 힘을 가지게 되는지를 생각하여야 한다. 직접 집을 짓는 경우도 마찬가지다. 내가 집을 지었다면 나는 그 집에 대하여 어떠한 힘을 가지며 그 힘은 어디에서 오는지를 생각해 보아야 한다.

이것은 모두 나와 외부세계 사이의 관계에 관한 문제다. 어떤 집을 사거나 빌리려고 마음먹고 있는 단계(1단계)에서는 아무런 관계가 존재하지 않는다. 그런데 내가 누군가에게 그가 가지고 있는 집을 내어주도록 요구할 수 있다면(2단계) 그와 나 사이에는 일정한 관계가 존재하고 있는 것이다. 그리고 내가 그 집에 관하여 어떤 힘을 가지고 있다면 그 힘이 다른 누구에게 미치게 될 것인데(3단계) 그것 역시 일정한 관계의 문제가 된다. 이들은 모두 사인(私人) 사이의 관계이며, 이 관계들을 규율하는 것이 민법(民法)이다.

민법은 사법(私法)관계를 규율하는 가장 원칙이 되는 기본법이다. 사법관계는 매우 넓은, 무한한 범위와 내용으로서 형성된다. 따라서 어떤 구체적인 관계는 그 범위에만 적용되는 특별법에 따라 규율하는 것이 효과적인 경우도 있다. 그 결과 사법관계에 관한 다양한 특별법이 존재하는데, 그 특별법들이 적용되는 범위를 제외한 일반적인 사법관계는 결국 민법에 의하여 규율될 수밖에 없다. 민법이 어떤 법인지를 실질적으로 따진다면, 이와 같은 '일반사법'을 의미한다.

한편 「민법」이라는 이름의 법이 존재한다. 1958년 2월 22일에 공포되어 1960년 1월 1일부터 시행되고 있는 법률 제471호가 그것이다. 민법을 형식적으로 보는 경우 이 민법전을 의미한다.

2. 민법은 왜 필요하며 무엇을 배우나

민법은 거래를 위한 법이다. 우리는 살아가는 데 필요한 모든 것을 혼자서는 갖출 수 없기 때문에 타인과 거래를 하여야 하며 그것에는 법체계가 뒤따라야 한다(ubi societas ibi ius). 민법은 개인에게 재산에 관한 권리를 부여하는 기초가 되는 것에서 더 나아가 그 권리가 거래를 통해 자유롭게 이전 · 변동할 수 있는 기초가 된다.

앞서 가정했던 사례에서 우리는 최초에 0단계에 서 있을 것이며, 그것으로부터 1단계 또는 2, 3단계로 나아가려고 한다. 여기에서 2단계와 3단계로 가기 위하여, 그리고 그 단계들로 나아갔을 때 내가 누구에게 무엇을 할 수 있는지 — 혹은 어떠한 법률상의 힘을 갖게 되는지 — 정하기 위하여 민법이 필요하다.

누군가 어떠한 법률상의 힘을 갖고자 한다면 우선 기본적으로는 스스로 그것을 원하는 상태가 되어야 한다. 즉 '의사'가 형성되어야 하는데, 이는 자신의 자율적인 사고 또는 정신작용에 의하여 이루어지는 것이다. 그런데 이 의사를 통해 갖고자 하는 법률상의 힘, 곧 '권리'를 만들어 내는 과정 역시 원칙적으로 당사자의 자유에 맡겨져 있다. 다만 권리가 생겨나기 위해서는 일정한 요건이 필요하다. 당사자는 그 요건을 갖출 것인지 여부를 자유롭게 결정할 수 있으므로 권리의 발생이나 소멸 등의 효과는 그 당사자의 자유에 달려있게 된다. 당사자가 자유롭게 권리를 만들어 내고 없앨 수 있는 이 요건들, 그리고 그 요건들을 만족하였을 때 어떠한 효과가 나타나는지는 민법으로 규율한다. 이것은 1단계에서 2단계, 3단계로 가는 과정에 해당하는 것이다.

그러나 민법에서는 당사자가 원하지 않더라도, 즉 의사가 없는 경우에도 일정한 법률상의 힘이나 법률상의 구속과 같은 효과가 나타나도록 정하고 있는 경우가 있다. 예컨대 자기 소유의 집이 일정한 법률의 규정에 의하여 다른 사람의 소유가 됨에 따라 자신의 의사와 무관하게 권리의 소멸이라는 효과가 나타나는 경우가 그러하다. 당사자의 의사와 무관하게 특정한 상황에서 사인에게 구체적인 힘이 생기도록 하기 위하여 민법은 일정한 법률상의 기초를 마련한다. 이것은 1단계 없이 2단계나 3단계로 가는 과정에 해당하는 것이다.

이와 같이 민법은 사인이 자기 스스로 자유롭게 법률상의 힘을 얻거나 구속받기 위하여, 그리고 어떤 경우에는 사인에게 법률이 정하는 대로의 힘과 구속을 부여하기 위하여 필요하다. 법률상의 힘과 구속, 즉 권리와 의무는 사인 각자를 일정한 관계로 맺어준다. 권리와 의무는 다양한 요건 하에 발생하거나 변경되고, 또는 소멸하기도 하는 등 변동한다. 그에 따라 다양한 관계가 새롭게 생겨나고, 바뀌어가고, 또 사라진다. 민법은 이 관계를 크게 두 가지 차원에서 다룬다. 하나는 재산에 관한 것, 또 하나는 가족에 관한 것이다.

민법을 배운다는 것은, 어떤 사인이 타인 또는 외부세계에 대하여 가지는 법률상의 힘과 구속이 무슨 내용으로 이루어져 있는지 그리고 그것들은 어떻게 해서 변동하는지를 탐구하는 과정이다. 가령 가족관계에 관한 것으로서 부모가 미성년자녀에게 일정한 법률상의 힘을 가지면서 동시에 법률상 구속받고 있다면, 그 관계의 내용이 무엇으로 이루어져 있는지 알아야 하고 동시에 그 관계가 어떠한 요건에 의하여 발생 · 변경 · 소멸 등 변동하는지 알아야 한다.

3. 민법전의 체계

민법은 자기 스스로 의사를 형성하고 그것으로부터 권리와 의무를 변동하게 하는 것을 가장 우선으로 고려한다. 따라서 그것에 관한 추상적 규율이 필요하다. 당사자가 자율적으로 무엇을 했을 때 그에게 일정한 효과가 발생하는지를 정하여야, 그 후에 그 효과의 내용을 일정한 구분방식에 따라 달리 규율할 수 있게 되기 때문이다. 따라서 일정한 공통의 요건을 총칙으로 가장 앞부분에 두고 있으며, 그 요건에 따라 발생하는 효과의 내용에 따라 재산관계와 가족관계를 각각 분리하여 규율한다. 재산관계와 가족관계는 총칙에 대하여 각칙에 해당하는 내용으로 이루어져 있다. 그리고 재산관계는 또 다시 물권과 채권관계로 나뉘어 있으며, 가족관계는 신분관계로서의 친족에 관한 부분과 그에 기초한 상속문제를 다루는 부분으로 다시 나뉜다.

정리하면 다음과 같다.

제1편 총칙은 권리와 의무를 누가 가지는지(권리의 주체), 그것이 어떻게 변동하는지(권리의 변동), 무엇에 대하여 권리를 가지는지(권리의 객체) 등에 관해 규정한다. 특히 권리의 변동은 당사자의 의사에 따른 권리변동의 요건을 다루는 중요한 부분으로서 물권과 채권을 포함하는 재산관계에 공통된 사항을 규율한다.

제2편 물권은 물건에 대한 권리가 어떻게 변동하며, 그 종류에는 무엇이 있고 각 권리가 어떠한 내용으로 이루어지는지 규정하고 있다.

제3편 채권 중 총론에 해당하는 부분은 채권관계의 효과로서 나타나는 공통적인 내용들을 규정하며, 각론에 해당하는 부분은 각 채권관계의 내용을 정하는 개별적인 요건에 관해 규정한다.

제4편 친족은 친족이라는 개념에 따라 사인 간에 형성되는 신분관계를 규율한다. 이에도 역시 당사자의 의사를 기초로 일정한 요건하에 형성되는 관계(예컨대 혼인)가 있으며 그렇지 않은 관계도 있다.

제5편 상속에서는 사망한 사람의 재산이 누구에게 어떻게 승계되는지를 다룬다. 이때에도 역시 당사자의 의사가 우선되나, 그러한 의사가 존재하지 않는

경우에는 일정한 친족관계를 기초로 재산을 승계하도록 하고 있다.

Ⅱ. 법원

1. 민법의 법원

(1) 법원(法源)이란?

법원(sources of law)은 법의 존재형식 또는 인식근거를 말한다. 누군가 사인 사이의 문제를 해결하고자 한다면 어떤 기준이 필요할 것이다. 이때 그 기준이 되는 법규범을 곧 법원이라고 할 수 있다. 민법의 법원은 일반사법이 적용되는 사안에서 재판의 기준이 되는 것으로서 민법전뿐만 아니라 실질적 의미의 민법, 나아가 일정한 형태를 갖추지 않은 규범의 존재형식까지 포괄하는 개념이다.

(2) 민법은 어떤 형식으로 존재하는가?

「민법」 제1조(이하에서 법률명이 생략된 것은 모두 「민법」 조항이다)는 "민사에 관하여 법률에 규정이 없으면 관습법에 의하고 관습법이 없으면 조리에 의한다"고 정한다. 여기에서 법의 존재형식에 관해 주목할 것은 "법률", "관습법", "조리"다.

1) 법률

우리나라는 문서형태의 법률을 1차적인 법원으로 받아들이는 성문법주의를 취하고 있으므로 문서로 이루어진 법률이 가장 중요한 법원이다. 그런데 여기에서의 법률에는 민법전만 해당되는 것이 아니라, 민사에 관해 적용될 수 있는 각종 특별법(예컨대 「부동산등기법」, 「주택임대차보호법」 등)과 그 외에 실질적 의미의 민법에 해당하는 법률들까지 포함된다. 나아가 법률의 하위규범인 명령, 규칙 등도 민법의 법원이 될 수 있다.

2) 관습법

관습법은 일정한 행위가 오랫동안 계속 반복하여 행해진 관행이 법적 확신을 얻어 법규범화된 것을 말한다. 유념할 것은, 관행 자체가 규범은 아니라는 점이다. 관행은 하나의 사실일 뿐인데, 그 당위성에 관하여 사회구성원이 법적으로 확신하게 되어야 규범으로 승인받을 수 있다. 따라서 관습법이 성립하기 위해서는 다음과 같은 요건을 모두 갖추어야 한다.

① 일정한 관행이 존재하여야 한다. 즉 어떤 사항에 관하여 오랜 기간 같은 행위가 반복적으로 이루어질 것을 요구한다.

② 사회구성원이 위 관행을 법적으로 확신하여야 한다. 유의할 것은 법적 확신의 주체가 사회구성원이라는 점이다. 일정한 관행이 법규범으로서 승인된다는 것을 확신하거나 정하는 주체는 법관이 아니다. 법관은 사회구성원이 관행을 법규범으로 인식하고 있는 것을 확인할 뿐이다. 즉 이 요건을 충족하기 위해서는 사회구성원이 일정한 관행을 법규범으로서 인식 또는 확신하고 있어야 하는데, 그 인식 또는 확신 여부는 그 자체로는 존부가 불분명하므로 법관에 의하여 확인되는 과정을 거치게 된다.

③ 위 관행의 내용이 정당성과 합리성을 갖추고 있어야 한다. ①과 ②의 요건 판단에서는 관행이 있는지 여부와 그 법적 확신에 대해서만 고려할 뿐 관행의 실체적 내용에 대한 판단은 이루어지지 않는다. 그 결과 관행이 존재하고 그것을 사회구성원이 법적으로 확신하면 요건을 만족하게 되는데, 그때 관행이 사회적으로 정당하지 않거나 비합리적인 경우에는 그것을 법규범으로 받아들일 수 없는 문제가 생긴다. 따라서 세 번째 요건으로 그 내용의 정당성과 합리성에 관해서도 판단하여야 한다.

대법원 2005. 7. 21. 선고 2002다1178 전원합의체 판결

"관습법이란 **사회의 거듭된 관행으로 생성한 사회생활규범이 사회의 법적 확신과 인식에 의하여 법적 규범으로 승인 · 강행되기에 이른 것**을 말하고, 그러한 관습법은 법원(法源)으로서 법령에 저촉되지 아니하는 한 법칙으로서의 효력이 있는 것이고, 또 사회의 거듭된 관행으로 생성한 어떤 사회생활규범이 법적 규범으로 승인되기에 이르렀다고 하기 위하여는 헌법을 최상위 규범으로 하는 전체 법질서에 반하지 아니하는 것으로서 **정당성과 합리성이 있다고 인정될 수 있는 것**이어야 하고, 그렇지 아니한 사회생활규범은 비록 그것이 사회의 거듭된 관행으로 생성된 것이라고 할지라도 이를 법적 규범으로 삼아 관습법으로서의 효력을 인정할 수 없다."

"사회의 거듭된 관행으로 생성된 사회생활규범이 관습법으로 승인되었다고 하더라도 사회 구성원들이 그러한 관행의 법적 구속력에 대하여 확신을 갖지 않게 되었다거나, 사회를 지배하는 기본적 이념이나 사회질서의 변화로 인하여 그러한 **관습법을 적용하여야 할 시점에 있어서의 전체 법질서에 부합하지 않게 되었다면 그러한 관습법은 법적 규범으로서의 효력이 부정**될 수밖에 없다."

"[다수의견] 종원의 자격을 성년 남자로만 제한하고 여성에게는 종원의 자격을 부여하지 않는 종래 관습에 대하여 우리 사회 구성원들이 가지고 있던 **법적 확신은 상당 부분 흔들리거나 약화되어 있고**, 무엇보다도 헌법을 최상위 규범으로 하는 우리의 전체 법질서는 개인의 존엄과 양성의 평등을 기초로 한 가족생활을 보장하고, 가족 내의 실질적인 권리와 의무에 있어서 남녀의 차별을 두지 아니하며, 정치 · 경제 · 사회 · 문화 등 모든 영역에서 여성에 대한 차별을 철폐하고 남녀평등을 실현하는 방향으로 변화되어 왔으며, 앞으로도 이러한 남녀평등의 원칙은 더욱 강화될 것인바, 종중은 공동선조의 분묘수호와 봉제사 및 종원 상호간의 친목을 목적으로 형성되는 종족단체로서 공동선조의 사망과 동시에 그 후손에 의하여 자연발생적으로 성립하는 것임에도, 공동선조의 후손 중 성년 남자만을 종중의 구성원으로 하고 여성은 종중의 구성원이 될 수 없다는 종래의 관습은, 공동선조의 분묘수호와 봉제사 등 종중의 활동에 참여할 기회를 출생에서 비롯되는 성별만에 의하여 생래적으로 부여하거나 원천적으로 박탈하는 것으로서, 위와 같이 변화된 우리의 전체 법질서에 부합하지 아니하여 **정당성과 합리성이 있다고 할 수 없으므로**, 종중 구성원의 자격을 성년 남자만으로 제한하는 **종래의 관습법은 이제 더 이상 법적 효력을 가질 수 없게 되었다**."

관습법은 위 세 가지 요건을 충족하면 인정되는 것이지만, 이 요건들을 전부 갖추고 있는 것으로 법관에 의해 확인되는 시점과 관습법이 성립하여 존재하게 된 시점은 다르다. 보통의 경우 관습법이 성립하여 존재하게 된 이후에 그 존재를 확인하게 될 것이다. 따라서 관습법은 법원의 판결에서 관습법의 존재가 인정되는 때에 그 관습이 법적 확신을 얻어서 사회적으로 행해진 때로 소급하여 성립한다.

관습법은 제1조의 문언에 의할 때 성문의 법률에 대하여 보충적으로만 효력을 가진다. 즉 성문의 법률이 존재하는 영역에서 관습법은 법원이 될 수 없으며, 성문법의 공백이 있는 범위 내에서 그것을 보충하는 효력만 있다.

대법원 1983. 6. 14 선고 80다3231 판결

"가족의례준칙 제13조의 규정과 배치되는 관습법의 효력을 인정하는 것은 **관습법의 제정법에 대한 열후적, 보충적 성격**에 비추어 민법 제1조의 취지에 어긋나는 것이다."

3) 조리(條理)

조리란 사물의 본성, 자연의 이치, 법의 일반원리, 경험칙, 사회통념, 신의성실 등을 말하며, 역시 재판의 기준이 된다. 조리는 법률이나 관습법과 달리 구체적인 내용을 가지지는 않으며, 추상적인 법의 기본원리가 재판의 기준 등으로 작용하는 것을 의미한다. 이에 따라 조리가 법원인지 여부에 관하여 학설이 대립하기도 한다.

대법원 2005. 7. 21. 선고 2002다1178 전원합의체 판결

"[다수의견] **종중이란 공동선조의 분묘수호와 제사 및 종원 상호간의 친목 등을 목적으로 하여 구성되는 자연발생적인 종족집단**이므로, 종중의 이러한 목적과 본질에 비추어 볼 때 **공동선조와 성과 본을 같이 하는 후손은 성별의 구별 없이 성년이 되면 당연히 그 구성원이 된다고 보는 것이 조리에 합당**하다."

2. 판례도 법원인가

판례는 법원의 판결을 통해 축적된 법논리를 말한다. 즉 판례는 개별 사건의 결론을 뜻하는 것이 아니라, 유사한 사건에서 법원이 적용하는 법리나 이론으로서 규범과 유사한 것이다. 그렇다면 판례도 법원인가? 우리나라의 경우 '선례구속의 원칙'이 인정되지 않는 결과 과거의 판례가 현재 사건에 대한 판단을 구속하지 않는다. 따라서 판례에는 법적 구속력이 없고, 법원으로 인정하지 않는 것이 학설의 지배적 입장이다.

그러나 법적 구속력이 없다고 하여 판례가 가지는 의미가 축소되는 것은 아니다. 추상적인 규범을 어떤 구체적 사실에 적용하는 과정에는 공백이 발생할 수 있는데 판례는 그러한 공백을 메우는 역할을 할 뿐만 아니라, 특별한 사정이 없는 한 선례를 따르는 것이 법적 안정성 측면에서도 유리하기 때문이다. 따라서 실무에서는 물론이고 이론에서도, 특히 법학을 공부하는 입장에서 판례가 가지는 의미는 매우 크다.

한편 판례에 사실상의 구속력은 인정될 수 있다. 법적으로 선례를 반드시 따라야 하는 것은 아니더라도 현재 사건을 판단해야 하는 법관은 되도록 선례를 따르는 경향을 가지게 된다. 상급법원의 판단이 하급심을 기속(羈束)하기 때문이다. 즉 어떤 하급심에서 법관이 선례(A)를 따르지 않고 나름대로의 독자적인 법리에 의해 새로운 판결(B)을 하였다고 하더라도, 그 사건의 상급심이 선례(A)를 따르게 되면 하급심의 결론(B)은 효력이 없다. 그 결과 하급심에서는 선례를 따르려고 하는 경향이 생긴다. 이는 법적으로 반드시 그러해야 하는 것이 아님에도 사실상의 구속력에 의한 결과이다.

대법원 판례도 변경될 수 있으나 전원합의체 부의를 통한 엄격한 절차에 따르도록 하고 있는데, 이 역시 판례가 사실상의 구속력을 가지는 것에 대한 하나의 예시다.

[참고] 판례를 보는 법

대법원에서 하는 상고심은 법률문제를 판단하며, 원심(항소심)이 법률문제에 관한 판단을 적법하게 해냈는지를 심사한다. 그 결과 대법원 판례에는 개별 사건에 대한 사실판단보다 법원리나 이론에 관한 판단이 담긴다. 따라서 민법학을 공부하면서는 주로 대법원 판례를 많이 접하게 되며, 판례를 공부한다는 것은 일정한 쟁점에 관하여 대법원이 적용하고 있는 법리를 찾아내고 학습하는 것을 의미한다. 예를 들어 앞에 나와 있는 <대법원 2005. 7. 21. 선고 2002다1178 전원합의체 판결> 중 첫 번째 인용문단의 경우, 쟁점은 '관습법의 의의 및 성립요건'인데, 판례가 그 쟁점에 대하여 일정한 법원리를 제시하고 있음을 알 수 있다.

판례를 인용할 때에는 통상 아래와 같은 형식으로 한다.

"대법원 2005. 7. 21. 선고 2002다1178 전원합의체 판결"

"대법원 1983. 6. 14 선고 80다3231 판결"

가장 앞에 판결한 법원을 기재하고, 그다음에 선고일자를 기재한다. 그 뒤에 사건번호가 뒤따르는데, 민사상고사건의 사건구분기호는 "다"이다. 가장 뒷부분에는 판결인지 결정인지 기재한다. 대법원에 상고된 사건은 전원합의체 또는 대법관 4인으로 구성된 3개의 부에서 재판한다. 보통은 부에서 재판하나, 판례를 변경할 필요가 있는 경우 등 특별한 때에는 전원합의체에서 재판한다. 전원합의체는 대법원장이 재판장이 되며 대법관 전원의 2/3 이상으로 구성되고 출석 과반수 의견에 따라 재판한다. <대법원 2005. 7. 21. 선고 2002다1178 전원합의체 판결>의 경우 판례를 변경할 필요성이 있어(관습법의 존치 여부) 전원합의체에 부의하여 판결한 사건임을 확인할 수 있다.

Ⅲ. 민법의 기본원리

1. 근대민법의 기본원리와 수정

중세를 벗어나면서 개인의 자유를 중심으로 하는 사조가 등장하였고, 이에 따라 근대민법은 개인주의와 자유주의를 배경으로 성립하기 시작했다. 크게 세 가지 원리를 근대민법의 기본원리로 꼽을 수 있으나, 이 세 가지 원리는 근대민법에 머물러 있는 것이 아니라 현재 우리민법에도 가장 기초가 되는 이념으로 자리 잡고 있다. 물론 현대사회로 오면서 공공복리, 사회적 형평, 그리고 거래안전의 요구에 따라 이 기본원리들은 수정되어 왔다.

(1) 소유권 존중의 원칙

인격의 자유로운 발현을 위해서는 재산적 기초가 필요하며 그것은 재산권에 대한 불가침의 보장으로부터 시작된다. 따라서 이 원칙에 의하면 소유권은 국가나 타인에 의하여 결코 제한될 수 없는 절대적인 것이다(소유권 절대의 원칙).

다만 민법에서는 거래의 안전 등을 목적으로 소유권 절대의 원칙에 대한 예외를 인정하고 있는 경우가 있다(제2조, 제249조 등). 즉 소유권을 존중하되 그것만이 절대적으로 보장되어야 하는 것은 아니라는 사상도 반영되어 있다.

(2) 사적 자치의 원칙

사적 자치의 원칙은 개인이 자신의 법률관계를 스스로의 자유로운 의사에 의하여 형성할 수 있다는 원칙을 말한다. 민법의 가장 기초가 되는 원칙이다. 이 원칙으로부터 '법률행위 자유의 원칙'과 '계약자유의 원칙' 등이 파생된다.

그러나 민법은 이 원칙 역시 절대적으로 관철하지는 않으며, 당사자가 자신의 자유로운 의사에 의하여 형성한 법률관계의 효력을 부인하는 등의 제한이 가해지는 경우도 있다(제103조, 제104조 등).

(3) 과실책임주의

과실책임주의 또는 과실책임의 원칙이란, 개인은 자기의 고의나 과실에 의한 행위에 대해서만 책임을 부담한다는 원칙이다. 즉 고의나 과실이 없는 행위에 대해서는 책임이 없다는 것을 말한다.

그러나 현대사회에서는 고의나 과실이 없다고 하여 그 행위자를 면책하는 것이 부당한 결과를 야기하는 경우가 발생하기도 한다. 따라서 고의나 과실이 없는 행위자에 대해서도 손해배상책임을 부담하도록 하는 이른바 무과실책임에 관한 입법이 이루어지는 경우도 있다. 이는 이익을 얻는 과정에서 타인에게 손해를 유발한 자는 과실 유무와 상관없이 그 손해를 배상해야 한다는 관점, 또는 타인의 법익을 현저히 위태롭게 할 수 있는 위험의 원인을 제공한 자는 그 위험으로부터 발생한 손해를 배상해야 한다는 관점 등에 근거를 둔다.

그러나 누군가에게 책임을 부담시키고자 한다면 그를 비난할 수 있는 책임의 근거가 요구되어야 한다. 과실책임주의의 또 다른 표현인 자기책임의 원칙은 곧 자신의 과실 있는 행위에 자기가 책임을 지도록 하는 것을 말한다. 민법도 과실책임주의를 책임부과의 기초로 명시하고 있다(가령 제390조, 제750조). 따라서 무과실책임은 극히 예외적인 정당화 사유가 존재하는 경우에만 받아들여질 수 있다.

2. 우리 민법의 기본원리

민법은 위 세 가지 원칙을 기초로 성립 및 적용되지만, 동시에 권리의 행사나 의무의 이행이 사회의 이익에 반해서는 안 된다는 취지에서 '신의성실의 원칙'과 '권리남용 금지'의 원칙을 규정하고 있다(제2조).

(1) 신의성실의 원칙

신의성실의 원칙이란, 법률관계의 당사자는 권리를 행사하거나 의무를 이행할 때 상대방의 이익을 고려하여야 하고, 형평에 어긋나거나 신의를 저버리는 내용이나 방법으로 그 행사 또는 이행을 하여서는 안 된다는 추상적 규범을 말한다(제2조 제1항).

신의성실의 원칙은 구체적인 권리행사나 의무이행을 전제로 규정하고 있지 않은 일반규정으로서 민법 전반에 걸쳐 적용되며, 당사자가 신의칙에 관한 주장을 하지 않더라도 법원이 직권으로 적용 및 판단할 수 있는 강행규정의 성질을 가진다.

대법원 1998. 8. 21. 선고 97다37821 판결

"**신의성실의 원칙에 반하는 것은 강행규정에 위배되는 것으로서 당사자의 주장이 없더라도 법원이 직권으로 판단할 수 있으므로** 원심법원이 직권으로 신의칙에 의하여 신용보증책임을 감액한 데에 변론주의를 위배한 위법은 없다."

대법원 1991. 12. 10. 선고 91다3802 판결

"민법상의 신의성실의 원칙은, 법률관계의 당사자는 상대방의 이익을 배려하여 형평에 어긋나거나 신뢰를 저버리는 내용 또는 방법으로 권리를 행사하거나 의무를 이행하여서는 안된다는 추상적 규범을 말하는 것으로서 **신의성실의 원칙에 위배된다는 이유로 그 권리행사를 부정하기 위하여는 상대방에게 신의를 공여하였다거나, 객관적으로 보아 상대방이 신의를 가짐이 정당한 상태에 이르러야 하고** 이와 같은 **상대방의 신의에 반하여 권리를 행사하는것이 정의관념에 비추어 용인될 수 없는 정도의 상태**에 이르러야 한다."

대법원 1993. 7. 27. 선고 93다20986,20993(병합) 판결

"갑이 그 소유의 토지에 관하여 을로 하여금 건물을 신축하는 데 사용하도록 승낙하였고 을이 이에 따라 건물을 신축하여 병 등에게 분양하였다면 갑은 위 건물을 신축하게 한 원인을 제공하였다 할 것이므로 이를 신뢰하고 136세대에 이르는 규모로 견고하게 신축한 건물 중 각 부분을 분양받은 병 등에게 위 토지에 대한 을과의 매매계약이 해제되었음을 이유로 하여 그 철거를 요구하는 것은 비록 그것이 위 토지에 대한 소유권에 기한 것이라 하더라도 신의성실의 원칙에 비추어 용인될 수 없다."

대법원 1994. 1. 28. 선고 93다43590 판결

"공중접객업인 숙박업을 경영하는 자가 투숙객과 체결하는 숙박계약은 숙박업자가 고객에게 숙박을 할 수 있는 객실을 제공하여 고객으로 하여금 이를 사용할 수 있도록 하고 고객으로부터 그 대가를 받는 일종의 일시사용을 위한 임대차계약으로서, 여관의 객실 및 관련시설, 공간은 오로지 숙박업자의 지배 아래 놓여 있는 것이므로 숙박업자는 통상의 임대차와 같이 단순히 여관의 객실 및 관련시설을 제공하여 고객으로 하여금 이를 사용수익하게 할 의무를 부담하는 것에서 한 걸음 더 나아가 고객에게 위험이 없는 안전하고 편안한 객실 및 관련시설을 제공함으로써 고객의 안전을 배려하여야 할 보호의무를 부담하며 이러한 의무는 숙박계약의 특수성을 고려하여 신의칙상 인정되는 부수적인 의무로서 숙박업자가 이를 위반하여 고객의 생명, 신체를 침해하여 손해를 입힌 경우 불완전이행으로 인한 채무불이행책임을 부담한다."

대법원 1999. 2. 23. 선고 97다12082 판결

"사용자는 근로계약에 수반되는 신의칙상의 부수적 의무로서 피용자가 노무를 제공하는 과정에서 생명, 신체, 건강을 해치는 일이 없도록 물적 환경을 정비하는 등 필요한 조치를 강구하여야 할 보호의무를 부담하고, 이러한 보호의무를 위반함으로써 피용자가 손해를 입은 경우 이를 배상할 책임이 있다."

대법원 1992. 4. 14. 선고 92다1728 판결

"해고나 징계해고를 당한 근로자가 퇴직금과 해고수당을 아무런 조건의 유보 없이 수령한 것이라면 특별한 사정이 없는 한 그 해고를 유효한 것으로 인정하였다고 보는 것이 상당하고, 상당한 이유 없이 그로부터 장기간이 경과한 뒤에야 해고무효의 확인청구를 하는 것은 신의성실의 원칙상 허용되지 않는다."

다만, 이 경우에도 "**해고의 효력을 인정하지 아니하고 이를 다투고 있었다고 볼 수 있는 객관적인 사정이 있다거나, 그 외에 상당한 이유가 있는 상황하에서 이를 수령하는 등 반대의 사정이 있음이 엿보이는 때**에는 명시적인 이의를 유보함이 없이 퇴직금이나 해고수당을 수령한 경우라고 하여도 일률적으로 해고의 효력을 인정하였다고 보아서는 안 될 것이고, 해고무효의 확인청구소송의 제기가 늦어진 경우에도 먼저 부당노동행위구제신청을 하느라고 늦어졌다거나 사용자와의 복귀교섭 결과를 기다리거나 사용자의 복귀약속을 믿고 기다리다가 늦어졌다는 등 **상당한 이유가 있어서 그렇게 된 경우에는 신의성실의 원칙에 어긋나지 않는다**고 보아야 한다."

(2) 권리남용 금지의 원칙

권리남용 금지의 원칙이란 신의칙에 위배되는 권리의 행사는 허용되지 않는다는 원칙을 말한다(제2조 제2항). 즉 권리남용은 신의칙의 적용 효과이며, 따라서 권리남용에 해당하는지 여부를 판단하는 기준이 신의칙이다.

권리남용이란, 외형상으로는 권리를 행사하는 것처럼 보이지만 실질적으로는 그것이 권리의 공공성이나 사회성 그밖에 그 권리의 목적이나 본질에 반하는 것이어서 권리의 행사로 인정할 수 없는 행위를 의미한다. 권리남용에 해당하는 경우 그 권리행사에 따른 효과가 발생하지 않는다.

권리남용이 되기 위한 요건은, ⅰ) 권리의 행사로 볼 수 있는 행위가 있어야 하고, ⅱ) 그 권리의 행사가 공공성이나 사회성 등에 반하여야 하는데 이는 구체적 사안에 따라 신의칙을 기준으로 판단할 수밖에 없다. 그리고 ⅲ) 권리행사자의 '가해의 의사'도 주관적 요건으로 요구되는지 학설상의 논의가 있는데, 이 요건을 요구하고 있는 판례가 있다.

대법원 1993. 5. 14. 선고 93다4366 판결

"권리의 행사가 주관적으로 오직 상대방에게 고통을 주고 손해를 입히려는 데 있을 뿐 이를 행사하는 사람에게는 아무런 이익이 없고 객관적으로 사회질서에 위반된다고 볼 수 있으면 그 권리의 행사는 권리남용으로서 허용되지 아니한다고 할 것이고, **권리의 행사가 상대방에게 고통이나 손해를 주기 위한 것이라는 주관적 요건은 권리자의 정당한 이익을 결여한 권리행사로 보여지는 객관적인 사정에 의하여 추인할 수 있다.**"

더 공부할 내용

민법의 연혁, 민법의 적용범위, 민법의 해석과 적용

▶ 관련과목: 민법총칙

제2장

권리와 의무란 무엇이며 어떻게 발생하나

권리와 의무란 무엇이며 어떻게 발생하나

Ⅰ. 권리와 의무

1. 법률관계와 권리 · 의무

(1) 법률관계의 의의

법률관계란 법에 의하여 규율되는 생활관계로서, 당사자가 의욕하는 효과가 법의 힘에 의하여 보장 및 실현되는 관계를 말한다. 따라서 결국, 법률관계가 어떻게 생겨났다가 사라지고 또 그 법률관계는 무엇을 내용으로 하는지 등을 탐구하는 것이 민법공부의 핵심이다. 이때 법을 하나의 '관계'로서 이해하는 사고가 도움이 될 수 있다.

(2) 법률관계와 비법률관계의 구별

그렇다면 우리는 사람이 타인과 형성하는 수많은 종류의 관계들 중에서 법에 의하여 규율되는 관계를 구별해내야 한다. 이때 법률관계가 아닌 다른 생활관계와 법률관계를 어떻게 구별할 수 있는가? 예컨대 단순한 호의로써 형성되는 관계, 소위 호의관계는 법에 의하여 규율되는 관계는 아닌데, 경우에 따라서는 법률관계와의 구별이 모호하다. 그러므로 법률관계와 비법률관계를 구별하는 기준이 필요하다. 무엇을 기준으로 구별하는가?

법에 의하여 규율되는 관계라는 것은, 누군가가 상대방에게 무엇인가를 요구하였음에도 상대방이 그에 응하지 않은 경우 법의 힘에 기대어 응하도록 할 수 있다는 것을 의미한다. 또는 이미 그러한 법의 힘이 예정되어 있다면 상대방은 별다른 사정이 없는 한 그 요구를 회피하지 않을 것이다. 이 관계는 그러한 효과를 원하고 있는 사람들 사이에서 형성될 것이다. 사적자치의 원칙에 따르면 내가 어떠한 상대방에 대하여 어떠한 행위를 요구하거나 어떠한 효과를 발생시킬 수 있는지 스스로 정할 수 있는데, 이는 그것을 원하는 정신작용으로부터 시작된다. 이것을 법률효과의사라고 한다. 법률관계와 비법률관계는 원칙적으로 이 법률효과의사가 있는지 여부에 따라 구별된다.

법률관계와 비법률관계는 미리 유형이 정해져 있거나 나뉘어 있는 것이 아니다. 어떠한 관계가 법률효과의사로부터 비롯된 것이라면 그것은 법률관계이며, 그렇지 않다면 비법률관계가 될 뿐이다. 그러므로 다양한 생활관계 속에서 법률효과의사를 발견하여 그 관계를 법률관계로 파악할 수 있는지 여부가 중요하다. 호의관계와 같은 비법률관계 역시 어떠한 원인에 의하여 그 관계의 당사자에게 법률효과의사가 생겼다면 그로부터 법률관계로 변할 수 있다. 예를 들어, A가 순수한 호의로 직장동료B를 자신의 차로 태워 회사에 출근하기로 했는데(단순한 호의관계로서 비법률관계), 그것이 오랫동안 반복되면서 B가 매월 10만원씩 A에게 주유비를 주기로 하고 그 대가로 A의 차를 함께 타고 출근하는 것으로 되었다면 특정 시점부터는 A와 B에게 각각 법률효과의사가 생겼다고 할 수 있고 그 의사의 합치로부터 그 관계는 법률관계가 될 수 있다. 여기에서 중요한 것은 A와 B에게 법률효과의사가 있는지 찾아내는 것이다. 차를 태워주는 관계인지 여부 또는 돈을 받고 차를 태워주는 관계인지 여부 등 그 유형으로부터 법률관계냐 비법률관계냐를 파악하는 것이 아니라, 당사자에게 법률효과의사가 있는지를 규범적으로 파악하는 과정이 필요하다.

(3) 권리 · 의무의 개념

법률효과의사는 그로부터 발생하는 법률관계의 내용을 결정한다. 법률효과의사는 '내가 어떠한 상대방에 대하여 어떠한 행위를 요구하거나 어떠한 효과를 발생시킬 수 있는지'에 관하여 스스로 의욕하는 정신작용이라고 했는데, 이는 결국 '법에 의하여 구속되는 자'와 '법에 의하여 두둔되고 보호되는 자'의 관계를 만들어낸다. 이때 전자는 '의무'를 부담하는 지위에 있으며, 후자는 '권리'를 가지는 지위에 있다. 그 결과 법률관계는 '**권리의무관계**'로 나타난다.

예를 들면 다음과 같다. 공장주A는 기계판매업자B로부터 X기계 10대를 한 대당 1천만원에 매수하고자 한다. 이때 A는 B가 X기계 10대를 자신에게 넘겨주도록 요구할 수 있는 효과를 원하고 있다. 즉 다른 사정이 없는 한 A에게서 법률효과의사를 찾아낼 수 있다. 만일 B 역시 자신의 보유한 X기계 10대를 A에게 넘겨주면서 A로부터 1억원의 금전을 자신에게 지급하도록 요구할 수 있는 효과를 원하고 있다면, B에게서도 역시 법률효과의사를 찾아낼 수 있다. A와 B의 의사가 합치됨으로써 양 당사자는 서로 '법에 의하여 구속되는 자'와 '법에 의하여 두둔되고 보호되는 자'의 관계를 형성하게 된다. A의 경우 B에게 X기계 10대를 넘겨달라고 요구할 수 있고 그것은 법에 의하여 두둔되고 보호된다(권리). 그리고 B는 A에게 X기계 10대를 넘겨주어야 하며 이는 법에 의하여 구속받는다(의무). 이와 동시에 B는 A에게 1억원의 금전을 지급하도록 요구할 수 있고 그것 역시 법에 의하여 두둔되고 보호된다(권리). 그리고 A는 B에게 1억원의 금전을 지급하여야 하며 이는 법에 의하여 구속받는다(의무).

1) 권리

구체적으로 개념을 살펴보면, 권리란 일정한 이익을 누리는 것을 내용으로 하는 법적인 힘을 말한다(통설인 권리법력설의 입장). 이에 따르면 어떠한 의사나 이익이 곧 권리가 되는 것은 아니다. 권리란 법에 의하여 부여받은 힘으로써 구체적인 이익을 누릴 수 있는 수단이 된다.

2) 의무

의무는 법률상의 구속을 말하며, 일정한 행위를 해야 하는 것(작위) 또는 하지 말아야 하는 것(부작위)을 모두 포함한다.

3) 권리와 의무의 관계

권리와 의무는 동시에 존재하며 서로 대응하는 것이 일반적이다. 위의 예시에서 A의 권리는 곧 B에게 의무가 되며, 그 반대 역시 마찬가지다.

그러나 예외적으로, ① 권리만 있고 의무가 없는 경우(취소권, 해제권 등), ② 의무만 있고 권리는 없는 경우(제71조 등), ③ 하나의 개념이 권리인 동시에 의무인 경우(제913조 등)도 있다.

4) 권리와 구별되는 개념

권리와 구별되지만 쉽게 혼동하는 개념으로 다음과 같은 것들이 있다. 이들은 권리가 아니므로 구별하여야 한다.

① '권한'은 타인에게 일정한 법률효과를 발생시키는 행위를 할 수 있는 자격을 말한다. 권한의 행사로써 그 자신이 특정한 이익을 누리는 것이 아니므로 권리와 구별된다.

② '권능'은 권리의 내용을 이루는 개개의 법률상 작용을 말한다. 예를 들어, 소유권은 사용, 수익, 처분이라는 권능으로 이루어진다(제211조).

③ '반사적 이익'은 법률이 특정인 또는 일반인에게 어떠한 행위를 명함으로써 다른 사람이 그 반사적 효과로서 받는 이익을 말한다. 가령 기차표를 사기 위해 사람들이 줄을 서 있는데 누군가 내 앞에서 새치기를 한 경우, 나는 그에게 내 뒤로 가도록 요구할 수 있는가? 내가 그 줄에서 내 위치에 서 있을 수 있는 것은 사람들이 질서를 잘 지키는 것에 따른 이익이며 내 권리에 의하여 누리는 이익이 아니다. 따라서 반사적 이익에 해당한다.

2. 권리의 종류

민법상 권리는 사권(私權)으로서 공권과 구별되며, 다음과 같이 몇 가지 기준에 따라 분류할 수 있다.

(1) 내용에 따른 분류

권리를 통해 누리는 이익의 내용에 따른 분류다.

1) 재산권

경제적 가치가 있는 이익을 누리는 것을 목적으로 하는 권리로서, 물권, 채권 등이 있다. 물권은 물건을 직접·배타적으로 지배할 수 있는 권리이고, 채권은 특정한 상대방에게 특정한 행위를 요구할 수 있는 권리다. 따라서 물권을 가진 자는 물건을 지배함으로써 경제적 가치가 있는 이익을 누리며, 채권을 가진 자는 특정한 상대방의 특정한 행위로부터 경제적 가치가 있는 이익을 누린다.

2) 인격권

권리의 주체와 분리될 수 없는 인격적 이익을 누리는 것을 목적으로 하는 권리를 말한다. 생명, 신체, 명예, 성명 등에 관한 권리가 대표적이다.

3) 신분권

일정한 지위에 따르는 이익을 누리는 권리로서, 가족권, 사원권 등을 예로 들 수 있다.

(2) 작용 또는 효력에 따른 분류

권리행사에 따른 작용 또는 효력에 따라 분류하면 다음 네 가지로 나누어볼 수 있다.

1) 지배권

일정한 객체에 대하여 직접 지배력을 발휘할 수 있는 권리를 말한다. 여기에서의 지배는 매개행위를 필요로 하지 않는다는 의미이며, 지배–복종관계를 전제로 하는 의미가 아니다. 지배권의 대표적인 예로, 물권, 인격권, 친권 등이 있다.

2) 청구권

특정인이 다른 특정인에 대하여 일정한 행위를 요구하는 권리를 말한다. 가장 대표적인 예로 채권이 있으나, 채권과 청구권이 같은 개념인 것은 아니다. 청구권과 채권은 다른 차원의 권리다. 이미 우리는 채권과 청구권을 다른 기준에 따라 분류하고 있지 않은가. 단지 채권의 본질이 청구권에 있는 것일 뿐이다. 또한 모든 청구권이 채권인 것도 아니다. 가령 뒤에서 설명하는 물권적 청구권은 물권의 효력에 따르는 청구권으로서 채권이 아니다.

3) 형성권

권리자의 일방적 의사표시에 의해 법률관계를 변동시킬 수 있는 권리를 말한다. 취소권, 해제권 등이 형성권의 대표적인 예다. 일방적 의사표시로서 법률관계가 변동하므로, 권리자의 상대방이 의무를 이행하여야 법률관계가 변동하는 것이 아니며 그 상대방에게는 형성권에 대응하는 의무가 없다.

4) 항변권

청구권 행사에 대하여 그 작용을 막아 그치게 할 수 있는 효력을 가지는 권리를 말한다. 동시이행의 항변권을 대표적인 예로 꼽을 수 있다(제536조 제1항 본문). 예컨대 V와 K가 V소유의 X물건을 1,000만원에 사고파는 내용의 매매계약을 체결한 경우, V는 X의 소유권을 K에게 이전시켜주어야 할 채무를 부담하고 K는 V에게 매매대금 1,000만원을 지급할 채무를 부담한다. 특별한 사정이 없는 한 이 두 채무는 동시에 이행되어야 하는데, 만일 V가 X의 소유권을 이전해줄 준비도 하지 않은 채 K에게 먼저 매매대금을 지급하라고 청구하는 경우 K는 동시이행을 이유로 들어 V의 청구를 거절할 수 있다. 즉 K는 V가 X의 소유권을 이전해줄 때까지 자신도 1,000만원을 지급하지 않겠다고 항변함으로써 V의 청구권 행사의 작용을 저지할 수 있다.

(3) 기타 분류

1) 절대권과 상대권

절대권은 모든 사람에 대하여 주장할 수 있는 권리(대세권)이며, 상대권은 특정한 사람에 대해서만 주장할 수 있는 권리(대인권)이다. 바로 위에서 설명한 권리들 중 어떠한 것이 절대권이고, 또 상대권인지 생각해 보자.

2) 일신전속권과 비전속권

일신전속권은 다른 사람에게 속할 수 없는 권리를 의미하며, 비전속권은 양도나 상속 등에 의하여 다른 사람에게도 귀속될 수 있는 권리를 말한다. 바로 위에서 설명한 권리들 중 어떠한 것이 일신전속권이고, 또 비전속권인지 생각해 보자.

더 공부할 내용

권리의 행사, 권리행사의 한계

▶ 관련과목: 민법총칙

Ⅱ. 권리의 변동

이 장에서는 우리가 어떻게 권리와 의무를 가지게 되는지 설명하고 있다. 권리와 의무가 무엇이고 어떻게 분류되며 또한 그것으로 이루어지는 관계의 특징이 무엇인지 살펴보았으므로, 그다음으로는 권리와 의무가 발생하고 변경되고 소멸하는 과정을 조금 더 자세하게 들여다보기로 한다.

1. 법률효과와 법률요건

(1) 개념

권리와 의무(이하에서는 의무는 생략하고 권리를 통해 설명)가 발생 · 변경 · 소멸하는 것은 일종의 결과다. 이 결과가 생기기 위해서는 반드시 일정한 원인이 필요하다. 즉 어떠한 원인에 의하여 특정한 권리가 발생 · 변경 · 소멸하는 것이다. 이것을 요건과 효과라는 차원에서 보면, 법질서가 정하는 어떠한 요건을 충족하는 경우 그에 따라 일정한 효과가 나타나는 것으로 파악할 수 있다. 조금 더 구체화된 개념으로 정립하면 권리의 발생 · 변경 · 소멸(또는 당사자 입장에서 취득 · 변경 · 상실)이라는 권리의 변동은 '법률효과'이며, 이 법률효과를 발생시키는 원인은 '법률요건'이다. 즉 법률요건에 의하여 법률효과가 생긴다.

(2) 법률요건의 예시

가장 대표적인 법률요건은 '법률행위'다. 법률행위는 민법의 각칙에 해당하는 물권과 채권관계에 공통된 형성원인으로서, 이에 관해서는 민법총칙에서 규정한다. 아래에서 다시 자세히 설명하지만, 법률행위는 사적자치에 기초하는 법률요건으로서 당사자의 의사를 기본으로 한다. 앞에서 살펴본 법률관계와 비법률관계의 구별기준을 다시 한 번 떠올려보면 법률행위가 어느 지점에서 의미를 가지는지 조금 더 분명하게 이해할 수 있다.

그런데 법률요건에는 법률행위만 있는 것이 아니다. 법률행위는 당사자의 의사로부터 시작하는 요건이지만, 당사자의 의사와는 처음부터 상관없는 법률요건도 있다. 이러한 요건은 결국 대부분 구체적인 법률규정을 통하여 나타난다. 예를 들면, 사무관리(제734조 이하), 부당이득(제741조 이하), 불법행위(제750조 이하) 규정 등이 그러하다. 이와 같이 민법에 산재된 개별 규정들 중에서 법률요건인 규정도 있다. 이러한 법률요건을 충족하는 경우에도 법률효과가 발생하며 그에 따라 권리의무관계, 즉 법률관계가 형성된다. 주의할 것은 이 관계 역시 법률관계인 것은 맞지만 그것은 당사자의 법률효과의사에 기초하여 발생한 것이 아니라 구체적인 법률규정에 근거하고 있다는 점이다.

2. 법률행위

법률요건 중에서 더욱 중요한 의미를 가지는 것은 법률행위다. 당사자의 의사에 근거하기 때문이다. 권리의 변동을 이해하기 위해서는 우선 법률행위라는 법률요건의 이해가 선행되어야 한다. 한편 개별 법률규정으로서의 법률요건은 결국 각칙에서 해당되는 규정들을 살펴볼 수밖에 없다.

(1) 법률행위의 개념

법률행위란, 의사표시를 불가결의 요소로 하는 법률요건이다. 법률행위가 법률요건이라는 것은 앞서 설명하였다. 그런데 법률요건에는 여러 가지가 있으므로 다른 법률요건과 구별되는 법률행위의 특징이 무엇인지 파악하여야 한다. 법률행위는 '의사표시'를 구성요소로 하여 성립하고, 그에 따른 법률효과는 그 의사표시의 내용대로 발생한다. 의사(법률효과의사)란 당사자가 특정한 권리의 발생 · 변경 · 소멸을 의욕하고 있는 정신상태라고 하였다. 이 의사가 외부로 표시되는 것을 의사표시라고 하며, 의사표시는 법률행위를 구성하는 기본적이고도 필수적인 요소다.

[법률요건]		[법률효과]
법률행위	⇒	권리 또는 의무의 발생 · 변경 · 소멸
↑		(권리의 변동)
의사표시 (+ 의사표시 ...)		

(2) 법률행위의 종류

법률행위는 하나 이상의 의사표시로 구성된다. 이는 법률행위 역시 몇 가지의 종류로 나뉜다는 점을 의미하는데, 가장 대표적인 법률행위는 '계약'이다.

1) 계약

계약이란, 2인 이상의 당사자가 서로 대립하는 의사표시(청약, 승낙)를 하고 그것이 합치되어 성립하는 법률행위다. 즉 계약이라는 법률행위에서는 최소한 둘 이상의 의사표시가 있어야 하며, 그것들이 서로 합치되어야 한다.

2) 단독행위

단독행위란, 하나의 일방적인 의사표시로서 이루어지는 법률행위를 말한다. 단독행위에는 상대방이 있는 경우와 그렇지 않은 경우가 있다.

먼저 상대방 있는 단독행위에서는, 의사표시가 상대방에게 도달하여야 효과가 발생한다. 상대방 있는 단독행위에서는 의사표시를 하는 자가 상대방을 향해 일방적으로 의사표시를 하며 상대방은 의사표시를 하지 않는다. 다만 이 일방적 의사표시는 상대방에게 도달(의사표시가 상대방의 지배영역에 들어가서 상대방이 그 내용을 알 수 있는 상태: 다수설, 판례)하여야 효력이 생긴다. 예를 들어, 일정한 법률행위에 대한 취소권을 가진 자가 그 취소권을 행사함으로써 해당 법률행위로부터 발생한 권리가 소멸하는 효과가 발생하는 경우가 그러하다(취소권이 형성권이라는 점을 떠올려볼 것). 이때 물론 취소의 의사표시는 상대방에게 도달하여야 효력이 생긴다.

상대방 없는 단독행위에서는, 의사표시가 있으면 곧바로 법률효과가 발생한다. 상대방이 존재하지 않기 때문에 도달이 효력발생요건이 될 수 없다. 예를 들어, 권리의 포기, 유언 등이 해당된다.

3. 법률행위의 유효한 성립

법률행위에 의하여 일정한 법률효과가 나타나기 위해서는 그 법률행위가 성립해야 할 뿐만 아니라 유효하여야 한다. 법률행위가 성립하지 않았다는 것은 가령 당사자나 의사표시 자체가 존재하지 않아서 법률행위가 존재하지 않는 경우이므로, 그때는 그 법률행위의 유·무효를 따질 수 없다. 그러나 법률행위가 성립하였다고 해서 항상 효력이 있는 것은 아니다. 즉 어떤 때에는 법률행위가 무효일 수도 있고, 취소할 수 있는 경우도 있다.

우선 '무효'란, 법률행위가 성립한 때부터 법률상 당연히 그 효력이 발생하지 않는 것으로 확정된 것이다. 즉 당사자의 의사에 의하여 효력을 부여할 수 없다. 법률행위가 성립하였더라도 무효인 경우에는 처음부터 아무런 효력이 발생하지 않는다.

그리고 '취소'란, 일단 유효하게 성립한 법률행위의 효력을 그 법률행위의 성립 시로 소급하여 소멸시키는 특정인(취소권자)의 의사표시를 말한다. 일정한 원인에 의하여 법률행위를 취소할 수 있는 경우에도 그 법률행위는 효력이 있지만, 당사자 중 누군가에게 취소권이 존재하게 된다. 만일 그 취소권자가 취소권을 행사하지 않으면 그 법률행위는 계속 유효다. 그러나 그가 취소권을 행사하면 원칙적으로 그 법률행위는 성립 당시로 소급하여 무효가 된다.

법률행위에 의하여 발생한 법률효과가 확정적으로 유효이기 위해서는, 가령 어떤 법률행위에 의하여 당사자가 확정적으로 유효인 권리나 의무를 가지기 위해서는, 그 요건인 법률행위가 무효여서도 안 되고, 취소할 수 있는 상태여서도 안 될 것이다. 즉 법률행위가 유효하기 위한(또는 효력을 가지기 위한) 요건을 모두 충족하여야 하는데 이를 '법률행위의 유효요건' 또는 '효력요건'이라고 한다. 그 중에서도 특정한 법률행위에 개별적으로 요구되는 것이 아니라 모든 법률행위에 요구되는 공통된 요건을 법률행위의 '일반적 유효요건'이라고 한다. 여기에서는 법률행위의 일반적 유효요건을 중심으로 살펴본다. 즉 법률행위가 완전한 효력을 가지기 위해서는 아래의 요건을 전부 갖추어야 한다.

(1) 당사자의 능력

사람이 유효하게 법률행위를 하기 위해서는 '행위능력'이 있어야 한다. 이 개념은 제3장에서 자세히 설명한다. 법률행위의 유효요건으로 요구되는 당사자의 능력은 이 행위능력을 말하며, 행위능력이 없는 사람이 법률행위를 한 경우 그 법률행위는 취소할 수 있다(취소권자에 관해서는 제140조 참고).

(2) 법률행위 목적(내용)에 요구되는 요건들

1) 확정성

법률행위의 목적 또는 내용은 확정적이어야 한다. 법률행위 내용이 불명확한 경우에는 그에 따른 권리나 의무의 내용도 불명확하므로 그에 따르는 법적 구제가 불가능하기 때문이다. 따라서 법률행위의 내용은 그 성립 시에 확정되어 있거나, 적어도 향후에 확정될 수 있는 기준이 존재하여야 하여야 한다.

확정성이 없는 법률행위는 무효다.

2) 실현가능성

법률행위의 성립 당시에 이미 실현하는 것이 불가능한 사항을 목적으로 하는 법률행위는 법률효과를 인정하더라도 아무런 의미가 없다. 따라서 실현가능성이 없는 법률행위는 무효다. 이때 실현가능 여부는 사회 통념에 비추어 판단한다. 가령 이론적 · 물리적으로는 실현가능하더라도 사회통념상 실현이 불가능한 법률행위는 무효다.

이때 주의할 것은 법률행위 내용이 그 성립 당시에 불가능하여야 한다는 점이다. 만일 법률행위 성립 당시에는 실현 가능하였다면 그 후 실현이 불가능해졌더라도 그 법률행위는 유효다.

3) 적법성

법률행위가 유효하기 위해서는 그 내용이 '강행규정(강행법규)'에 위반해서는 안 된다. 강행규정에 위반하는 내용의 법률행위는 무효다. 강행규정이란, '선량한 풍속 기타 사회질서에 관계있는 것'을 내용으로 하는 법규로서 당사자의 의사에 의해 그 적용을 배제할 수 없는 규정을 말한다. 이때 선량한 풍속 기타 사회질서에 관계있는 법규란 사회질서의 기본을 이루는 법 영역(신분관계에 관한 것, 사회 · 경제적 약자를 보호하는 것 등)에 속하는 사항을 구체화여 그 사법적 효력에 관해 개별적으로 규정하고 있는 것을 말한다. 이와 달리 '임의규정'이란 선량한 풍속 기타 사회질서와 관계없는 규정으로서, 당사자가 그것과 다른 내용의 의사표시를 하여 법률행위를 하였더라도 그 의사를 우선하여 법률행위의 효력을 인정한다(제105조). 적법성 요건에서 위반하지 않아야 하는 것은 강행규정이다.

그런데 강행규정은 법률행위의 효력 여부에 관해 정하고 있는 것을 의미하므로 '효력규정'이기도 하다. 따라서 법률행위의 효력이 아니라 일정한 행위를 행정적 · 형사법적으로 제재하거나 단속하는 것을 목적으로 하는 '단속규정'과는 구별된다. 그러나 무엇이 효력규정인지 단속규정에 불과한지 판단하는 것은 쉽지 않다. 이에 관해 판례는 해당 법규의 입법취지에 따라 판단하여야 한다는 입장이다.

대법원 2007. 12. 20. 선고 2005다32159 전원합의체 판결

"구 부동산중개업법(2005. 7. 29. 법률 제7638호 '공인중개사의 업무 및 부동산 거래 신고에 관한 법률'로 전문 개정되기 전의 것)은 **부동산중개업을 건전하게 지도 · 육성하고 부동산중개 업무를 적절히 규율함으로써 부동산중개업자의 공신력을 높이고 공**

정한 부동산거래질서를 확립하여 국민의 재산권 보호에 기여함을 입법목적으로 하고 있으므로(제1조), 중개수수료의 한도를 정하는 한편 이를 초과하는 수수료를 받지 못하도록 한 같은 법 및 같은 법 시행규칙 등 관련 법령 또는 그 한도를 초과하여 받기로 한 중개수수료 약정의 효력은 이와 같은 **입법목적에 맞추어 해석**되어야 한다. 그뿐 아니라, 중개업자가 구 부동산중개업법 등 관련 법령에 정한 한도를 초과하여 수수료를 받는 행위는 물론 위와 같은 금지규정 위반 행위에 의하여 얻은 중개수수료 상당의 이득을 그대로 보유하게 하는 것은 투기적 · 탈법적 거래를 조장하여 부동산거래질서의 공정성을 해할 우려가 있고, 또한 구 부동산중개업법 등 관련 법령의 주된 규율대상인 부동산의 거래가격이 높고 부동산중개업소의 활용도 또한 높은 실정에 비추어 부동산 중개수수료는 국민 개개인의 재산적 이해관계 및 국민생활의 편의에 미치는 영향이 매우 커 이에 대한 규제가 강하게 요청된다. 그렇다면, 앞서 본 **입법목적을 달성하기 위해서는 고액의 수수료를 수령한 부동산 중개업자에게 행정적 제재나 형사적 처벌을 가하는 것만으로는 부족하고 구 부동산중개업법 등 관련 법령에 정한 한도를 초과한 중개수수료 약정에 의한 경제적 이익이 귀속되는 것을 방지하여야 할 필요가 있으므로**, 부동산 중개수수료에 관한 위와 같은 규정들은 중개수수료 약정 중 소정의 한도를 초과하는 부분에 대한 **사법상의 효력을 제한하는 이른바 강행법규에 해당**하고, 따라서 구 부동산중개업법 등 관련 법령에서 정한 한도를 초과하는 부동산 중개수수료 약정은 **그 한도를 초과하는 범위 내에서 무효**이다."

4) 사회적 타당성

법류행위의 내용이 강행규정에 위반하는 경우 그 법률행위는 무효지만, 법률행위의 효력에 관하여 모든 영역에 걸쳐 구체화된 개별 규정을 두는 것은 불가능하다. 그 결과 어떤 법률행위의 내용에 관한 강행규정이 존재하지 않거나 강행규정의 규율대상이 아니라면 그 내용에 관해서는 적법성 여부를 판단할 수 없다. 그런데 적법성 여부를 판단할 수 없다고 하여 그 법률행위를 항상 유효라고 할 수는 없을 것이다. 강행규정이 존재하지 않는 영역에서도 선량한 풍속 기타 사회질서에 반하는 내용의 법률행위가 존재할 수 있기 때문이다. 따라서 법률행위의 내용은 선량한 풍속 기타 사회질서라는 추상적 요건까지 충족하여야 효력을 가질 수 있으며 그에 반하는 경우 무효다(반사회질서의 법률행위, 제103조). 이 요건을 법률행위 목적의 사회적 타당성이라고 한다.

대법원 2015. 7. 23. 선고 2015다200111 전원합의체 판결

"**형사사건에 관하여 체결된 성공보수약정**이 가져오는 여러 가지 사회적 폐단과 부작용 등을 고려하면, 구속영장청구 기각, 보석 석방, 집행유예나 무죄 판결 등과 같이 **의뢰인에게 유리한 결과를 얻어내기 위한 변호사의 변론활동이나 직무수행 그 자체는 정당하다 하더라도, 형사사건에서의 성공보수약정은 수사 · 재판의 결과를 금전적인 대가와 결부시킴으로써, 기본적 인권의 옹호와 사회정의의 실현을 사명으로 하는 변호사 직무의 공공성을 저해하고, 의뢰인과 일반 국민의 사법제도에 대한 신뢰를 현저히 떨어뜨릴 위험**이 있으므로, **선량한 풍속 기타 사회질서에 위배**되는 것으로 평가할 수 있다.

다만 선량한 풍속 기타 사회질서는 부단히 변천하는 가치관념으로서 어느 법률행위가 이에 위반되어 민법 제103조에 의하여 무효인지는 법률행위가 이루어진 때를 기준으로 판단하여야 하고, 또한 그 법률행위가 유효로 인정될 경우의 부작용, 거래자유의 보장 및 규제의 필요성, 사회적 비난의 정도, 당사자 사이의 이익균형 등 제반 사정을 종합적으로 고려하여 사회통념에 따라 합리적으로 판단하여야 한다.

그런데 그동안 대법원은 수임한 사건의 종류나 특성에 관한 구별 없이 성공보수약정이 원칙적으로 유효하다는 입장을 취해 왔고, 대한변호사협회도 1983년에 제정한 '변호사보수기준에 관한 규칙'에서 형사사건의 수임료를 착수금과 성공보수금으로 나누어 규정하였으며, 위 규칙이 폐지된 후에 권고양식으로 만들어 제공한 형사사건의 수임약정서에도 성과보수에 관한 규정을 마련하여 놓고 있었다. 이에 따라 변호사나 의뢰인은 형사사건에서의 성공보수약정이 안고 있는 문제점 내지 그 문제점이 약정의 효력에 미칠 수 있는 영향을 제대로 인식하지 못한 것이 현실이고, 그 결과 당사자 사이에 당연히 지급되어야 할 정상적인 보수까지도 성공보수의 방식으로 약정하는 경우가 많았던 것으로 보인다.

이러한 사정들을 종합하여 보면, 종래 이루어진 보수약정의 경우에는 보수약정이 성공보수라는 명목으로 되어 있다는 이유만으로 민법 제103조에 의하여 무효라고 단정하기는 어렵다. 그러나 **대법원이 이 판결을 통하여 형사사건에 관한 성공보수약정이 선량한 풍속 기타 사회질서에 위배되는 것으로 평가할 수 있음을 명확히 밝혔음에도 불구하고 향후에도 성공보수약정이 체결된다면 이는 민법 제103조에 의하여 무효**로 보아야 한다."

한편 사회적 타당성의 판단에 있어서 민법은 일반규정인 반사회질서의 법률행위 규정(제103조) 외에 불공정한 법률행위에 관한 규정(제104조)도 두고 있다. 제104조에서 규정하는 불공정한 법률행위는 반사회질서의 법률행위의 특별한 유형에 해당하는 것으로서 제103조에 대하여 특별규정의 관계에 있다.

불공정한 법률행위란, 상대방에게 존재하는 특정한 상황에 편승하여 자기의 급부에 비하여 현저하게 균형을 상실한 반대급부를 받는 행위, 즉 폭리행위를 말한다. 이에 해당하는 경우 그 법률행위는 무효다. 불공정한 법률행위에 해당하기 위해서는 아래 세 가지 요건을 충족하여야 한다.

첫째, 급부와 반대급부 사이에 현저한 불균형이 있어야 한다. 어느 경우에 현저한 불균형이 존재하는지에 관해서는 차액이나 비율에 따라 일률적으로 정할 수 없으며 구체적·개별적 사안에서 사회통념에 의하여 판단하여야 한다. 또한 이러한 불균형의 판단은 법률행위시를 기준으로 한다.

둘째, 상대방이 궁박, 경솔 또는 무경험의 상태에 있었어야 한다. 궁박이란 급박한 곤궁상태를 의미하며 그 곤궁의 원인은 묻지 않는다. 경솔이란 그 행위의 결과나 장래에 관하여 평균적 고려를 하지 못하고 있는 것을 말한다. 무경험은 거래일반의 경험이 부족한 것을 뜻한다. 피해자는 이 세 가지 중 하나의 상태에 있으면 된다.

셋째, 폭리자가 상대방의 궁박, 경솔 또는 무경험의 상태를 알고 그것을 이용하였어야 한다. 판례는 피해자의 그와 같은 상태를 상대방이 이용하려는 의사까지도 요건으로 요구하고 있는데, 폭리행위의 악의가 있으면 그것을 곧 이용의사로 추단하는 입장으로 이해된다.

대법원 2002. 10. 22. 선고 2002다38927 판결

"민법 제104조에 규정된 불공정한 법률행위는 객관적으로 급부와 반대급부 사이에 현저한 불균형이 존재하고, 주관적으로 그와 같이 균형을 잃은 거래가 피해 당사자의 궁박, 경솔 또는 무경험을 이용하여 이루어진 경우에 성립하는 것으로서, 약자적 지위에 있는 자의 궁박, 경솔 또는 무경험을 이용한 폭리행위를 규제하려는 데에 그 목적이 있고, 불공정한 법률행위가 성립하기 위한 요건인 궁박, 경솔, 무경험은 모두 구비되어야 하는 요건이 아니라 그 중 일부만 갖추어져도 충분한데, 여기에서 **'궁박'이라 함은 '급박한 곤궁'을 의미하는 것으로서 경제적 원인에 기인할 수도 있고 정신적 또는 심리적 원인에 기인할 수도 있으며, '무경험'이라 함은 일반적인 생활체험의 부족을 의**

미하는 것으로서 어느 특정영역에 있어서의 경험부족이 아니라 거래일반에 대한 경험부족을 뜻하고, 당사자가 궁박 또는 무경험의 상태에 있었는지 여부는 그의 나이와 직업, 교육 및 사회경험의 정도, 재산 상태 및 그가 처한 상황의 절박성의 정도 등 제반 사정을 종합하여 구체적으로 판단하여야 하며, 한편 피해 당사자가 궁박, 경솔 또는 무경험의 상태에 있었다고 하더라도 그 상대방 당사자에게 그와 같은 **피해 당사자측의 사정을 알면서 이를 이용하려는 의사, 즉 폭리행위의 악의가 없었다거나 또는 객관적으로 급부와 반대급부 사이에 현저한 불균형이 존재하지 아니한다면 불공정 법률행위는 성립하지 않는다**."

(3) 의사표시에 흠이 없을 것

법률행위는 의사표시를 불가결의 구성요소로 하므로 의사표시에 흠(하자)이 있다면 법률행위도 영향을 받을 수밖에 없다. 따라서 법률행위가 유효이기 위해서는 의사표시에 흠이 없어야 한다. 민법은 의사표시에 흠이 있는 경우를 네 가지로 나누어 규정하고 있다. 만일 의사표시에 흠이 있다면 각 유형에 따라 법률행위가 무효가 되거나 취소할 수 있게 된다.

이 요건에 관해서는 목차를 바꾸어 의사표시의 개념과 함께 설명한다.

4. 의사표시

(1) 의사표시의 의의

의사표시란, 당사자가 일정한 법률효과의 발생을 의욕하고 그러한 뜻을 외부에 표시하는 행위를 말한다. 의사표시는 어떠한 요소로 구성되는가에 관하여 과거로부터 학설상의 논쟁이 있으나, 통상적으로는 '효과의사'와 '표시행위'를 구성요소로 파악한다. 즉 의사표시는 당사자가 일정한 효과를 의욕하는 의사(효과의사)를 외부에 표시하는 것(표시행위)으로서 이루어진다.

(2) 흠 있는 의사표시

의사표시의 흠이란, 내심의 의사(진의)와 표시행위의 의미가 일치하지 않는 것을 의미한다. 예컨대, 근로자가 회사와의 근로계약을 해지할 의사가 없음에도 불구하고 어떠한 이유에 의하여 사직의 표시를 하는 것, X건물을 매도하려고 하면서 Y건물을 매도하겠다고 표시하는 것 등이 해당된다.

민법은 흠 있는 의사표시를 다음과 같이 네 가지의 유형으로 규정하고 있다.

1) 진의 아닌 의사표시

진의 아닌 의사표시(비진의표시)는, 의사표시자가 자신의 진의와 다르다는 것을 알면서 표시행위를 하는 것을 말한다. 진의와 표시의 불일치를 알면서 의사표시를 한 자를 보호할 필요성은 없는 반면 상대방의 신뢰는 보호할 가치가 있기 때문에 비진의표시는 원칙적으로 표시된 대로 유효다(제107조 제1항 본문).

그러나 상대방이 그 불일치를 알거나(악의) 알 수 있었을(모르는데 과실이 존재) 경우에는 표시된 내용은 무효다(제107조 제1항 단서). 이 경우에는 상대방의 신뢰를 보호할 가치가 없기 때문이다. 따라서 비진의표시는 그 상대방이 의사와 표시의 불일치에 관해 모르면서(선의) 동시에 그 모르는 것에 과실이 없는(무과실) 경우에만 유효다.

한편 비진의표시가 무효인 경우에도 선의의 제3자에게는 대항할 수 없다(제107조 제2항). 여기에서 '선의'란 비진의표시임을 모르는 것을 의미하고, '제3자'란 비진의표시를 기초로 새로운 이해관계를 맺은 자를 말하며(통상적으로 제3자란 당사자와 그 포괄승계인 이외의 모든 사람을 의미하는 것과 비교), '대항할 수 없다'는 것은 그 무효를 제3자에게 주장할 수 없다는 것을 뜻한다. 이때 제3자는 선의이기만 하면 되고 무과실일 필요는 없다.

대법원 1991. 7. 12. 선고 90다11554 판결

"[1] 진의 아닌 의사표시인지의 여부는 **효과의사에 대응하는 내심의 의사가 있는지 여부에 따라 결정되는 것**인바, **근로자가 사용자의 지시에 좇아 일괄하여 사직서를 작성 제출할 당시 그 사직서에 기하여 의원면직처리될 지 모른다는 점을 인식하였다고 하더라도 이것만으로 그의 내심에 사직의 의사가 있는 것이라고 할 수 없다.**

[2] 사용자가 근로자로부터 사직서를 제출받고 이를 수리하는 의원면직의 형식을 취하여 근로계약관계를 종료시킨다고 할지라도, 사직의 의사없는 근로자로 하여금 어쩔 수 없이 사직서를 작성 제출하게 한 경우에는 실질적으로는 사용자의 일방적 의사에 의하여 근로계약관계를 종료시키는 것이어서 해고에 해당하고, 정당한 이유 없는 해고조치는 부당해고에 다름없는 것이다."

2) 허위표시

의사표시자가 상대방과 짜고 허위로 한 의사표시는 무효다(제108조 제1항). 의사표시자가 의사와 표시의 불일치를 알고 있는 것에서 더 나아가 상대방과 통정하였다는 점에서 비진의표시와 차이가 있다(통정허위표시).

허위표시의 무효 역시 선의의 제3자에게 주장할 수 없다(제108조 제2항).

3) 착오

진의와 표시의 불일치를 의사표시자가 모르는 경우를 착오라고 하는 것이 일반적이다. 착오에 의한 의사표시는 의사표시자가 취소할 수 있으나, 취소하기 위해서는 의사표시가 법률행위 내용의 중요부분에 관한 것이어야 하고 또한 의사표시자에게 착오에 관한 중과실이 없어야 한다(제109조 제1항). 이때 중요부분에 관한 착오란, 그러한 착오가 없었더라면 그 의사표시를 하지 않았을 것이라고 여겨질 정도로 중요한 것임을 말한다. 그런데 이는 의사표시자의 입장(주관적 요건)과 사회일반인의 입장(객관적 요건) 모두에서 인정되어야 한다(다수설, 판례). 또한 중과실이란, 의사표시자의 직업, 행위의 종류, 행위의 목적 등에 비추어볼 때 보통 기울여야 하는 주의를 현저하게 결여하고 있는 것을 말한다.

만일 착오를 이유로 취소한 경우 그 취소로서 선의의 제3자에게 대항할 수 없다(제109조 제2항).

4) 사기 또는 강박에 의한 의사표시

사기나 강박에 의한 의사표시는 취소할 수 있다(제110조 제1항).

사기란 사람을 고의로 기망하여 의사표시자가 착오에 빠지게 하는 것이고,

강박이란 고의로 해악을 가하겠다고 위협하여 의사표시자에게 공포심을 야기하는 것이다. 그런데 이러한 상태로부터 비롯되는 의사표시에는 의사와 표시 사이의 불일치는 없다. 사기나 강박에 의하여 착오 또는 공포심이 생기고 그것에 따라 의사가 형성되지만, 그 의사가 그대로 표시되기 때문이다. 단지 의사형성과정에 흠이 존재하는 것이 특징이다.

한편 상대방 있는 의사표시에 관하여 제3자가 사기나 강박을 행한 경우에는 의사표시의 상대방이 그 사기나 강박의 사실을 알았거나 알 수 있었을 경우에만 그 의사표시를 취소할 수 있다(제110조 제2항). 여기에서의 제3자는 표의자와 상대방, 그리고 그 대리인 등 상대방과 동일시할 수 있는 사람이 아닌 사람을 말한다. 즉 상대방이 제3자의 사기나 강박에 관해 선의 · 무과실인 경우에는 의사표시를 취소할 수 없다. 상대방의 신뢰보호를 고려한 규정이다.

그리고 사기나 강박을 이유로 한 의사표시의 취소 역시 선의의 제3자에게 대항할 수 없다(제110조 제3항). 물론 이 제3자는 제2항의 제3자와 다르다.

더 공부할 내용

법률요건과 법률사실, 의사표시의 해석, 의사표시의 효력발생, 법률행위의 무효와 취소에 관한 구체적 내용, 조건과 기한

▶ 관련과목: 민법총칙

5. 법률행위의 대리

(1) 의의

지금까지 사람이 자기 스스로 의사표시를 함으로써 법률행위가 성립하고 그것에 의하여 그 사람에게 권리(의무)가 발생 · 변경 · 소멸하는 것에 관해 살펴보았다. 그런데 누군가에게 법률효과가 발생하기 위하여 반드시 그가 직접 의사표시를 하고 법률행위를 해야 하는 것은 아니다. 예컨대, B가 A의 이름으로 C소유의 X물건을 매수하고자 하는 의사표시를 하고 매매계약을 체결한 경우 X물건의 인도나 물건 값의 지급 등에 관한 권리와 의무를 가지는 것은 B와 C가

아니라 A와 C다. 즉 A는 아무런 의사표시를 하지 않았음에도 불구하고 권리(의무)를 취득하는 법률효과를 가지게 된다. 이처럼 독립한 타인(대리인, 위 사례에서의 B)이 본인(위 사례에서의 A)의 이름으로 법률행위를 하고 그 행위의 효과를 직접 본인에게 귀속시키는 것을 '대리'라고 한다. 대리는 법률행위 당사자의 사적 자치를 확장 및 보충하는 의미가 있다.

주의할 것은 대리는 의사표시 또는 법률행위에 관한 것이라는 점이다. 즉 단순히 누군가를 위해 일정한 행위를 대신 해주는 것을 전부 대리라고 할 수는 없다. 또한 법률행위에 관한 것일지라도 가족법상의 법률행위에는 대리가 원칙적으로 적용되지 않는다. 그 법률행위의 성질상 법률효과가 귀속되는 당사자의 의사를 절대적으로 필요로 하기 때문이다. 본인은 아무런 의사표시를 하지 않았는데 타인이 혼인이나 입양의 의사표시를 하고 그 효과가 본인에게 귀속된다고 생각해 보라. 이러한 법률행위는 대리와 친하지 않다.

(2) 대리의 3면 관계

대리는 3면 관계를 전제로 한다. 본인과 대리인의 관계(대리권) – 대리인과 상대방의 관계(대리행위) – 본인과 상대방의 관계(대리효과)가 그것이다.

1) 대리권

원칙적으로 대리관계가 유효하기 위해서는 본인의 이름으로 법률행위를 하는 자에게 대리권이 있어야 한다. 이때 대리권이란, 본인의 이름으로 의사표시를 교부하거나 수령하고 그것에 따른 법률효과가 본인에게 귀속되도록 할 수 있는 법률상의 지위 또는 자격을 말한다. 대리권의 법적 성질에 관해서는, 권리가 아니라 지위 또는 자격이라는 의미에서 권한으로 파악하는 것이 통설이다.

대리권에는 임의대리권과 법정대리권이 있다. '임의대리권'은 본인과 대리인 사이의 법률행위(대리권을 수여한다는 의미에서 수권행위)에 의하여 발생하며, '법정대리권'은 법률의 규정에 의하여 대리인으로 정해진 사람(제911조 등), 법률에서 정하는 지정권자가 지정한 사람(제931조 등) 또는 법원이 선임한 사람(제23조 등)에게 발생한다.

임의대리권의 범위는 수권행위의 내용으로 정하는 것이 원칙이다. 이에 관해 다음과 같은 판례가 있다.

대법원 1994. 2. 8. 선고 93다39379 판결

"**임의대리에 있어서 대리권의 범위는 수권행위(대리권수여행위)에 의하여 정하여지는 것**이므로 어느 행위가 대리권의 범위 내의 행위인지의 여부는 개별적인 수권행위의 내용이나 그 해석에 의하여 판단할 것이나, 일반적으로 말하면 **수권행위의 통상의 내용으로서의 임의대리권은 그 권한에 부수하여 필요한 한도에서 상대방의 의사표시를 수령하는 이른바 수령대리권을 포함**하는 것으로 보아야 한다."

대법원 2008. 6. 12. 선고 2008다11276 판결

"**어떠한 계약의 체결에 관한 대리권을 수여받은 대리인이 수권된 법률행위를 하게 되면 그것으로 대리권의 원인된 법률관계는 원칙적으로 목적을 달성하여 종료**하는 것이고, 법률행위에 의하여 수여된 대리권은 그 원인된 법률관계의 종료에 의하여 소멸하는 것이므로(민법 제128조), 그 계약을 대리하여 체결하였던 **대리인이 체결된 계약의 해제 등 일체의 처분권과 상대방의 의사를 수령할 권한까지 가지고 있다고 볼 수는 없다**."

한편 대리의 의사는 있으나 대리권이 없는 자가 본인의 이름으로 법률행위를 한 경우, 즉 대리권 없이 대리행위를 한 경우에도 본인에게 법률효과가 귀속하는가? 대리권이 없는 경우에는 대리인이라고 할 수도 없으며 그 효과를 본인에게 귀속시킬 수도 없을 것이다. 따라서 원칙적으로 그 법률행위는 본인에 대해서는 효력이 없다(제130조). 그런데 이 경우 법률행위 상대방의 신뢰를 해칠 수도 있기 때문에, 본인의 이익과 상대방의 이익이 조화될 수 있도록 민법은 '무권대리'에 관해 규정하고 있다. 이 무권대리는 또다시 '표현대리'(제125조, 제126조, 제129조)와 '좁은 의미의 무권대리'(제130조 이하)로 구분되는데, 이에 관해서는 '민법총칙'에서 자세히 배운다.

2) 대리행위

대리에서 본인은 아무런 의사표시를 하지 않는다. 대리인이 본인을 위한 법률행위를 하며, 이것을 대리행위라고 한다. 본인을 위한다는 것은 '본인의 이름으로' 법률행위를 하는 것을 말한다. 본인의 이익을 위하는 것이 아님을 유의하여야 한다. 즉 대리인은 자신의 법률행위가 본인을 위한 것임을 표시하여야 하는데, 이것을 '현명(顯名)'이라고 한다. 현명은 보통 'A의 대리인 B'라고 표시하는 방식으로 하지만 꼭 그러한 것은 아니다. 본인의 성명이 명시되지 않았더라도 상대방이 주위의 사정상 본인이 누구인지 알거나 알 수 있으면 충분하다(제115조 단서). 또한 대리인이 자기 성명은 표시하지 않고 본인의 이름만 표시한 경우에도 대리의사가 인정되면 유효한 대리행위로 보는 것이 통설과 판례의 입장이다. 만일 현명하지 않은 경우(상대방이 대리행위임을 과실 없이 모르는 때)에는 대리인 자신을 위하여 법률행위를 한 것으로 본다(제115조 본문).

한편 대리인이 행위능력자일 필요는 없다(제117조). 대리행위에서는 그 효과가 본인에게 귀속하며 대리인에게는 아무런 효과가 발생하지 않기 때문에 법률행위를 취소하게 할 이유가 없기 때문이다.

3) 대리효과

대리행위에 따르는 법률효과, 즉 대리효과는 본인과 상대방 사이에 발생한다. 즉 법률효과가 대리인에게 속했다가 본인에게 이전하는 것이 아니라, 본인에게 직접 귀속한다(제114조).

더 공부할 내용

복대리, 무권대리와 표현대리

▶ 관련과목: 민법총칙

사례연습

[사례1] 공장을 운영하는 A는 여러 채권자들로부터 많은 채무를 지고 있다. 조만간 채권자들이 자신의 재산을 압류할 것으로 예상되자 A는 자신 소유의 X기계를 숨겨두기 위해 실제로는 X의 소유권을 이전해줄 생각이 없으면서 친구 B와 짜고 X를 B에게 매도하는 계약을 체결하고 X를 인도하였다. 그에 따라 B는 X를 자신의 창고로 옮겨 보관하고 있다.

(1) 다른 특별한 사정이 없다고 할 때, A의 채권자인 G가 X기계에 관한 A와 B 사이의 매매계약과 소유권 이전이 무효임을 주장할 수 있는가?

(2) B는 자신의 사업자금이 급하게 필요하여 창고에 보관 중이던 X를 아무런 사정을 모르는 C에게 매도한 후 X를 인도하였다. A는 C에게 X의 소유권을 주장할 수 있는가?

[사례2] A는 새로 휴대폰을 구입하여 개통하려고 했는데 너무 바빠서 쌍둥이 동생 B에게 자기 대신 적당한 휴대폰을 사서 개통해 달라며 신분증을 맡겼다. B는 대리점을 방문하여 마치 자신이 A인 것처럼 행동하면서 A의 명의로 신형 휴대폰을 구입 및 개통하는 계약을 체결하였다.

이때 A는 휴대폰 대금과 통신비를 납부할 의무가 있는가?

제3장

누가 무엇에 대하여 권리를 가지나

누가 무엇에 대하여 권리를 가지나

Ⅰ. 권리의 주체와 권리능력

1. 의의

모든 권리와 의무는 누군가에 속하여야 한다. 즉 모든 권리와 의무에는 그 주체가 있다. '권리의 주체'란 권리 또는 의무가 속하는 주체를 말한다. 달리 말하면, 권리의 주체만이 어떠한 권리 또는 의무를 가질 수 있다. 권리의 주체는 법질서에 의하여 권리가 주어지거나 의무가 부과되는 자(권리 또는 의무의 귀속자)이므로 법인격이 있다.

2. 권리능력

'권리능력'이란, 권리의 주체가 될 수 있는 지위 또는 자격을 말한다. 따라서 모든 권리의 주체에게는 권리능력이 있고, 권리능력을 가지고 있는 자는 모두 권리의 주체다. 그리고 권리능력이 있다는 것은 법인격이 있다는 의미가 된다.

(1) 권리능력을 가지는 자

사람은 권리능력을 가진다(제3조). 사람은 또 다른 권리주체인 '법인'과 구별하기 위하여 '자연인'이라고도 한다. 그런데 사람이 권리능력을 가지는 것은 자연적으로 당연한 것인가? 그렇지 않다. 권리능력은 어디까지나 규범적 개념이다. 즉 실정법이 권리능력이라는 개념을 비로소 만들어두고 그것을 사람에게 부여하도록 승인하였기 때문에 사람은 권리능력자 또는 권리의 주체가 되는 것이다. 살아 숨 쉬는 사람이기 때문에 당연히 권리능력을 가지는 것이 아니다.

민법은 자연인 외에 '법인'에 관해서도 규정하는데, 법인 역시 권리의 주체다(제34조). 민법상 법인은 영리를 목적으로 하지 않는, 이른바 '비영리법인'이며 사람이 모인 단체가 법인격을 가짐에 따라 성립하는 '사단법인'과 재산의 집단이 법인격을 가짐에 따라 성립하는 '재단법인' 두 가지로 구분된다. 영리를 목적으로 하는 법인(예컨대 회사)은 「상법」에서 규율한다. 민법은 총칙편에서 법인에 관해 상당히 많은 규정을 두고 있으며(제31조부터 제97조까지) 법인 역시 권리의 주체로서 중요한 의미를 가지지만, 여기에서는 그에 대한 설명을 생략하며, '민법총칙'에서 공부하는 것으로 미룬다.

(2) 사람의 권리능력이 존속하는 기간

생존하고 있어야 사람이다. 따라서 사람은 출생하는 때로부터 사망하는 때까지 권리능력을 가진다. 이때 출생하는 때를 언제로 볼 것인지 문제되는데, 통설은 '태아가 모체로부터 완전히 분리된 때(전부노출시)'를 출생으로 보는 입장이다. 따라서 태아가 모체로부터 완전히 분리되는 순간부터 그 태아는 사람이며 동시에 권리능력을 가진다. 즉 사람은 출생이라는 사실(사건)에 의하여 권리능력을 취득한다.

그런데 이는 곧 태아는 사람이 아니라는 의미이기도 하다. 태아에게는 권리능력이 없으므로 특정한 권리나 의무를 취득할 수는 없는 것이 원칙이다. 그러나 예외적으로 불법행위로 인한 손해배상청구권(제762조)은 태아도 가질 수 있다. 가령 태아인 동안 타인의 폭행으로 태아 스스로에게 손해가 발생하였다면 그 태아가 직접 손해배상청구권을 취득한다. 나아가 태아는 상속도 받을 수 있고(제1000조 제3항), 유증(유언자가 유언에 의하여 타인에게 자기의 재산을 무상으로 주는 단독행위) 및 사인증여(증여자의 사망으로 효력이 발생하는 증여계약)도 받을 수 있다(제562조, 제1064조). 즉 태아는 사람은 아니지만 일정한 범위 내에서는 이미 출생한 것으로 보는 예외가 인정된다.

언제까지 사람인가? 사람은 사망이라는 사실(사건)에 의하여 권리능력을 상실한다. 언제를 사망하는 때로 볼 것인지에 관하여 통설은 심장기능이 회복 불가능한 상태로 정지된 때를 사망으로 파악한다. 그러나 사망이라는 사실의 존부와 상관없이 사망이 추정되거나 의제(간주)되는 경우도 있다. 예를 들어, 동시사망의 추정(제30조), 실종선고(제27조) 등이 그러하다. 또한 「장기등 이식에 관한 법률」에서는 장기이식 등의 목적과 관련하여 뇌사에 관한 규정을 두고 있기도 하다.

Ⅱ. 행위능력

1. 의사능력과 행위능력

(1) 의사능력

권리변동이라는 법률효과는 여러 원인에 의하여 발생한다고 하였으나, 가장 핵심적인 원인은 법률행위라고 하였다. 법률행위가 유효하게 성립하기 위해서는 가장 먼저 법률행위를 하는 사람에게 의사가 존재하여야 한다. 그리고 사람이 의사를 형성하기 위해서는 그에 관한 능력을 가지고 있어야 하는데 이를 '의사능력'이라고 한다. 의사능력이란, 자기 행위의 의미나 결과를 정상적인 인식력과 예기력을 통해 합리적으로 판단할 수 있는 정신적 능력 또는 지능을 뜻한다.

모든 사람은 권리능력이 있지만, 권리능력이 있다고 하여 누구나 의사표시를 할 수 있는 것은 아니다. 의사표시를 하기 위해서는 우선 자신이 어떠한 효과를 의욕하는지 스스로 인식할 수 있어야 하는데 어떤 사람들은 그렇지 못하다. 예컨대 갓난아기나 혼수상태에 있는 사람 등을 떠올려 보면 그들이 스스로 어떠한 법률효과를 의욕하리라고 생각하기 어려울 것이다. 그러므로 권리능력이 있더라도 법률행위를 통하여 구체적인 권리(의무)를 취득하기 위해서는 의사능력도 있어야 한다. 의사능력이 없는 사람이 설사 일정한 표시를 하였다고 하더라도 그 법률행위는 무효라는 것이 통설과 판례의 입장이다.

대법원 2002. 10. 11 선고 2001다10113 판결

"[1] **의사능력이란 자신의 행위의 의미나 결과를 정상적인 인식력과 예기력을 바탕으로 합리적으로 판단할 수 있는 정신적 능력 내지는 지능**을 말하는 것으로서, **의사능력의 유무는 구체적인 법률행위와 관련하여 개별적으로 판단**되어야 할 것이다.

[2] 원고가 직접 금융기관을 방문하여 금 50,000,000원을 대출받고 금전소비대차약정서 및 근저당권설정계약서에 날인하였다고 할지라도, 원고가 어릴 때부터 지능지수가 낮아 정규교육을 받지 못한 채 가족의 도움으로 살아왔고, 위 계약일 2년 8개월 후 실시된 신체감정결과 지능지수는 73, 사회연령은 6세 수준으로서 이름을 정확하게 쓰지 못하고 간단한 셈도 불가능하며, 원고의 본래 지능수준도 이와 크게 다르지 않을 것으로 추정된다는 감정결과가 나왔다면, 원고가 위 계약 당시 결코 적지 않은 금액을 대출 받고 이에 대하여 자신 소유의 부동산을 담보로 제공함으로써 만약 대출금을 변제하지 못할 때에는 근저당권의 실행으로 인하여 소유권을 상실할 수 있다는 일련의 법률적인 의미와 효과를 이해할 수 있는 의사능력을 갖추고 있었다고 볼 수 없고, 따라서 위 계약은 **의사능력을 흠결한 상태에서 체결된 것으로서 무효**"

(2) 행위능력

1) 개념의 필요성

의사능력이 없는 사람의 법률행위를 무효로 하는 이유는, 또는 의사능력이라는 개념 자체를 전제하고 있는 이유는 의사무능력자가 마치 의사표시처럼 보이는 행위를 하였더라도 그를 보호하기 위하여 아무런 효과가 발생하지 않도록 할 필요가 있기 때문이다. 그런데 문제는 의사능력의 유무를 객관적 또는 획일적 기준에 의하여 판단할 수 없다는 점에 있다. 예컨대 몇 살부터 의사능력이 있다고 할 수 있는가? 사람마다 다르다.

의사무능력자는 법률행위를 한 후에 상대방에 대하여 자기에게 의사능력이 없었음을 증명하여 그 법률행위를 무효라고 주장할 수 있을 것이다. 그런데 그 상대방은 법률행위 당시 의사무능력자에게 의사능력이 있는지 없는지를 객관적 · 획일적 기준에 따라 판단할 수 없기 때문에, 자신이 유효하다고 믿고 한 법률행위가 오직 의사무능력자 측의 사정에 따라 효력을 잃게 되는 불안정한 지위에 처하게 된다. 따라서 의사능력 외에, 행위능력을 유효하게 할 수 있는지 여부에 관한 새로운 개념이 필요하다.

2) 행위능력의 의의

'행위능력'이란, 혼자서 완전히 유효한 법률행위를 할 수 있는 지위나 자격을 의미한다. 민법에서 '능력'이라고 하면 보통 행위능력을 말한다. 행위능력이 없는 사람이 혼자서 한 법률행위는 '취소'할 수 있다. 행위능력이 없는(혹은 제한된) '제한능력자'는 자신의 법률행위가 스스로에게 어떠한 효력을 미치게 될지 온전하게 판단하기 어려우므로, 그가 자기 혼자 법률행위를 하였더라도 그 효력을 그대로 인정하지 않음으로써 그 행위자를 보호하고자 하는 것이다.

동시에 제한능력자의 상대방이 불안정한 지위에 놓이는 것도 방지하는 의미가 있다. 행위능력은 그 존부의 기준이 객관적이고 획일적이어서 상대방 입장에서는 자신과 법률행위를 하려고 하는 사람에게 행위능력이 있는지 없는지를 객관적으로 파악하고 그에 대처할 수 있다.

2. 제한능력자 제도

(1) 취지 및 적용범위

민법이 규정하고 있는 제한능력자 제도(또는 행위능력자 제도)는 객관적 · 획일적 기준에 의하여 법률행위를 할 수 있는지 없는지를 정한 것으로서 그 법률행위 당사자는 물론 상대방도 보호하려는 목적을 가지고 있다. 따라서 제한능력자에 관한 민법규정은 강행규정이다. 설사 거래의 안전이 희생되는 일이 있더라도 제한능력자를 보호하고자 하는데 입법취지가 있기 때문이다.

제한능력에 관한 규정은 일반적으로 재산상의 법률행위에 적용된다. 친족편 및 상속편 역시 혼인, 유언 등 여러 법률행위에 관해 규율하고 있으나 그러한 법률행위는 재산상의 법률행위와는 다른 특수성이 있으므로 각각 그 행위에 관한 특별규정을 별도로 두고 적용하는 것이 원칙이다(예컨대 제1061조).

(2) 제한능력자가 한 행위의 효과

제한능력자에게 의사능력이 있는지 없는지와 무관하게 그가 한 법률행위는 취소할 수 있다. 그리고 제한능력자는 법률행위를 취소한 경우 선의의 제3자에게도 그 취소를 주장할 수 있다(선의의 제3자에게 '대항할 수 있다'). 물론 제한능력자에게 의사능력도 없다면, 행위능력이 없음을 이유로 한 취소 대신 의사무능력을 이유로 한 무효를 증명 및 주장할 수도 있다.

(3) 제한능력자의 종류

사람은 원칙적으로 행위능력이 있으므로, 민법은 단지 행위능력이 없거나 제한된 사람에 관해 규정한다. 미성년자(제4조), 피성년후견인(제9조), 피한정후견인(제12조), 피특정후견인(제14조의2)이 그러하다. 피성년후견인, 피한정후견인, 피특정후견인의 경우 법원의 심판에 의하여 행위능력의 여부와 범위가 정해진다. 다만 이들에 관해서는 '민법총칙'에서 공부하는 것으로 미루고, 여기에서는 미성년자를 중심으로 설명한다.

1) 미성년자의 의의

성년(19세)에 이르지 않은 자는 미성년자다(제4조). 즉 미성년자라는 제한능력자의 경우 행위능력의 유무에 관한 객관적 · 획일적 기준이 법원의 심판이 아니라 나이가 된다.

2) 미성년자의 행위능력

미성년자는 독자적으로 유효한 법률행위를 할 수 없다. 미성년자가 유효한 법률행위를 하기 위해서는 원칙적으로 법정대리인의 동의를 얻어야 한다. 만일 미성년자가 법정대리인의 동의 없이 독자적으로 법률행위를 한 경우 미성년자 본인 또는 법정대리인은 그 법률행위를 취소할 수 있다(제5조).

그러나 예외적으로 법정대리인의 동의 없이 미성년자가 독자적으로 법률행위를 한 경우에도 그것이 확정적으로 유효가 되어 취소할 수 없는 경우도 있다. 권리만을 얻거나 의무만을 면하는 행위(제5조 제1항 단서), 처분이 허락된 재산의 처분행위(제6조), 법정대리인으로부터 허락을 얻은 영업에 관한 행위(제8조 제1항)는 그 법률행위에 관하여 법정대리인의 동의를 얻지 않아도 확정적으로 효력이 있다. 예를 들어, 부담 없는 증여를 받는 행위, 허락된 범위 내에서 용돈을 쓰는 행위 등이 해당된다. 또한 미성년자가 마치 행위능력자인 것처럼 속임수를 쓰거나 법정대리인의 동의를 얻은 것처럼 속임수를 써서 법률행위를 한 경우(제17조)에도 그 법률행위를 취소할 수 없다. 그리고 취소권의 행사 역시 법률행위지만, 제한능력을 이유로 한 취소(제140조)는 그 취소권의 행사에 관한 법정대리인의 동의 없이도 미성년자가 독자적으로 할 수 있다. 그렇게 해야 제한능력자의 보호라는 취지에 더 적합한 결과가 되기 때문이다.

3) 미성년자의 법정대리인

미성년자의 법정대리인은 원칙적으로 친권자(제911조, 특별한 사정이 없는 한 아버지와 어머니)이며, 친권자가 없는 등의 사유로 미성년후견이 개시된 경우에는 미성년후견인(제928조)이 법정대리인이다.

이 법정대리인은 미성년자의 법률행위에 대한 동의권과 추인(취소할 수 있는 행위를 취소하지 않는 것)권, 취소권, 대리권을 가진다.

더 공부할 내용

제한능력자의 상대방 보호, 부재와 실종, 법인

▶ 관련과목: 민법총칙

Ⅲ. 권리의 객체

권리가 성립하는 대상을 권리의 객체라고 한다. 권리의 객체는 그 권리가 무엇인지에 따라 매우 다양하다. 가령 채권의 경우 '특정한 자의 행위'가 객체이며, 인격권의 경우 인격적 이익이 객체다. 그런데 민법은 물권의 객체인 '물건'에 관해서만 총칙에 일반규정을 두고 있다. 물건의 정의와 종류는 제9장에서 물권과 함께 설명한다.

사례연습

[사례] 18세인 A는 작년 생일선물로 받은 시가 약 300만원의 명품시계X를 친권자인 부모님의 동의 없이 B에게 200만원에 매도하고 인도해 주었다. 이후 B는 X를 C에게 240만원에 팔았는데 아직 인도하지는 않았다.

(1) A가 B로부터 X를 돌려받을 수 있는 방법이 있는가?

(2) 만일 A가 B로부터 X를 돌려받은 경우, 그후 C가 A에게 X시계를 자기에게 인도하라고 청구한다면 A는 C에게 X를 넘겨주어야 하는가?

제4장

계약에 의한 채권·채무의 성립

계약에 의한 채권·채무의 성립

Ⅰ. 채권과 채무

권리변동의 가장 핵심 요건은 법률행위인데, 법률행위로부터 권리변동이 발생할 때 그 발생·변경·소멸하는 권리는 채권인 경우도 있고 물권인 경우도 있다. 즉 채권변동은 물론 물권변동의 가장 기본적인 요건이 법률행위다. 다만 권리변동이 나타나는 일반적인 과정을 고려해볼 때 법률행위로부터 발생·변경·소멸하는 권리(의무)는 일단 채권(채무)이다. 물건을 사고파는 것을 목적으로 하는 매매계약을 체결하였다고 가정해 보자. 매수인(물건을 사는 사람)의 입장에서 그 매매계약을 체결한 가장 중요한 목적은 어떤 물건의 소유권 취득일 것이다. 그러나 매매계약이라는 법률행위로부터 발생하는 것은 소유권이라는 물권이 아니다. 그 매매계약의 체결로부터는 매도인(물건을 파는 사람)에게 목적물의 소유권을 이전해달라고 요구할 수 있는 채권이 발생한다. 소유권 취득의 효과는, 그 채권을 기초로 하여 물권적 합의 또는 물권행위라는 또 다른 법률행위를 요건으로 발생한다. 따라서 법률행위를 요건으로 발생·변경·소멸하는 권리(의무)에 관해 우리는 채권과 채무를 먼저 살펴보아야 한다.

1. 채권의 의의와 성질, 효력

'채권'은 특정인이 다른 특정인에게 특정한 행위를 청구할 수 있는 권리를 말한다. 다시 말하면, 채권자가 채무자에게 급부를 청구할 수 있는 권리다. 여기에서 '급부'란 이행행위를 뜻하는데, 채권의 목적이 되는 급부에는 종류의 제한이 없다. 금전의 지급, 물건의 인도(이상 '주는 급부'), 노동력의 제공('하는 급부') 등 무수히 많은 유형의 이행행위가 전부 채권(채무)의 목적이 될 수 있다.

채권은 재산권, 청구권, 상대권으로서의 성질을 가진다.

급부의 내용은 전부 경제적 이익에 관련된 것이므로 재산권이며, 객체를 직접 지배함으로써 이익을 누리는 것이 아니라 특정한 상대방의 행위를 요구할 수 있다는 점에서 청구권이다. 또한 채권을 행사할 수 있는 상대방이 특정되어 있다는 점에서 절대권이 아니라 상대권에 해당한다.

이러한 성질은 '채권자 평등의 원칙'으로 이어진다. 같은 채무자에 대하여 채권을 가지는 여러 명의 채권자 상호 간에는 우열관계가 성립하지 않는다. 즉 채권은 배타성이 없기 때문에 실질적으로는 양립할 수 없는 것이더라도 동시에 둘 이상 존재할 수 있고, 그 효력에 있어서도 차이가 없다. 예를 들어, 채무자S의 소유동산X에 관하여 채권자G1이 인도청구권을 가지고 있었는데, 그 후 다른 채권자G2가 동일한 동산X에 관하여 역시 인도청구권을 취득하게 되었다. 이때 먼저 성립한 G1의 채권만 유효한 것이 아니라, 두 채권자의 채권이 모두 유효하게 성립한다. 또한 G1이 자신의 채권이 G2의 채권보다 우선한다고 주장할 수 있는 것도 아니다. G1과 G2는 채권만을 가지고 있을 뿐인데 채권은 상대권이므로 오직 채무자S에게만 주장할 수 있을 뿐, 서로에게 주장할 수 없다. 이를 채권자 평등의 원칙이라고 한다.

한편 채권은 채무자에게 채무의 이행을 청구하고(청구력), 급부를 수령하여 보유할 수 있으며(급부보유력), 채권이 실현되지 않는 경우 원칙적으로 그 실현을 강제할 수 있는(강제력) 효력도 있다.

더 공부할 내용

제3자에 의한 채권침해

▶ 관련과목: 채권법총론

2. 채권의 종류

(1) 특정물채권

특정물채권은 특정물의 인도를 목적으로 하는 채권이다. 즉 개별적이고 구체적으로 지정되어 있는 물건이 이행의 목적인 채권을 말한다. 특정물채권의 채무자는 그 목적인 물건을 인도할 때까지 '선량한 관리자의 주의'로 보존하여야 하는데(제374조), 이때 선량한 관리자의 주의란 채무자의 직업이나 지위 등에 비추어 거래상 일반적으로 요구되는 주의를 말한다. 한편 선량한 관라자의 주의의무(선관주의의무)는 민법상 타인의 물건을 보존하거나 타인의 사무를 처리함에 있어서 요구되는 의무의 원칙이다.

(2) 종류채권

종류채권이란 일정한 종류에 해당하는 물건 중 일정한 양을 인도하는 것을 목적으로 하는 채권이다. 종류채권은 채권이 성립하는 때 이행의 목적이 특정되어 있지 않다. 다만 수량이나 종류 등으로만 정해져 있을 뿐이다(예컨대 'X맥주 20상자' 등).

그런데 종류채권인 상태에서는 채무를 이행할 수 없고, 이행을 위해서는 그 종류 중에서 이행하고자 하는 물건을 특정하여야 하는 과정이 필수적이다. 이 종류채권의 특정은, 만일 당사자 합의로 목적물을 특정하거나 특정방법 또는 지정권자를 정한 경우에는 그에 따르지만, 그렇지 않은 경우에는 채무자가 이행에 필요한 행위를 완료하거나 채권자의 동의를 얻어 이행할 물건을 지정한 때 특정되며 그 특정된 물건이 채권의 목적물이 된다(제375조 제2항).

(3) 금전채권

금전채권은 일정한 금액의 금전을 지급하는 것을 목적으로 하는 채권이다(금액채권). 금전이 표시하는 가치에 중점을 두고 있으므로 특정될 필요가 없고, 금전채무의 이행이 불가능한 경우도 생각할 수 없다.

(4) 이자채권

이자채권은 이자의 지급을 목적으로 하는 채권이며, 원본채권이 전제된다. 주로 당사자 사이의 특약 또는 법률의 규정에 의하여 발생한다. 이율에 관하여 다른 법률의 규정이나 당사자의 약정이 없는 한 민법에서 정하는 법정이율은 연 5%이다(제379조).

(5) 선택채권

선택채권은 채권의 목적이 선택적으로 정해져 있는 채권이다(예컨대 A물건과 B물건 중 하나의 소유권이전을 청구하는 경우 등). 채무자가 선택채권을 이행하기 위해서는 선택에 의하여 어느 하나의 급부로 정해져야 한다(선택채권의 특정). 이 때 선택권은, 법률의 규정이나 당사자 간의 약정이 없는 한 채무자에게 있다(제380조).

3. 채무와 책임

'채무'는 채권자의 채권에 대응하는 채무자의 의무를 말한다. 이와 달리 '책임'은 채무를 이행하지 않은 경우에 채무자의 모든 재산이 채권의 담보가 되는 것을 의미한다. 예를 들어, 채권자G에 대하여 채무자S가 1억원의 금전채무를 부담하고 있었고 S는 유일한 재산으로 시가 2억원의 X건물을 소유하고 있었다고 할 때, S가 채무를 이행하지 않은 경우 G는 채권의 강제력에 의하여 S의 유일한 재산인 X를 강제집행의 대상으로 삼을 수 있다. 즉 S는 자신의 '채무'에 대하여 자신의 전재산으로 '책임'을 진다.

4. 채권 · 채무의 발생

앞서 언급하였듯 채권 · 채무의 발생원인에는 법률행위(계약, 단독행위 등)도 있고, 각각의 개별 법률규정들(가령 부당이득이나 불법행위와 같은 법정채권관계 등)도 있다. 이중에서 주요하게 살펴보아야 할 것은 계약에 의한 채권 · 채무의 발생이다. 사적자치의 원칙상 계약은 가장 기본이 되며 중요한 채권 · 채무의 발생원인이기 때문이다.

Ⅱ. 채권 · 채무관계의 성립과 계약

1. 계약

(1) 의의

'계약'이란, 둘 이상의 서로 대립하는 의사표시의 합치에 따라 성립하는 법률행위를 말한다. 사적자치의 원칙으로부터 계약자유의 원칙이 파생되며, 계약은 가장 중요한 채권 · 채무의 발생원인으로서 그 내용 등에 관한 개별적인 법률의 규정을 필요로 하지 않는다. 즉 계약은 원칙적으로 당사자의 자유에 의하여 그 내용과 방식 등이 정해지며 그대로 효력을 가진다.

(2) 계약자유의 원칙

1) 의의

계약자유의 원칙이란, 법에서 제한하지 않는 한 개인 간의 자유로운 의사합치에 의하여 법률관계를 형성할 수 있고 법도 그 당사자 사이에 합의된 법률관계에 관해 법적 구속력이 있는 것으로 승인하는 원칙을 말한다.

계약자유의 원칙은 다음과 같이 네 가지 세부내용으로 구체화된다.

첫째, '체결의 자유'는 개인의 자유에 의해 계약을 체결할 것인지 여부를 결정할 수 있는 것을 말한다.

둘째, '상대방 선택의 자유'는 누구와 계약을 체결할 것인지는 개인의 자유에 따른다는 것을 말한다.

셋째, '내용결정의 자유'는 어떠한 내용으로 계약을 체결할 것인지 역시 개인의 자유에 의한다는 것을 말한다.

넷째, '방식의 자유'는 어떠한 방식으로 계약을 체결할 것인지도 개인의 자유에 의하여 결정할 수 있다는 것을 말한다.

2) 계약자유의 제한

그러나 계약자유에도 한계가 있으며 제한될 수 있다.

계약자유는 당사자 간 힘의 균형과 자유로운 경쟁을 전제로 하므로, 이러한 전제가 성립되지 않은 경우에 형식적인 자유만을 관철하게 되면 사회·경제적 약자에게 계약자유를 보장하지 않는 결과가 될 수 있다. 따라서 실질적 평등의 이념에 따라 계약자유를 제한할 필요가 생긴다. 또한 공공복리를 위해서도 개인의 자유가 필요최소한의 범위에서 예외적으로 제한될 수 있다는 관점에서, 계약자유 역시 공공복리를 이유로 일정한 제한을 받기도 한다.

(3) 종류

계약자유의 원칙상 계약의 종류에는 제한이 없으며 그로부터 발생하는 채권·채무에도 제한이 없다(제10장에서 설명하는 물권과의 차이). 그럼에도 불구하고 민법은 15가지의 계약을 규정하고 있다. 이들은 과거로부터 많이 행해져 왔거나 현대사회에서 빈번히 체결되는 계약의 유형들로서(소위 '전형계약'), 그 성립 및 효과에 대하여 각각 개별적으로 정하고 있다. 다만 전형계약에 관한 규정들은 대부분 임의규정에 속하므로 당사자의 의사에 의하여 다르게 정할 수 있다. 즉 당사자는 전형계약 규정과 달리 전형계약의 내용을 정할 수도 있고, 전형계약이 아닌 계약도 얼마든지 자유롭게 체결할 수 있고('비전형계약' 또는 '무명계약') 그 합치된 의사에 따라 채권·채무가 유효하게 발생하는 것이 원칙이다.

계약의 당사자가 자신이 체결하는 계약의 모든 부분, 모든 내용에 관하여 의사표시를 하는 것은 매우 비효율적이다. 따라서 전형계약규정과 특별히 다른 내용으로 합의할 필요가 없는 경우에는 그 규정을 해당 계약의 내용으로 그대로 받아들이면 될 것이라는 점에서 민법상 전형계약규정이 가지는 의미가 있다. 즉 당사자가 합의하지 않은 부분에 있어서는 임의규정인 전형계약규정의 내용이 계약의 내용이 된다.

다만 전형계약이 모두 현대사회에서 중요한 의미를 가지는 것은 아니다. 가령 고용계약은 현실적으로 근로계약으로 대체됨에 따라 별도의 특별법(근로기준법 등)을 적용하며, 종신정기금계약도 다양한 보험제도의 발달로 거의 활용이 없다. 반면에 오늘날 새롭게 많이 활용되고 있는 중개계약, 의료계약 등에 대해서는 전형계약으로 규정하지 않고 있으므로 계약의 자유가 중요한 의미를 가진다.

전형계약을 그 목적에 따라 분류하면 다음과 같다.

1) 재산 또는 재산권의 이전을 목적으로 하는 계약

이에 해당하는 계약은 증여, 매매, 교환이 있다.

'증여'는 한쪽 당사자가 무상으로 재산을 상대방에게 수여하는 의사를 표시하고 상대방이 그 의사를 승낙함으로써 성립하는 계약이다(제554조 이하).

'매매'는 한쪽 당사자가 재산권을 상대방에게 이전할 것을 약정하고 상대방이 그 대금을 지급할 것을 약정함으로써 성립하는 계약이다(제563조 이하).

'교환'은 당사자 쌍방이 금전 이외의 재산권을 상호 이전할 것을 약정함으로써 성립하는 계약이다(제596조 이하).

2) 물건의 사용 · 수익을 목적으로 하는 계약

이에 해당하는 계약으로 소비대차, 사용대차, 임대차가 있다.

'소비대차'는 한쪽 당사자가 금전 기타 대체물의 소유권을 상대방에게 이전할 것을 약정하고 상대방은 그와 같은 종류, 품질 및 수량으로 반환할 것을 약정함으로써 성립하는 계약이다(제598조 이하).

'사용대차'는 한쪽 당사자가 상대방에게 무상으로 사용, 수익하게 하기 위하여 목적물을 인도할 것을 약정하고 상대방은 이를 사용, 수익한 후 그 물건을 반환할 것을 약정함으로써 성립하는 계약이다(제609조 이하).

'임대차'는 한쪽 당사자가 상대방에게 목적물을 사용, 수익하게 할 것을 약정하고 상대방이 이에 대하여 차임을 지급할 것을 약정함으로써 성립하는 계약이다(제618조 이하).

3) 노동력의 제공을 목적으로 하는 계약

이 유형에 해당하는 계약으로는 고용, 도급, 여행계약, 현상광고, 위임, 임치가 있다.

'고용'은 한쪽 당사자가 상대방에 대하여 노무를 제공할 것을 약정하고 상대방이 이에 대하여 보수를 지급할 것을 약정함으로써 성립하는 계약이다(제655조 이하).

'도급'은 한쪽 당사자가 어느 일을 완성할 것을 약정하고 상대방이 그 일의 결과에 대하여 보수를 지급할 것을 약정함으로써 성립하는 계약이다(제664조 이하).

'여행계약'은 한쪽 당사자가 상대방에게 운송, 숙박, 관광 또는 그 밖의 여행 관련 용역을 결합하여 제공하기로 약정하고 상대방이 그 대금을 지급하기로 약정함으로써 성립한다(제674조의2 이하).

'현상광고'는 광고자가 어느 행위를 한 자에게 일정한 보수를 지급할 의사를 표시하고 이에 응한 자가 그 광고에 정한 행위를 완료함으로써 성립하는 계약이다(제675조 이하).

'위임'은 한쪽 당사자가 상대방에 대하여 사무의 처리를 위탁하고 상대방이 이를 승낙함으로써 성립하는 계약이다(제680조 이하).

'임치'는 한쪽 당사자가 상대방에 대하여 금전이나 유가증권 기타 물건의 보관을 위탁하고 상대방이 이를 승낙함으로써 성립하는 계약이다(제693조 이하).

4) 그 밖의 목적에 관한 계약

그 밖에 조합, 종신정기금, 화해가 있다.

'조합'계약은 2인 이상이 상호출자하여 공동사업을 경영할 것을 약정함으로써 성립하는 계약이며, 조합은 공동사업을 목적으로 조합계약에 의하여 성립된 단체다(제703조 이하).

'종신정기금'은 한쪽 당사자가 자기, 상대방 또는 제삼자의 종신까지 정기로 금전 기타의 물건을 상대방 또는 제삼자에게 지급할 것을 약정함으로써 성립하는 계약이다(제725조 이하).

'화해'는 당사자가 상호양보하여 당사자 간의 분쟁을 종지할 것을 약정함으로써 성립하는 계약이다(제731조 이하).

더 공부할 내용

각 전형계약의 구체적 내용
▶ 관련과목: 채권법각론

2. 계약의 성립

계약은 둘 이상의 서로 대립하는 의사표시의 합치로 성립하는데, 이때 각각의 의사표시를 '청약'과 '승낙'이라고 한다. 즉 한쪽 당사자의 청약에 대하여 상대방이 승낙하면 의사표시가 합치된 것으로서 계약이 성립한다.

(1) 청약

청약이란 당사자가 상대방에게 일정한 내용의 계약을 체결할 것을 제의하는 의사표시를 말한다. 청약에는 상대방 및 계약의 주요내용이 모두 확정되어 있거나 확정될 수 있는 기준이 제시되어 있어야 한다. 법률행위의 유효요건 중 내용의 확정성 요건을 다시 떠올려 보자.

청약은 상대방에게 도달한 때 효력이 발생하며, 효력이 발생한 이후에는 청약의 의사표시를 한 당사자는 그것을 철회할 수 없다(청약의 구속력, 제527조). 물론 도달 전에는 효력이 발생하지 않으므로 철회할 수 있다.

그런데 계약의 체결을 위하여 상대방에게 무언가를 제안하는 등의 행위가 모두 청약은 아니다. 청약은 의사표시이므로 효과의사가 존재하지만, 계약을 위해 행하여지는 모든 행위에서 그러한 효과의사가 있는 것은 아니기 때문이다. 예컨대 물품판매를 위한 광고에서는 일반적으로 효과의사를 찾아보기 어렵다. 광고자가 그 광고의 내용에 따른 권리와 의무를 발생시키고 그것에 구속되기를 의욕한다고 보기 어렵기 때문이다. 광고는 단지 그 광고를 본 상대방이 광고자에게 청약하도록 하기 위한 수단에 불과하며, 그것이 곧 청약은 아니다. 이를 '청약의 유인'이라고 한다. 청약의 유인은 의사표시가 아니라는 점에서 청약과 구별되며, 그 구별기준은 상대방의 승낙만으로 계약을 성립시키고자 하는 확정적 의사가 있는지 여부에 따른다. 그러한 확정적 의사가 있는 것만이 청약이다. 광고는 청약의 유인에 해당하는 가장 대표적인 예시이지만, 광고가 곧 청약의 유인이라고 보아서는 안 된다. 광고가 청약의 유인인 이유는 상대방의 승낙만으로 그 광고의 내용으로 계약을 성립시키고자 하는 확정적 의사가 없기 때문이다. 따라서 광고자에게 그러한 의사가 있다면 그 광고도 청약이 될 수 있다.

대법원 2005. 12. 8. 선고 2003다41463 판결

"**계약이 성립하기 위한 법률요건인 청약은 그에 응하는 승낙만 있으면 곧 계약이 성립하는 구체적, 확정적 의사표시**여야 하므로 청약은 계약의 내용을 결정할 수 있을 정도의 사항을 포함시키는 것이 필요하다."

대법원 2018. 2. 13. 선고 2017다275447 판결

"광고는 **일반적으로 청약의 유인에 불과하지만 내용이 명확하고 확정적이며 광고주가 광고의 내용대로 계약에 구속되려는 의사가 명백한 경우에는 이를 청약으로 볼 수 있다.** 나아가 광고가 청약의 유인에 불과하더라도 이후의 거래과정에서 상대방이 광고의 내용을 전제로 청약을 하고 광고주가 이를 승낙하여 계약이 체결된 경우에는 광고의 내용이 계약의 내용으로 된다."

(2) 승낙

승낙이란 청약에 대응하여 계약을 성립시킬 목적으로 청약자에 대해 행해지는 청약수령자의 의사표시를 말한다. 승낙은 청약의 내용 그대로 계약을 성립시키고자 하는 의사표시이므로 실체적인 내용을 담고 있지는 않는다. 청약에 조건을 붙이거나 변경을 가하여 승낙한 때에는 그 청약을 거절함과 동시에 새롭게 청약한 것으로 본다(제534조).

승낙을 할 것인지 여부는 자유이며, 청약에 대해 회답할 의무도 없다.

더 공부할 내용

계약체결상의 과실책임

▶ 관련과목: 채권법각론

3. 계약의 효력

계약의 성립에 따르는 효력은 가장 기본적으로 채권 · 채무의 발생이다. 다만 그 구체적인 내용은 각각의 계약에 따라 다르게 나타난다. 그중에서 민법은 '쌍무계약'의 효력에 관하여 규정하고 있다. 쌍무계약이란 계약의 당사자들이 서로 대가적인 채무를 부담하는 계약을 말하는데, 가령 매도인과 매수인이 서로 대가적인 채무(매도인의 목적물 인도의무 – 매수인의 대금지급의무)를 부담하는 매매계약이 대표적인 쌍무계약이다.

민법은 쌍무계약의 효력에 관하여 두 가지를 규정한다. 이 두 가지는 쌍무계약의 특징인 '견련성'에 근거한다. 견련성이란 쌍무계약의 두 당사자가 대가적으로 부담하는 채무가 서로 의존관계에 있는 것을 의미한다. 즉 한쪽 당사자가 자신의 채무를 이행하면 상대방의 채무도 이행되어야 하고(이행상의 견련성), 한쪽 당사자의 채무가 이행할 수 없게 되어 소멸한 경우 상대방의 채무도 소멸한다(존속상의 견련성). 쌍무계약에서의 이행상의 견련성에 관한 효력으로 '동시이행의 항변권', 존속상의 견련성에 관한 효력으로 '위험부담'을 살펴본다.

(1) 동시이행의 항변권

1) 의의

쌍무계약의 한쪽 당사자는 상대방이 채무이행이나 그 이행의 제공을 하지 않으면서 채무이행을 청구하는 경우 상대방이 채무이행이나 그 이행의 제공을 할 때까지 자신의 채무이행을 거절할 수 있다(제536조). 예를 들어 A가 B소유의 X동산을 500만원에 매수하는 계약을 체결하고 그로부터 1주일 후에 X의 인도와 대금지급을 동시에 하기로 한 경우, 만일 B가 X를 인도하지 않으면서 A에게 매매대금 500만원을 먼저 지급하라고 한다면 A는 X를 인도받을 때까지 500만원의 지급을 거절할 수 있다.

2) 요건

동시이행의 항변권이 성립하기 위해서는, ① 서로 대가적 의미를 가지는 채무가 존재하여야 하고, ② 상대방의 채무가 이행기에 있어야 하며(동시이행이 아니라 한쪽 당사자가 먼저 이행하여야 할 경우에는 이행기에 있지 않은 상대방의 채무이행을 청구할 수 없으므로), ③ 상대방이 자기 채무의 이행이나 제공 없이 이행을 청구하여야 한다.

3) 효과

동시이행의 항변권을 행사한 당사자는 상대방이 채무이행이나 이행제공을 할 때까지 자신의 채무이행을 거절할 수 있다. 이는 동시이행의 항변권에 존재하는 가장 본질적인 효과이다.

다만 동시이행의 항변권을 행사하지 않더라도 일정한 부수적 효과가 발생하는 경우도 있는데, 동시이행의 항변권이 생길 수 있는 동안에는 채무자가 이행지체에 빠지지 않는다고 보는 것이 통설과 판례의 입장이다. 예를 들어, V가 자기 소유 X부동산을 K에게 5,000만원에 매도하는 계약을 체결하면서 그로부터 1개월 후 X의 소유권이전과 5,000만원의 지급을 동시에 하기로 하였는데, 만일 그 이행기가 도과하였음에도 K가 5,000만원을 지급하지 않고 있는 경우 V는 동시이행의 항변권을 주장할 수 있게 된다. 이때 V가 동시이행의 항변권을 행사하지 않더라도, 그 항변권을 주장 및 행사할 수 있다는 것만으로 V가 X의 소유권을 이전해주지 않더라도 그 채무의 이행지체에 빠지지 않는다.

대법원 2001. 7. 10. 선고 2001다3764 판결

"쌍무계약에서 쌍방의 채무가 동시이행관계에 있는 경우 일방의 채무의 이행기가 도래하더라도 상대방 채무의 이행제공이 있을 때까지는 그 채무를 이행하지 않아도 이행지체의 책임을 지지 않는 것이며, 이와 같은 효과는 이행지체의 책임이 없다고 주장하는 자가 반드시 동시이행의 항변권을 행사하여야만 발생하는 것은 아니므로, 동시이행관계에 있는 쌍무계약상 자기채무의 이행을 제공하는 경우 그 채무를 이행함에 있어 상대방의 행위를 필요로 할 때에는 언제든지 현실로 이행을 할 수 있는 준비를 완료하고 그 뜻을 상대방에게 통지하여 그 수령을 최고하여야만 상대방으로 하여금 이행지체에 빠지게 할 수 있는 것이다."

대법원 2014. 4. 30. 선고 2010다11323 판결

"동시이행관계에 있는 채무를 부담하는 쌍방 당사자 중 일방이 먼저 현실의 제공을 하고 상대방을 수령지체에 빠지게 하였다고 하더라도 **그 이행의 제공이 계속되지 아니하였다면 과거에 이행제공이 있었다는 사실만으로 상대방이 가지는 동시이행의 항변권이 소멸하지 아니하고**"

(2) 위험부담

1) 의의

위험부담이란, 쌍무계약 당사자 일방의 채무가 그 채무자의 책임 없는 사유로 이행이 불가능하게 되어 소멸한 경우에 그것에 대응하는 상대방의 채무는 어떻게 되는지에 관한 문제다. 한쪽 당사자만 채무를 부담하거나 양 당사자의 채무에 견련성이 없는 편무계약에서는 위험부담이 문제되지 않는다. 대가적 의미가 있는 채무들의 대립상태가 없기 때문이다.

위험부담은 채무가 후발적으로 이행 불가능한 경우에 문제가 된다. 채무가 원시적으로 이행 불가능인 경우에는 처음부터 계약이 무효다(법률행위의 유효요건 중 내용의 실현가능성). 나아가 위험부담은 채무이행의 후발적 불가능이 채무자에게 책임 없는 사유에 의한 경우에 문제된다. 채무자의 귀책사유로 이행불능이 된 경우는 채무불이행으로서 위험부담과는 다른 문제가 되며, 제7장에서 다룬다.

2) 원칙: 채무자위험부담주의

쌍무계약 당사자 일방의 채무가 당사자 쌍방의 책임 없는 사유(예컨대 자연력, 제3자의 행위 등)로 이행할 수 없게 된 경우 채무자는 상대방의 이행을 청구하지 못한다(제537조). 가령 매매계약에서 매도인이 부담하는 목적물의 소유권 이전의무가 당사자 쌍방의 책임 없는 사유로 이행할 수 없게 된 경우, 채무자인 매도인은 상대방인 매수인의 대금지급을 청구할 수 없게 되므로 그 대가를 받지 못하는 것에 대한 위험을 매도인(채무자)이 부담하는 결과가 된다.

3) 예외: 채권자위험부담주의

다만 쌍무계약 당사자 일방의 채무가 '채권자의 책임 있는 사유'로 이행할 수 없게 된 경우, 또는 '채권자의 수령지체(채무이행에 관해 채권자의 협력이나 수령을 필요로 하는 경우에 채무자의 이행제공이 있음에도 불구하고 채권자가 그것을 수령하지 않거나 협력하지 않는 것) 중에 당사자 쌍방의 책임 없는 사유'로 이행할 수 없게 된 경우에는, 채무자는 상대방의 이행을 청구할 수 있다(제538조 제1항). 즉 채무자는 자신의 채무를 이행하지 않고도 상대방의 이행을 청구할 수 있게 되므로, 채권자인 상대방이 대가 없이 급부해야 하는 위험을 부담하는 결과가 된다. 다만 이때 채무자가 자신의 채무를 면함에 따라 이익을 얻은 경우에는 그것을 채권자에게 상환하여야 한다(제538조 제2항).

대법원 1991. 6. 28. 선고 90다카25277 판결

"**사용자의 귀책사유로 인하여 해고된 근로자가 해고기간 중에 다른 직장에 종사하여 얻은 이익(이른바 중간수입)은 민법 제538조 제2항에서 말하는 채무를 면함으로써 얻은 이익에 해당**하므로, 사용자는 위 근로자에게 **해고기간 중의 임금을 지급함에 있어 위의 이익의 금액을 임금액에서 공제**할 수 있다."

더 공부할 내용

제3자를 위한 계약

▶ 관련과목: 채권법각론

사례연습

[사례] A는 자신 소유의 X자동차를 B에게 1,000만원에 팔기로 하는 매매계약을 9월 25일에 체결하였고, 9월 30일에 B로부터 매매대금을 수령함과 동시에 인도해 주기로 하였다.

(1) A는 X를 집 앞 주차장에 세워 두고 매도인으로서 기울여야 할 거래상의 일반적 주의의무를 다하여 관리하고 있었는데, 9월 27일에 발생한 산사태로 토사가 X를 덮쳐 결국 폐차하고 말았다. 이때 A는 B에게 매매대금 1,000만원을 청구할 수 있는가?

(2) A는 X를 9월 30일에 인도하고자 이행의 제공을 하였으나 B가 10월 5일까지 외국여행 중이어서 인도를 하지 못하였다. 어쩔 수 없이 A는 X를 집 앞 주차장에 세워 두고 매도인으로서 기울여야 할 거래상의 일반적 주의의무를 다하여 관리하고 있었는데, 10월 2일에 발생한 산사태로 인한 토사유입으로 X를 폐차하고 말았다. A는 B에게 매매대금 1,000만원을 청구할 수 있는가?

제5장

계약의 목적에 흠이 있는 경우

계약의 목적에 흠이 있는 경우

Ⅰ. 유상계약과 매매계약

무수히 많은 종류의 계약이 있고 민법은 여러 가지 전형계약도 규정하고 있지만, 계약으로부터 발생하는 효과를 이해하는 데 도움을 받기 위해서는 하나의 계약을 대표적인 예시로 삼는 것도 의미가 있다. 여기에서는 가장 대표적인 쌍무 · 유상계약(쌍방 당사자가 서로 대가적 의미를 가지는 출연을 하는 계약, 무상계약에 대립하는 개념)으로서 매매계약을 들어 그 계약의 목적에 흠이 존재하는 경우를 설명한다.

민법은 매매가 가지는 유상계약으로서의 특성에 따라 매도인에게 권리 또는 물건의 하자(흠)에 관해 일정한 책임을 지도록 하고 있는데, 이를 '담보책임'이라고 한다. 담보책임에 관해서는 민법 채권편의 제2장 계약 중 제3절 매매에서 규정하고, 이를 다른 유상계약에 준용한다(제567조). 따라서 유상계약을 대표하여 매매계약 규정, 특히 담보책임에 관해 살펴보는 것은 중요하다.

Ⅱ. 매도인의 담보책임

매매의 목적인 '재산권'에 하자가 있거나 재산권의 목적인 '물건'에 하자가 있음에 따라 매수인이 채권의 만족을 제대로 얻지 못한 경우 매도인은 일정한 범위에서 책임을 부담할 필요가 있다. 이 책임을 매도인의 담보책임이라고 한다. 매도인은 권리나 물건의 하자에 관하여 고의나 과실이 없는 경우에도 담보책임을 부담한다(무과실책임). 이는 쌍방 당사자가 서로 대가적인 출연을 하는 유상계약의 특성에 근거하는 것이다. 매매의 목적인 권리나 물건에 흠이 있다면 매도인과 매수인의 대가적 계약관계에 등가성이 유지되지 않기 때문이다.

민법은 권리의 하자에 대한 담보책임(제570조 이하)과 물건의 하자에 대한 담보책임(제580조 이하)을 각각 규정하고 있는데, 이하에서 나누어 살펴본다.

1. 권리의 하자에 대한 담보책임

(1) 예시

예를 들어, A가 B에게 X토지를 매도하였는데 X의 소유권이 C에게 속한 탓에 이전해 주지 못하였다. 이때 ① A와 B의 매매계약은 무효인가? ② A는 어떠한 책임을 지는가?

① A와 B의 매매계약은 특별한 사정이 없는 한 유효다. 계약의 성립 시점에 매매목적물의 소유권이 매도인인 A가 아니라 C에게 속하고 있었더라도 A는 그 소유권을 취득하여 B에게 이전해 주는 것이 가능하므로 실현불가능한 계약이 아니기 때문이다(주관적 불능에 불과). 매매의 목적인 권리가 타인에게 속한 경우 매도인은 그 권리를 취득하여 매수인에게 이전해야 하므로(제569조), A는 B에 대하여 유효하게 채무를 부담한다.

② 다만 결과적으로 A는 X의 소유권을 취득하지 못하였고 B에게 그것을 이전해주지 못하였다. 이에 관해 A는 자신의 고의 또는 과실 유무와 상관없이 B에 대하여 일정한 책임을 부담하여야 한다. 매매의 목적인 소유권에 하자가 있기 때문이다.

민법은 권리의 하자에 대하여 몇 가지 유형으로 나누어 규정한다.

(2) 유형

1) 권리의 전부가 타인에게 속하는 경우

(가) 요건

담보책임이 성립하기 위해서는, i) 매매의 목적이 된 권리의 전부가 타인에게 속하여야 하고(타인 권리의 매매), ii) 동시에 매도인이 그 권리를 취득하여 이전할 수 없어야 한다.

(나) 효과

매수인이 선의인 경우(매매의 목적인 권리가 매도인에게 속하지 않는다는 것을 몰랐던 경우), 매수인은 그 매매계약을 '해제'할 수 있고 그와 동시에 '손해배상'도 청구할 수 있다(제570조 단서 반대해석).

그러나 매수인이 악의인 경우(매매의 목적인 권리가 매도인에게 속하지 않는다는 것을 알고 있었던 경우), 매수인은 그 매매계약을 해제할 수만 있으며 손해배상은 청구할 수 없다(제570조 단서).

2) 권리의 일부가 타인에게 속하는 경우

(가) 요건

담보책임이 성립하기 위해서는, i) 매매의 목적이 된 권리의 일부가 타인에게 속하여야 하고, ii) 매도인이 그 권리를 취득하여 이전할 수 없어야 한다.

(나) 효과

매수인이 선의인 경우, 그가 이전받을 수 없는 부분의 비율로 대금의 감액을 청구할 수 있거나(제572조 제1항), 또는 나머지 부분만으로는 매수하지 않았을 때에는 계약 전부를 해제할 수 있으며(동조 제2항), 이와 같은 감액청구 또는 계약해제 외에 손해배상도 청구할 수 있다(동조 제3항).

그러나 매수인이 악의인 경우에는 그가 이전받을 수 없는 부분의 비율로 대금의 감액을 청구할 수 있을 뿐이다(제572조 제1항).

이와 같은 대금감액청구권, 해제권, 손해배상청구권은 매수인이 선의인 경우에는 위 요건을 모두 만족한다는 것을 안 날부터, 악의인 경우에는 계약한 날로부터 1년 내에 행사하여야 한다(제573조).

3) 권리의 일부가 존재하지 않는 경우

(가) 요건

담보책임이 성립하기 위해서는, ⅰ) 수량을 지정한 매매에서 그 목적물의 수량이 부족하거나, 또는 목적물 일부가 계약 당시에 이미 멸실되어야 하며, ⅱ) 매수인이 ⅰ)요건에 관하여 선의여야 한다.

이때 '수량을 지정한 매매'란, 당사자가 매매의 목적인 특정물이 일정한 수량을 가지고 있다는 것에 중점을 두고 대금도 그 수량을 기준으로 하여 정한 경우를 말한다(판례).

(나) 효과

위 2)의 '권리의 일부가 타인에게 속하는 경우'에서와 동일한 효과가 발생한다(제574조). 특히 매수인이 악의인 경우에 대금 감액을 인정하는 것이 판례의 입장이다. 그러나 매수인의 선의를 요건으로 하고 있다는 점에서, 제574조의 준용범위가 악의의 매수인에게도 미치는지 여부에 관하여 학설이 대립한다.

대법원 2003. 1. 24. 선고 2002다65189 판결

"민법 제574조에서 규정하는 **'수량을 지정한 매매'라 함은 당사자가 매매의 목적인 특정물이 일정한 수량을 가지고 있다는 데 주안을 두고 대금도 그 수량을 기준으로 하여 정한 경우**를 말하는 것이므로, 토지의 매매에 있어 목적물을 등기부상의 면적에 따라 특정한 경우라도 당사자가 그 지정된 구획을 전체로서 평가하였고 면적에 의한 계산이 하나의 표준에 지나지 아니하여 그것이 당사자들 사이에 대상토지를 특정하고 그 대금을 결정하기 위한 방편이었다고 보일 때에는 이를 가리켜 수량을 지정한 매매라 할 수 없다."

대법원 2002. 11. 8. 선고 99다58136 판결

"수량지정매매에 있어서의 매도인의 담보책임에 기한 매수인의 대금감액청구권은 매수인이 선의인 경우에는 사실을 안 날로부터, **악의인 경우**에는 계약한 날로부터 1년 이내에 행사하여야 하며, 여기서 **매수인이 사실을 안 날이라 함은 단순히 권리의 일부가 타인에게 속한 사실을 안 날이 아니라 그 때문에 매도인이 이를 취득하여 매수인에게 이전할 수 없게 되었음이 확실하게 된 사실을 안 날**을 말한다."

4) 재산권이 타인의 용익적 권리에 의하여 제한을 받고 있는 경우

(가) 요건

담보책임이 성립하기 위해서는, ⅰ) 목적물이 지상권 · 지역권 · 전세권 · 질권 · 유치권의 목적이 되어 있거나(제575조 제1항), 목적부동산을 위하여 존재할 지역권이 없거나 목적부동산에 등기된 임대차계약이 있는 경우여야 하고(제575조 제2항), ⅱ) 매수인이 ⅰ)요건에 관하여 선의여야 한다.

지상권 · 지역권 · 전세권은 물건의 사용 · 수익을 목적으로 하는 물권이며, 질권 · 유치권은 물건의 교환가치를 목적으로 하는 물권으로서 그 객체인 물건의 점유를 수반한다. 따라서 ⅰ)요건의 첫 번째 경우는, 매매 목적물을 다른 권리자가 사용 · 수익 또는 점유하고 있어서 매수인이 완전한 재산권을 누릴 수 없게 되는 경우에 해당한다. 또한 ⅰ)요건의 두 번째 경우 역시 마찬가지다. 지역권은 일정한 목적을 위해 자기 토지의 편익에 타인의 토지를 이용하는 권리인데 지역권이 없으면 타인의 토지를 이용할 수 없어서 매수인은 목적을 달성할 수 없고, 목적부동산에 등기된 임대차계약이 있는 경우에도 그 임차인이 배타적으로 사용 · 수익하므로 매수인은 완전한 재산권을 누릴 수 없다. 따라서 담보책임이 인정될 필요가 있다.

(나) 효과

매수인은 손해배상을 청구할 수 있으며, 위 사유로 인하여 계약의 목적을 달성할 수 없는 경우에 한하여 계약해제도 가능하다(제575조 제1항).

5) 재산권이 저당권 · 전세권에 의하여 제한을 받고 있는 경우

(가) 요건

담보책임이 성립하기 위해서는, 목적부동산에 설정된 저당권 또는 전세권의 행사로 매수인이 그 소유권을 취득할 수 없거나(㉠), 취득한 소유권을 잃거나(㉡)(이상 제576조 제1항), 매수인의 출재로 소유권을 보존(㉢)한 경우(제576조 제2항) 중 하나에 해당하여야 한다.

저당권 또는 전세권은 채권의 담보(여기에서 다루고 있는 담보책임과 의미를 구별할 것)를 위하여 담보목적물인 부동산을 처분하여 현금화할 수 있는 권리다(전세권은 본래 용익물권이지만 전세금반환채권에 관해서는 담보의 효력도 있다). 따라서 ㉠은 매매계약 체결 후 담보권자의 처분에 의하여 매수인이 소유권을 취득할 수 없는 경우에 해당하고, ㉡은 매수인이 소유권을 취득한 이후에 담보권의 실행으로 소유권을 상실하는 경우에 해당한다. ㉢은 매수인이 소유권을 취득하기 위하여 또는 취득한 소유권을 상실하지 않기 위하여 자신이 출재하여 담보권을 소멸시킨 경우에 해당한다. 이러한 경우에도 매도인은 담보책임을 부담한다.

대법원 2002. 9. 4. 선고 2002다11151 판결

"매매의 목적이 된 부동산에 설정된 저당권의 행사로 인하여 매수인이 취득한 소유권을 잃은 때에는 매수인은 민법 제576조 제1항의 규정에 의하여 매매계약을 해제할 수 있지만, **매수인이 매매목적물에 관한 근저당권의 피담보채무를 인수하는 것으로 매매대금의 지급에 갈음하기로 약정한 경우에는 특별한 사정이 없는 한, 매수인으로서는 매도인에 대하여 민법 제576조 제1항의 담보책임을 면제하여 주었거나 이를 포기한 것으로 봄이 상당하므로**, 매수인이 매매목적물에 관한 근저당권의 피담보채무 중 일부만을 인수한 경우 매도인으로서는 자신이 부담하는 피담보채무를 모두 이행한 이상 매수인이 인수한 부분을 이행하지 않음으로써 근저당권이 실행되어 매수인이 취득한 소유권을 잃게 되더라도 민법 제576조 소정의 담보책임을 부담하게 되는 것은 아니다."

(나) 효과

매수인은 선의 · 악의를 불문하고, 위 ㉠과 ㉡의 경우 계약해제와 동시에 손해배상을 청구할 수 있다(제576조 제1항). 그리고 위 ㉢의 경우 출재한 것의 상환청구와 동시에 손해배상을 청구할 수 있다(제576조 제2항).

2. 물건의 하자에 대한 담보책임: 하자담보책임

(1) 예시

예를 들어, A가 B서점에서 법전을 샀는데 몇 장이 빠져 있는 경우 A는 B에게 어떠한 책임을 물을 수 있는가?

이때 A는 그 매매계약의 목적물인 법전의 소유권을 완전하게 취득한다. 앞서 살펴본 권리의 하자 중 어떠한 유형에도 해당하지 않는다. 즉 A가 취득한 소유권에는 하자가 없다. 그런데 그 목적물인 법전에는 몇 장이 누락되어 있는 하자가 존재한다. 이와 같이 물건에 하자가 있는 경우에도 매도인은 고의 · 과실의 존부와 무관하게 담보책임을 부담한다. 이를 권리의 하자에 대한 담보책임과 구별하여 하자담보책임이라고 한다.

(2) 하자담보책임의 요건

매도인이 하자담보책임을 부담하기 위해서는, ⅰ) 매매 목적물에 하자가 존재하여야 하고, ⅱ) 그 하자에 대하여 매수인이 선의 · 무과실이어야 한다(제580조 제1항). 수량을 지정한 매매에서 목적물의 수량이 부족하거나, 목적물의 일부가 계약 당시에 이미 멸실된 경우의 담보책임에서 매수인의 선의만 요구하였던 것과 요건상의 차이를 구별하여야 한다.

이때 '하자'의 의미에 관해 판례는 다음과 같이 설시하고 있다.

대법원 2000. 10. 27. 선고 2000다30554,30561 판결

"**매도인이 매수인에게 공급한 기계가 통상의 품질이나 성능을 갖추고 있는 경우, 그 기계에 작업환경이나 상황이 요구하는 품질이나 성능을 갖추고 있지 못하다 하여 하자가 있다고 인정할 수 있기 위하여는, 매수인이 매도인에게 제품이 사용될 작업환경이나 상황을 설명하면서 그 환경이나 상황에 충분히 견딜 수 있는 제품의 공급을 요구한 데 대하여, 매도인이 그러한 품질과 성능을 갖춘 제품이라는 점을 명시적으로나 묵시적으로 보증하고 공급하였다는 사실이 인정되어야만 할 것**임은 물론이나, 매도인이 매수인에게 기계를 공급하면서 당해 기계의 카탈로그와 검사성적서를 제시하였다면,

매도인은 그 기계가 카탈로그와 검사성적서에 기재된 바와 같은 정도의 품질과 성능을 갖춘 제품이라는 점을 보증하였다고 할 것이므로, 매도인이 공급한 기계가 매도인이 카탈로그와 검사성적서에 의하여 보증한 일정한 품질과 성능을 갖추지 못한 경우에는 그 기계에 하자가 있다고 보아야 한다."

대법원 2014. 10. 27. 선고 2014다22772 판결

"아파트 분양계약에서의 분양자의 채무불이행책임이나 하자담보책임은 **분양된 아파트가 당사자의 특약에 의하여 보유하여야 하거나 주택법상의 주택건설기준 등 거래상 통상 갖추어야 할 품질이나 성질을 갖추지 못한 경우에 인정**되고, 하자 여부는 당사자 사이의 계약 내용, 해당 아파트가 설계도대로 건축되었는지 여부, 주택 관련 법령에서 정한 기준에 적합한지 여부 등 여러 사정을 종합적으로 고려하여 판단하여야 한다."

대법원 2010. 4. 29. 선고 2007다9139 판결

"분양계약을 체결하는 과정에서 일조나 조망, 사생활의 노출 차단 등에 관한 상황에 대하여 일정한 기준에 이르도록 하기로 약정이 이루어졌다거나, 수분양자가 일조나 조망, 사생활의 노출 차단 등이 일정한 기준에 미치지 아니하는 사정을 알았더라면 그 분양계약을 체결하지 않았을 것임이 경험칙상 명백하여 분양자가 신의성실의 원칙상 사전에 수분양자에게 그와 같은 사정을 설명하거나 고지할 의무가 있음에도 이를 설명·고지하지 아니함에 따라 일조나 조망, 사생활의 노출 차단 등이 일정한 기준에 이를 것이라는 신뢰를 부여하였다고 인정할 만한 특별한 사정이 없는 한, 아파트 각 동·세대의 배치 및 구조, 아파트의 층수, 아파트 각 동·세대 사이의 거리 등에 관한 기본적인 계획(이하 '기본적인 건축 계획'이라 한다)에 의하여 결정되는 일조나 조망, 사생활의 노출 등에 관한 상황에 대하여 수분양자가 이를 예상하고 받아들여 분양계약에 이르렀다고 봄이 상당하다. 따라서 분양된 아파트가 건축관계법령 및 주택법상의 주택건설기준 등에 적합할 뿐만 아니라, 분양계약 체결 당시 수분양자에게 알려진 기본적인 건축 계획대로 건축된 경우에는 아파트 각 동·세대의 방위나 높이, 구조 또는 다른 동과의 인접 거리 등으로 인하여 일정 시간 이상의 일조가 확보되지 아니하고 조망이 가려지며 사생활이 노출된다고 하더라도, 위에서 본 바와 같은 특별한 사정이 있지 않는 한, 이를 가지고 위 아파트가 그 분양계약 당시 수분양자에게 제공된 기본적인 건축 계획에 관한 정보에 의하여 예상할 수 있었던 범위를 벗어나 분양계약의 목적물로서 거래상 통상 갖추어야 하거나 당사자의 특약에 의하여 보유하여야 할 품질이나 성질을 갖추지 못한 경우에 해당된다고 할 수 없다."

대법원 2000. 1. 18. 선고 98다18506 판결

"매매의 목적물이 거래통념상 기대되는 객관적 성질·성능을 결여하거나, 당사자가 예정 또는 보증한 성질을 결여한 경우에 매도인은 매수인에 대하여 그 하자로 인한 담보책임을 부담한다 할 것이고, 한편 **건축을 목적으로 매매된 토지에 대하여 건축허가를 받을 수 없어 건축이 불가능한 경우, 위와 같은 법률적 제한 내지 장애 역시 매매목적물의 하자에 해당**한다"

(3) 하자담보책임의 효과

매매계약의 목적물이 특정물인 경우 매수인은 손해배상을 청구할 수 있으며, 만일 하자로 인하여 계약의 목적을 달성할 수 없는 때에는 해제도 할 수 있다(제580조 제1항).

매매계약의 목적물이 불특정물인 경우 매수인은 손해배상을 청구할 수 있고 하자로 인하여 계약의 목적을 달성할 수 없는 때에는 해제도 할 수 있지만(제581조 제1항), 계약의 해제 또는 손해배상청구를 하지 않고 하자가 없는 완전물의 급부를 청구할 수도 있다(동조 제2항). 다만 판례는 모든 불특정물의 하자에 있어서 항상 완전물급부청구권이 인정되는 것은 아니라고 한다.

대법원 2014. 5. 16. 선고 2012다72582 판결

"민법의 하자담보책임에 관한 규정은 매매라는 유상·쌍무계약에 의한 급부와 반대급부 사이의 등가관계를 유지하기 위하여 민법의 지도이념인 공평의 원칙에 입각하여 마련된 것인데, 종류매매에서 매수인이 가지는 완전물급부청구권을 제한 없이 인정하는 경우에는 오히려 매도인에게 지나친 불이익이나 부당한 손해를 주어 등가관계를 파괴하는 결과를 낳을 수 있다. 따라서 **매매목적물의 하자가 경미하여 수선 등의 방법으로도 계약의 목적을 달성하는 데 별다른 지장이 없는 반면 매도인에게 하자 없는 물건의 급부의무를 지우면 다른 구제방법에 비하여 지나치게 큰 불이익이 매도인에게 발생되는 경우와 같이 하자담보의무의 이행이 오히려 공평의 원칙에 반하는 경우에는, 완전물급부청구권의 행사를 제한함이 타당**하다.

그리고 이러한 매수인의 완전물급부청구권의 행사에 대한 제한 여부는 매매목적물의 하자의 정도, 하자 수선의 용이성, 하자의 치유가능성 및 완전물급부의 이행으로 인하여 매도인에게 미치는 불이익의 정도 등의 여러 사정을 종합하여 사회통념에 비추어 개별적·구체적으로 판단하여야 한다."

제6장

법률의 규정에 의한 채권·채무의 성립

법률의 규정에 의한 채권·채무의 성립

Ⅰ. 의의

1. 법정채권관계

앞의 제4장에서는 채권 · 채무의 개념 등을 설명하면서 그 채권 · 채무관계가 법률행위에 의하여 발생하는 것을 전제로 하였다. 그런데 채권 · 채무관계는 개별 법률의 규정에 의하여 변동하기도 한다. 이것을 '법정채권관계'라고 하는데, 당사자의 의사와 무관하게 법률이 일정한 이유로부터 채권 · 채무의 발생을 정하고 있는 것을 말한다. 법정채권관계에서는 개별적이고 구체적인 법률의 규정이 정하고 있는 요건을 만족하는 경우에 역시 그 법률에 규정된 내용의 법률효과로서 채권 · 채무관계가 성립한다.

2. 법정채권관계의 종류

민법은 아래의 세 가지를 법정채권관계로 규정하고 있다.

(1) 사무관리

당사자 간에 위임계약이 존재하지 않는 등 관리자에게 아무런 의무가 없음에도 불구하고 타인을 위해 그의 사무를 관리하는 경우에 그에 관한 채권 · 채무의 발생을 규정하고 있는 것이다(제734조 이하). 예컨대 소유자가 불가피한 사정에 의해 방치해둔 물건을 아무런 의무 없는 타인이 보존한 경우, 그 보존을 위해 그 타인(관리자)이 비용을 지출하였다면 그 비용에 관해 본인(소유자)에게 상환을 청구할 수 있는 것(제739조 제1항) 등이 해당된다. 이때 법률행위는 존재하지 않지만 사무관리 규정에 의해 비용에 관한 채권·채무 관계가 발생한다.

사무관리에 관한 자세한 내용은 '채권법각론'에서 공부하는 것으로 미루기로 한다.

(2) 부당이득

법률상 원인 없이 이익을 보유하는 것은 부당하므로 그 이익을 반환해야 하는데, 그것에 관한 채권 · 채무관계의 변동을 정하고 있는 것이 부당이득에 관한 규정이다(제741조 이하).

(3) 불법행위

고의 또는 과실 있는 위법행위로 타인에게 손해를 발생시킨 경우, 그 배상에 관한 채권 · 채무관계의 성립을 규정하고 있는 것이 불법행위규정이다(제750조 이하).

Ⅱ. 부당이득

1. 의의

부당이득이란, 법률상 원인 없이 타인의 재산이나 노무로 얻은 이익을 말한다. 부당이득으로 인해 타인에게 손해를 가한 자는 반환의무를 부담한다(제741조).

부당이득은 수익자(이득을 받은 자)의 재산증가를 제거하는 것을 주목적으로 하기 때문에 가해자의 위법한 행위로 인해 피해자에게 발생한 손해를 전보(빈 곳을 메워서 채움)하게 하는 것을 목적으로 하는 불법행위와 구별된다. 또한 불법행위에서 요구하는 행위자의 고의 · 과실도 요건이 아니다. 따라서 두 제도의 목적이 다른 이상, 하나의 사실이 불법행위와 부당이득의 요건을 동시에 충족하는 경우 양 청구권의 경합을 인정할 수 있다는 것이 통설과 판례의 입장이다.

대법원 1993. 4. 27. 선고 92다56087 판결

"법률행위가 사기에 의한 것으로서 취소되는 경우에 그 법률행위가 동시에 불법행위를 구성하는 때에는 **취소의 효과로 생기는 부당이득반환청구권과 불법행위로 인한 손해배상청구권은 경합하여 병존**하는 것이므로, **채권자는 어느 것이라도 선택하여 행사할 수 있지만 중첩적으로 행사할 수는 없다.**"

2. 요건

부당이득반환청구권이 성립하기 위해서는 아래의 요건을 전부 만족하여야 한다.

(1) 법률상 원인이 없을 것

법률상 원인이 없는 경우는 통상 몇 가지 유형으로 구분하는데, 이에 따르면 급부부당이득과 비급부부당이득으로 나누어 파악한다.

우선 '급부부당이득'이란, 법률행위를 원인으로 급부가 행해졌으나 그 법률행위의 효력이 소멸된 경우에 급부행위로 발생한 이익을 말한다. 예를 들어, 계약이 무효이거나 취소 또는 해제되었음에도 그 계약에 의하여 한쪽 당사자가 일정한 급부를 받았다면 그 이익이 급부부당이득에 해당한다.

비급부부당이득 중 가장 대표적인 것은 '침해부당이득'이다. 이것은 타인의 물건을 무권리자인 수익자가 사용 · 수익 · 처분함에 따라 그 수익자가 법률상 원인 없이 얻은 재산증가 등의 이익을 말한다. 예를 들어, 옆집에 배달된 음식을 자기가 시킨 것인 줄로 착각하여 먹어버린 경우 등이 해당된다.

(2) 수익자가 타인의 재산이나 노무로 인해 이득을 얻을 것

여기에서의 이익은 수익자의 적극적 재산증가뿐만 아니라 수익자가 재산감소를 면한 경우도 포함한다.

대법원 1981. 10. 24. 선고 81다96 판결

"원고 소유인 이 건 토지는 그 일대에 동리가 형성되면서부터 그 곳 주민들이 통행하기 시작하여 그 일대의 간선도로의 부지로 되어 주민과 차량이 통행하던 중, 피고 서울특별시가 이 건 토지를 포함한 기존도로를 도로예정지로 고시하고 그 후 지적 고시한 뒤, 위 도시계획과는 별도로 원고의 승낙없이 도로포장공사를 시행하여 주민과 노선버스를 포함한 차량의 통행에 제공하였다면 그때부터 피고시는 원고에 대한 관계에 있어서 **이 건 토지를 법률상 원인 없이 도로부지로서 점유 관리하고 있고, 그로 인하여 차임 상당의 부당이득을 하고 있다고 할 것**이다."

(3) 타인에게 손해가 발생할 것

부당이득은 공평하지 못한 재산적 가치의 이동을 조절하는 제도이므로, 손해가 존재하지 않는 경우에는 불성립한다. 만일 누군가가 법률상 원인이 없는 이득을 얻었다고 하더라도 그것에 의하여 손해를 입은 사람이 없다면 그 이득을 반환하라고 할 수 없다. 손해를 입지 않은 사람이 그 이득을 받게 되면 그것은 또 다른 부당이득이 될 뿐이기 때문이다.

(4) 수익과 손해 사이의 인과관계

수익과 손해 사이에는 인과관계가 있어야 하지만, 이 인과관계는 불법행위에서 요구하는 것과 같은 엄격한 인과관계를 의미하는 것은 아니다. 단지 수익과 손해가 사회관념상 연결되는 것으로 족하며 직접적일 필요도 없다.

(5) 부당이득반환청구의 배제사유가 존재하지 않을 것

위의 요건들을 모두 만족하는 경우에도 부당이득반환청구를 배제하는 사유가 존재하는 경우에는 반환청구가 불가하다.

1) 비채변제

비채변제란 채무가 없음에도 변제로서 급부를 하는 것을 말한다. 비채변제 역시 부당이득으로, 그 이득을 얻은 자에게 반환청구를 할 수 있는 것이 원칙이다. 급부를 받은 자에게 법률상 원인이 없기 때문이다.

그러나 민법에서는 비채변제임에도 반환청구를 허용하지 않는 특칙을 몇 가지 규정한다. 즉 채무가 없음을 알고도 변제한 경우에는 변제한 것의 반환을 청구할 수 없으며(제742조), 채무 없는 자가 착오로 변제한 경우에도 그 변제가 도의관념에 적합한 경우에는 변제한 것의 반환을 청구할 수 없다(제744조).

한편 제3자가 타인의 채무를 자신의 것으로 잘못 알고 변제한 경우 원칙적으로 채권자는 부당이득을 한 것이 되어서 그 이익을 반환하여야 한다. 그런데 이때 변제가 유효한 것으로 믿은 채권자가 그 채권증서 등을 없애버리거나 담보를 포기할 수 있는데, 그렇게 되면 채권자는 예측하지 못한 손해를 입을 수 있다. 이를 방지하기 위하여 채무자 아닌 자가 착오로 타인의 채무를 변제한 경우 채권자가 선의로 증서를 없애거나, 담보를 포기하거나 또는 시효로 인하여 그 채권을 잃은 때에는 변제자는 그 반환을 청구하지 못하는 것으로 규정한다(제745조 제1항).

또한 변제기 전에 채무를 변제한 것도 부당이득은 아니다. 변제받은 채권자에게는 채권이라는 법률상 원인이 있기 때문이다. 따라서 변제기 전에 채무를 변제하였더라도 그 반환을 청구할 수 없다. 그러나 채무자가 변제기가 되지 않은 것을 모르고 변제한 경우에는 채권자가 그것으로부터 얻은 이익(중간이자)을 반환하여야 한다(제743조).

2) 불법원인급여

불법한 원인에 의한 급부는 그 원인행위가 무효이므로(제103조), 그것으로 인한 이익은 부당이득이 되어 반환되어야 할 것이다. 그러나 이것을 허용하게 되면 스스로 법질서에 반하는 행위를 한 자를 결과적으로 법이 보호해 주는 것이 되어버리므로, 불법한 원인에 기하여 급부가 이루어진 경우에는 급여자(급부자)가 그 이익의 반환을 청구하지 못하도록 규정한다(제746조).

다만 판례는 수익자의 불법성이 급여자의 불법성보다 현저히 큰데 반하여 급여자의 불법성은 미약한 경우에는 급여자가 불법한 원인에 기하여 급부하였더라도 반환청구를 예외적으로 인정한다.

대법원 1993. 12. 10. 선고 93다12947 판결

"**수익자의 불법성이 급여자의 그것보다 현저히 크고, 그에 비하면 급여자의 불법성은 미약한 경우에도** 급여자의 반환청구가 허용되지 않는다고 하는 것은 공평에 반하고 신의성실의 원칙에도 어긋난다고 할 것이므로, 이러한 경우에는 **민법 제746조 본문의 적용이 배제**되어 급여자의 반환청구는 허용된다고 해석함이 상당하다."

3. 효과

(1) 일반적 효과

요건을 모두 만족하는 경우 손실자는 수익자에게 부당이득의 반환을 청구할 수 있다. 다만 이 부당이득반환청구권은 기한의 정함이 없는 채권이므로 반환의무자는 이행청구를 받은 때부터 지체책임을 부담한다(제387조 제2항). 또한 쌍무계약의 무효에 따른 부당이득의 반환에서 각 당사자의 반환의무는 동시이행의 관계에 있다.

대법원 2008. 2. 1. 선고 2007다8914 판결

"타인의 토지를 점유함으로 인한 **부당이득반환채무는 이행의 기한이 없는 채무로서 이행청구를 받은 때로부터 지체책임이 있다.**"

대법원 2007. 12. 28. 선고 2005다38843 판결

"쌍무계약이 무효로 되어 각 당사자가 서로 취득한 것을 반환하여야 할 경우, 어느 일방의 당사자에게만 먼저 그 반환의무의 이행이 강제된다면 공평과 신의칙에 위배되는 결과가 되므로 **각 당사자의 반환의무는 동시이행관계**에 있다."

(2) 반환방법

부당이득의 반환은 원물로 하는 것이 원칙이며, 원물을 반환할 수 없는 경우에는 가액으로 반환한다(제747조 제1항).

(3) 반환범위

수익자가 선의인 경우에는 반환 시에 현존하는 이익의 한도에서 반환하면 충분하다(제748조 제1항). 그러나 수익자가 악의인 경우에는 받은 이익에 이자를 가산하여 반환하여야 하고 손해가 있으면 그 손해도 배상하여야 한다(제748조 제2항).

주의할 것은 이때 선의는 법률상 원인이 없음을 모르는 것을 의미한다는 점이다. 따라서 상대방에게 속아 계약을 체결한 자가 그 계약관계에 근거하여 일정한 급부를 받은 후에 상대방의 사기를 알게 되었더라도 제110조 제1항에 의하여 그 계약을 취소하기 전까지는 법률상 원인이 존재하는 것이므로 부당이득이 아니다. 만일 수익자가 상대방의 사기를 이유로 그 계약을 취소하였다면 급부 받은 것은 부당이득이 되며 악의의 수익자로서(자신이 취소하였으므로 법률상 원인이 소멸하였다는 것에 대하여 악의) 반환범위에 해당하는 부당이득을 반환하여야 한다.

대법원 1993. 2. 26. 선고 92다48635, 48642 판결

"**부당이득의 수익자가 선의이냐 악의이냐 하는 문제는 오로지 법률상 원인 없는 이득임을 알았는지의 여부에 따라 결정되는 것**이므로, 매매계약이 매도인의 기망행위를 이유로 하여 취소된 것이라고 하더라도 그 사유를 들어 매수인의 수익자로서의 악의성을 부정할 수 없으며"

Ⅲ. 불법행위

1. 다른 제도와의 관계

불법행위는 손해배상에 관한 채권 · 채무관계를 발생시키는 법률요건이다. 다른 제도와 비교하면서 그 개념에 대하여 더욱 명확히 정리할 필요가 있다.

(1) 형사책임과의 관계

불법행위가 되는 행위 중에는 동시에 형사책임도 발생하는 것이 많다. 그러나 두 가지가 같은 것은 결코 아니다. 불법행위책임은 손해의 전보에 기본적 목적이 있는데 반하여, 형사책임은 국가가 범죄자를 처벌함으로써 범죄를 억제하고 가해자를 제재하는 것에 목적이 있기 때문이다. 따라서 형사책임에서는 원칙적으로 고의범을 처벌하고, 또한 행위자의 악성에 착안하여 미수범도 처벌한다. 그러나 불법행위책임은 가해자의 고의 · 과실의 가치가 같은 것으로 취급하며, 미수는 책임을 발생시키지 않는다.

한편 어떤 하나의 행위가 불법행위에도 해당할 수 있고 범죄에도 해당할 수 있는 경우, 둘 중 하나의 책임이 성립한다고 하여 다른 하나가 반드시 성립하는 것은 아니다. 위에서 설명한 것처럼 두 가지는 서로 다른 목적을 가지고 있으므로 각각의 절차에서 그 성립여부를 따로 판단하기 때문이다. 예컨대 A가 상대방을 속여 1,000만원을 편취하였는데, 이 행위에 대하여 불법행위가 성립하여 A가 손해배상책임을 부담한다고 하더라도 그가 항상 사기죄로 처벌받는 것은 아니다. 각 책임이 성립하기 위한 요건이 다르기 때문이다. 물론 실제에서는 대다수의 경우 두 책임이 동시에 성립하고 때로는 그것이 다른 책임의 성부에 대한 증명자료가 되기도 하지만, 그것은 양 책임의 요건을 각각 모두 만족했기 때문에 그러한 결과가 되는 것일 뿐 하나의 책임이 성립하는 것이 곧바로 다른 책임의 성립으로 이어지기 때문이 아니다.

(2) 채무불이행책임과의 관계

손해배상청구권의 발생원인으로 민법이 정하는 대표적인 것은 채무불이행과 불법행위책임이다. 채무불이행책임은 이미 존재하는 채권 · 채무관계를 전제로 그 채무의 내용에 따른 이행을 하지 않은 채무자에게 채권자가 물을 수 있는 책임이다(제7장에서 다룬다). 보통 계약관계에서 그 계약 내용에 따른 채무가 이행되지 않은 경우에 문제된다는 점에서 법정채권관계인 불법행위와 차이가 있다. 또한 가해자 또는 채무자의 과실을 누가 증명해야 하는지에 있어서도 차이가 있다. 불법행위에서는 피해자가 가해자에게 고의 · 과실이 있음을 증명해야 하지만, 채무불이행에서는 채무자의 고의 · 과실이 추정되므로 오히려 채무자가 자신에게 고의 · 과실이 없음을 증명하여야 한다.

한편 하나의 사실이 채무불이행이 됨과 동시에 불법행위의 요건도 갖추는 경우가 있다. 예컨대 환자를 치료하던 의사가 과실로 환자의 건강상태를 악화시킨 경우, 도급계약에 따라 어떤 건물을 수리하던 수급인이 과실로 그 건물의 다른 부분을 파손한 경우 등이 그러하다. 판례는 불법행위책임과 채무불이행책임은 각각 독립된 책임이라는 이유에서 양자의 경합을 인정한다. 따라서 채권자(또는 피해자는) 두 책임 중 한 가지를 선택하여 그 요건들이 충족함을 증명하여 주장할 수 있다.

대법원 1989. 4. 11. 선고 88다카11428 판결

"해상운송인이 화물운송중 자기나 사용인 등의 고의 또는 과실로 인하여 화물을 멸실 또는 훼손시킨 경우 화주는 운송인에 대하여 **운송계약불이행으로 인한 손해배상과 불법행위로 인한 손해배상을 경합적으로 청구할 수 있다.**"

2. 요건

민법은 일반불법행위와 특수불법행위를 구별하여 규정한다. 여기에서는 일반불법행위의 요건에 관해서만 집중해서 다루며, 특수불법행위에 관해서는 '채권법각론'에서 공부하는 것으로 미룬다.

불법행위가 성립하기 위해서는 아래의 요건을 전부 만족하여야 한다.

(1) 귀책사유

가해자에게 고의나 과실이 존재하여야 한다. 고의와 과실은 행위자에게 책임을 귀속시킬 수 있는 사유(귀책사유 또는 유책사유)로서 가치가 동일하다.

1) 고의

'고의'란 자신의 행위로 일정한 결과가 발생할 것을 알면서도 감히 그 행위를 의욕하는 심리상태를 말한다.

2) 과실

'과실'이란 행위자에게 요구되는 일정한 주의의무를 위반하는 것을 말한다. 과실은 다음과 같이 분류해 볼 수 있다.

우선 추상적 과실과 구체적 과실이 있다. 추상적 과실은 일반적 평균인에게 요구되는 주의(선량한 관리자의 주의)를 게을리한 것이고, 구체적 과실은 구체적인 행위자가 자신이 평소에 기울이는 주의를 게을리한 것이다. 누구를 기준으로 하여 주의의무의 정도를 파악하는지가 다르다. 불법행위에서 요구하는 과실은 '추상적 과실'이다.

대법원 2001. 1. 19. 선고 2000다12532 판결

"불법행위의 성립요건으로서의 과실은 이른바 추상적 과실만이 문제되는 것이고 이러한 과실은 사회평균인으로서의 주의의무를 위반한 경우를 가리키는 것이지만, 그러나 **여기서의 '사회평균인'이라고 하는 것은 추상적인 일반인을 말하는 것이 아니라 그때 그때의 구체적인 사례에 있어서의 보통인을 말하는 것**이다."

또한 과실은 경과실과 중과실로 나뉘기도 한다. 경과실은 조금이라도 주의의무에 위반한 것이고, 중과실은 주의의무를 현저히 위반한 것이다. 불법행위에서의 과실은 '경과실'이다.

민법에서 과실이라고 하면 원칙적으로 '추상적 경과실'을 말하며, 불법행위에서 요구하는 과실도 마찬가지다.

(2) 책임능력

'책임능력'이란 행위자가 자기의 행위로 인한 결과에 대해 책임을 인식할 수 있는 정신적 능력(불법행위능력)을 말한다. 민법은 원칙적으로 모든 사람에게 책임능력이 있음을 전제로 그것이 없는 사람에 대해서만 소극적으로 규정하고 있다. 책임능력이 없는 자는 불법행위의 다른 요건을 만족하더라도 손해배상책임을 부담하지 않는다(제753조, 제754조).

(3) 가해행위의 위법성

'위법성'이란 어떠한 행위가 법질서에 반하는 것을 말한다. 그런데 위법성의 존부를 판단하는 기준에 관해서는, 실정법 규정에 반하는 경우를 형식적으로 판단하여 위법한 것으로 볼 수도 있을 것이고, 실정법 규정 외에 선량한 풍속 기타 사회질서에 위반하는 경우 등을 실질적으로 판단하여 위법한 것으로 볼 수도 있을 것이다. 통설은 후자를 기준으로 위법성 여부를 판단한다(실질적 위법론). 또한 위법성의 인정근거는 보호법익(재산적 이익, 인격적 이익, 가족권상의 이익 등)의 침해라는 결과에 있다는 것이 다수설의 입장이다(결과불법론).

따라서 어떠한 행위가 타인의 법익을 침해하는 결과를 야기하였는데, 그 행위가 실질적으로 법질서에 반하는 것이었다면 위법성이 인정된다. 그러나 민법은 위법성을 조각하는(물리치는) 사유를 규정하고 있으며(제761조), 가해행위가 이러한 위법성조각사유에 해당하는 경우 위법성은 인정되지 않는다.

(4) 손해의 발생

가해행위가 불법행위로 성립하기 위해서는 손해가 발생하여야 한다. 행위자가 아무리 위법한 행위를 했다고 하더라도 피해자에게 아무런 손해가 발생하지 않았다면 불법행위가 문제될 필요가 없다. 어떠한 채권 · 채무관계도 성립시킬 이유가 없기 때문이다.

손해에 관해서는 제7장에서 채무불이행의 효과 중 손해배상책임 부분에서 설명한다.

(5) 인과관계의 존재

불법행위가 성립하기 위해서는 가해행위와 손해 사이에 인과관계가 존재하여야 한다. 이때 인과관계는 '상당인과관계'를 의미한다는 것이 학설의 다수설과 판례의 입장이다. 가령 P라는 행위와 Q라는 손해 사이에 상당인과관계가 존재하기 위해서는, P라는 가해행위가 있으면 항상 Q라는 손해라는 결과가 발생하는 관계여야 하고, 그와 동시에 P가 없으면 Q도 발생하지 않는 관계에 있어야 한다.

대법원 2020. 11. 26. 선고 2018다221676 판결

"불법행위 성립요건으로서의 위법성은 관련 행위 전체를 일체로만 판단하여 결정하여야 하는 것은 아니고, 문제가 되는 행위마다 개별적·상대적으로 판단하여야 한다. 또한 **불법행위로 인한 손해배상책임을 지우려면 위법한 행위와 피해자가 입은 손해 사이에 상당인과관계가 있어야 하고**, 상당인과관계의 유무는 일반적인 결과 발생의 개연성은 물론 주의의무를 부과하는 법령 기타 행동규범의 목적과 보호법익, 가해행위의 태양 및 피침해이익의 성질 및 피해의 정도 등을 종합적으로 고려하여 판단해야 한다."

이와 달리, 불법행위 성립요건으로서의 인과관계는 조건적 인과관계만으로 충분하며(P가 없으면 Q도 발생하지 않는 관계만으로 충분), 상당인과관계는 손해배상의 범위를 판단하는 부분에서 별도로 파악하면 된다고 보는 학설도 있다.

3. 효과

불법행위가 성립하면 피해자와 가해자 사이에 손해배상에 관한 채권 · 채무가 발생한다. 이에 따라 가해자는 피해자에 대하여 손해배상책임을 부담한다.

일반적인 손해배상에 관해서는 제7장에서 채무불이행의 효과 중 손해배상책임 부분에서 설명한다. 그리고 불법행위로 인한 손해배상에 특유한 내용은

'채권법각론'에서 공부하는 것으로 미룬다.

더 공부할 내용

특수불법행위(책임무능력자의 감독자책임, 사용자책임, 공작물 점유자 및 소유자의 책임, 동물점유자의 책임, 공동불법행위), 불법행위의 효과로서 손해배상책임

▶ 관련과목: 채권법각론

사례연습

[사례] 이틀 후 대입수능시험을 앞두고 있는 고등학교 3학년 학생A는 새벽 5시에 집을 나와 독서실로 향했다. 그런데 그때 B는 어두운 골목길에서 자신의 승용차를 후진하던 중이었고, A가 걸어가는 것을 미처 보지 못한 B는 A를 치고 말았다. 그 사고로 인해 A는 신경을 다쳐 긴급 수술을 했고, 약 1개월 간 입원하게 되었다. 입원하고 치료받느라 수능을 못 보게 된 A는 퇴원 후 1년 동안 재수한 끝에 대학에 진학했다.

A는 교통사고로 인하여 입은 손해, 그리고 1년 동안 재수에 소요된 학원비 및 독서실비 등 제반비용, 대학에 1년 늦게 진학하게 된 것에 대한 정신적 손해의 배상을 구하는 소를 B를 상대로 제기하였다.

(1) 이때 A는 손해배상을 받을 수 있는가?

(2) A가 손해배상을 받을 수 있다면 그 범위는 어디까지인가?

제7장

채무를 이행하지 않는 경우의 문제

채무를 이행하지 않는 경우의 문제

채권·채무관계가 존재함에도 불구하고 채무자가 그 채무의 내용에 따른 이행을 하지 않는 경우에는 어떻게 되는가. 물론 여기에서 전제하고 있는 것은, 이 채권·채무관계가 계약으로부터 발생한 것일 수도 있고 법정채권관계일 수도 있다는 점이다. 즉 어떠한 원인으로 성립한 관계인지를 묻지 않고, 현재 존재하는 채권·채권관계에서 채무가 이행되지 않는 경우를 살펴볼 필요가 있다. 이를 위해서는 '채무를 이행하지 않는 경우'에 해당하기 위한 요건이 무엇인지 알아야 하며, 그로부터 발생하는 효과도 알아야 한다.

Ⅰ. 채무불이행의 의의

'채무불이행'이란, 채무자에게 책임 있는 사유로 인해 채무의 내용에 따른 이행이 이루어지지 않고 있는 상태를 모두 아울러 일컫는 것이다. 따라서 채무자에게 책임을 귀속시킬 수 없는 경우에는 채무불이행이 문제되지 않는다.

통상적으로 학설은 채무불이행의 유형을, ⅰ) 이행지체, ⅱ) 이행불능, ⅲ) 불완전이행의 세 가지로 분류한다.

1. 이행지체

채무의 이행기(변제기)가 도래하였고 또한 그 이행이 가능함에도 불구하고 채무자의 귀책(유책)사유로 이행을 하지 않고 있는 것이 '이행지체'다.

(1) 요건

이행지체에 해당하기 위해서는 다음의 요건이 모두 충족되어야 한다.

① 이행기가 도래하여야 한다(제387조). 가령 채무를 이행하기 위한 확정기한이 있는 경우에는 채무자는 그 기한이 도래한 때부터 지체책임을 부담한다.

② 채무를 이행하는 것이 가능하여야 한다.

③ 채무를 이행하지 않아야 한다.

④ 채무자에게 고의 또는 과실이 존재하여야 한다(채무자의 귀책 또는 유책사유).

(2) 효과

채무불이행에 따르는 효과의 구체적인 내용은 이하의 Ⅱ.에서 공통적으로 다루며, 여기에서는 이행지체에 특유한 경우만을 설명한다.

1) 강제이행

이행지체는 이행이 가능함에도 채무자가 이행을 하지 않고 있는 것이므로 채권자는 본래 채무의 내용대로 이행할 것을 여전히 청구할 수 있다. 나아가 그 이행의 강제를 법원에 청구할 수 있다(제389조 제1항).

강제이행에는 몇 가지 유형이 있는바, 자세한 것은 Ⅱ.에서 다룬다.

2) 손해배상

채무자의 이행지체에 의하여 채권자에게 손해가 발생한 경우 채권자는 채무자에게 손해배상을 청구할 수 있다. 이때 손해배상은 다음의 두 가지를 생각해 볼 수 있다.

① 우선 '지연배상'이다. 이는 채무자가 이행기가 지나 뒤늦게 채무를 이행한 것에 따르는 손해를 배상하도록 하는 것이다. 가령 채무자가 금전지급을 목적으로 하는 채무의 이행을 지체하였고, 이행기가 30일이 지난 시점에

그 채무의 목적인 금전을 지급했다고 하면, 그 30일 동안의 법정이자 또는 약정이자만큼을 배상하도록 하는 것이 지연배상이다.

② 다음으로 '전보배상'이 문제되는 경우도 있다. 채권자가 상당한 기간을 정하여 채무자에게 이행을 최고(촉구)하였는데 채무자가 그 기간 내에도 채무를 이행하지 않은 경우 채권자는 본래의 채무이행에 갈음하여 손해배상을 청구할 수 있다(제395조 전단). 이를 전보배상이라고 한다. 전보배상은 이행지체 후에 채무를 이행하더라도 채권자에게 이익이 없는 경우에도 마찬가지로 가능한데(제395조 후단), 이때는 상당한 기간을 정한 최고는 필요 없다.

손해배상에 관한 자세한 내용은 Ⅱ.에서 다룬다.

3) 계약의 해제

채권 · 채무관계가 계약에 의하여 성립한 경우에는 이행지체를 이유로 채권자가 그 계약을 해제하는 것도 가능하다. 해제란 유효하게 성립한 계약을 소급적으로 소멸시키는 일방적인 의사표시인데, 자세한 것은 역시 Ⅱ.에서 설명한다.

다만 이행지체가 있다고 하여 채권자가 곧바로 계약을 해제할 수 있는 것은 아니다. 즉 이행지체로 인한 전보배상과 유사하게, 채권자는 상당한 기간을 정하여 채무자에게 그 채무의 이행을 최고하고 채무자가 그 기간 내에 이행하지 않은 경우 계약을 해제할 수 있다(제544조 본문). 그러나 채무자가 미리 이행하지 않겠다는 의사를 밝힌 경우에는 그와 같은 최고는 필요 없다(제544조 단서). 또한 계약의 성질이나 당사자의 의사표시에 따라 일정한 시일 또는 기간 내에 이행하지 않으면 계약의 목적을 달성할 수 없음에도 불구하고 채무자가 그 시기에 미이행한 경우 최고 없이 해제할 수 있다(제545조).

2. 이행불능

채권 · 채무가 성립한 후에 채무자에게 책임 있는 사유로 인해 채무를 이행할 수 없게 된 것을 '이행불능'이라고 한다.

(1) 요건

이행불능에 해당하기 위해서는 다음의 요건이 모두 충족되어야 한다.

① 채권 · 채무가 성립한 후에 채무의 이행이 불가능하여야 한다(후발적 불능). 이때 불가능 여부는 사회통념을 기준으로 판단한다.

② 채무자에게 고의 또는 과실이 존재하여야 한다. 즉 채무자의 귀책사유에 의하여 이행이 불가능하게 되어야 한다.

(2) 효과

1) 손해배상

채무자의 귀책사유로 채무의 이행이 불가능하게 된 경우 채권자는 손배배상을 청구할 수 있다(제390조). 이때의 손해배상은 '전보배상', 즉 이행에 갈음한 배상이다.

2) 계약의 해제

채권 · 채무관계가 계약에 의하여 성립한 경우에는 이행불능을 이유로 채권자가 그 계약을 해제하는 것도 가능하다(제546조). 계약의 해제는 채무의 이행이 불가능하게 된 시점에 할 수 있으며, 이행기가 되기를 기다리거나 이행기 이후에 상당한 기간을 정하여 최고할 필요는 없다.

한편, 채무의 이행을 불가능하게 하는 사정의 결과로서 채무자가 이행의 목적물에 대신하는 이익을 취득하는 경우도 있을 수 있다. 이때 채권자가 채무자에게 그 이익에 관해 청구할 수 있어야 당사자 사이의 형평에 부합하게 된다. 이 권리를 '대상(代償)청구권'이라고 한다. 대상청구권은 민법에 명시적으로 규정되어 있지 않으나, 통설과 판례는 인정하고 있다. 채권자는 대상청구권과 손해배상청구권을 선택적으로 행사할 수 있으며, 중복하여 행사할 수는 없다. 또한 대상청구권의 행사에 의하여 수령한 이익의 범위만큼 손해배상청구를 통해 받을 수 있는 이익의 범위가 줄어든다.

대법원 1992. 5. 12. 선고 92다4581, 92다4598 판결

"우리 민법에는 이행불능의 효과로서 채권자의 전보배상청구권과 계약해제권 외에 별도로 대상청구권을 규정하고 있지 않으나 **해석상 대상청구권을 부정할 이유가 없다.**"

3. 불완전이행

불완전이행이란 채무자가 채무를 이행하기는 하였으나 그 이행이 계약의 내용에 비추어 완전하지 않은 것을 말한다. 민법에서 불완전이행을 명시적으로 규정하지는 않지만 학설은 통상 이러한 유형의 채무불이행을 인정하고 있다.

(1) 요건

불완전이행에 해당하기 위해서는 다음의 요건이 모두 충족되어야 한다.

① 채무자가 채무의 내용에 따라 이행행위를 하였어야 한다. 앞선 두 가지 유형의 채무불이행과의 차이점은 불완전이행에서는 일단 이행행위가 존재한다는 점이다.

② 채무의 이행에 하자가 있어야 한다. 또는 부수적 의무나 보호의무를 위반하였어야 한다. 예컨대 책장의 매매 및 설치를 목적으로 하는 계약에서 매도인이 책장을 배송하였는데 그 책장이 파손된 경우 또는 책장을 매수인의 집에 설치하던 중에 매수인의 집을 일부 파손한 경우 등이 그러하다.

③ 채무자에게 고의 또는 과실이 존재하여야 한다.

(2) 효과

1) 완전이행의 청구(추완청구)

불완전이행의 결과 다시 하자 없는 완전한 이행이 가능한 경우도 있고, 그렇지 않은 경우도 있을 것이다. 위의 요건②에서 들고 있는 예시는 전자의 경우에 해당한다. 이때에는 채권자가 채무자에게 완전한 이행을 청구할 수 있고, 그에 따른 완전한 이행도 가능할 것이다. 이러한 완전이행의 청구권은 민법에 명시되어 있지는 않으나 학설은 인정한다.

그러나 불완전이행의 결과 그것을 다시 완전하게 할 수 없는 경우(예컨대 유명화가의 그림이 훼손된 경우 등)에는 이와 같은 완전이행의 청구는 불가능하다.

2) 손해배상

완전이행이 가능한 경우, 불완전이행의 시점에서는 이행지체와 유사한 형태가 된다. 따라서 불완전한 부분이 완전해질 때까지의 기간에 해당하는 지연배상을 청구할 수 있다. 또한 상당한 기간을 정하여 완전이행을 청구하고 그 기간 내에 완전하게 이행하지 않은 경우에는 이행이 불완전한 범위에 있어서 그것을 갈음하는 전보배상을 청구할 수 있다.

그러나 완전이행이 불가능한 경우에는 이행불능에서와 마찬가지로 이행이 불완전한 부분을 갈음하는 전보배상을 청구할 수 있다.

3) 계약의 해제

채권 · 채무관계가 계약에 의하여 성립한 경우에는 불완전이행을 이유로 채권자가 그 계약을 해제하는 것도 가능하다. 이는 불완전이행도 결국 이행지체 혹은 이행불능과 유사한 형태가 되기 때문이다. 즉 완전이행이 가능한 경우에는 채권자가 상당한 기간을 정하여 완전한 이행을 청구하여야 하고, 그럼에도 불구하고 그 기간 내에 채무자가 완전하게 이행하지 않는 경우에는 그 불완전한 부분으로 인해 계약의 목적을 달성할 수 없는 경우에 한하여 계약을 해제할 수 있다(항상 계약을 해제할 수 있는 것은 아니다). 그리고 완전이행이 불가능한 경우에는 그 불완전한 부분으로 인하여 계약의 목적을 달성할 수 없다면 — 이행불능과 유사하게 — 최고 없이 해제할 수 있다.

Ⅱ. 채무불이행의 효과

1. 강제이행

(1) 의의

채무자가 채무를 임의로 이행하지 않는 경우에 채권자가 국가권력에 의해 강제로 채권의 내용을 실현하는 것을 강제이행이라고 한다(제389조). 채권자가 가장 원하고 있는 것은 다른 게 아니라 채권을 내용대로 실현하여 만족을 얻는 것이다. 따라서 채무불이행의 경우 그 효과로서 먼저 생각해야 할 것은 채권자가 강제적인 수단을 동원하여 채무자로 하여금 채무를 이행하도록 만드는 것이다. 다만 채무의 내용에 따라 강제할 수 있는 방법에 차이가 있는바 강제이행도 몇 가지 유형으로 나뉜다.

(2) 유형

1) 직접강제

직접강제는 국가기관이 채무자의 의사를 묻지 않고 채권의 내용을 그대로 실현하는 방법을 말한다(제389조 제1항 본문). 가령 채권의 목적인 동산을 교부하도록 하는 것 등이 이것에 해당한다. 다만 직접강제는 '주는 채무'(물건의 인도를 내용으로 하는 채무)에서만 가능하며, '하는 채무'(물건의 인도 외의 작위를 내용으로 하는 채무)에서는 불가능하다(제389조 제1항 단서).

직접강제는 1차적인 강제이행의 방법이므로, 직접강제가 인정되는 채무에서는 아래의 대체집행과 간접강제는 허용되지 않는다.

2) 대체집행

대체집행은 채무자에게서 비용을 추심하고 그 비용으로 채권자나 제3자로 하여금 채무자 대신 채권의 내용을 실현하게 하는 방법이다. 가령 물건을 수리하여야 하는 채무에서 채무자로부터 수리비용을 추심한 후 타인을 시켜 수리하게 하는 것 등이 여기에 해당된다. '하는 채무' 중에서 '대체적 작위'를 목적으로 하는 채무에 관해 인정된다(제389조 제2항 후단).

대체집행이 인정되는 채무에서는 이하의 간접강제는 허용되지 않는다.

3) 간접강제

간접강제는 손해배상을 하도록 명하거나, 벌금을 부과하거나, 채무자를 구금하는 등의 수단으로 채무자를 심리적으로 압박하여 채권의 내용을 실현시키는 방법이다. 가령 이행이 지체된 기간에 비례하여 지연손해금을 명하는 것(불이행하는 1일마다 얼마를 지급하라는 등의 명령) 등이 여기에 해당된다. 간접강제는 '하는 채무' 중에서 부대체적 작위를 목적으로 하는 채무에 인정되는데(민사집행법 제261조) 인격존중의 사상에 반할 가능성이 있으므로 최후의 수단으로서만 인정되며, 만일 인격존중에 반하는 경우에는 간접강제도 허용되지 않는다. 또한 간접강제의 구체적인 수단으로는 손해배상만 인정된다(민사집행법 제261조 제1항 제2문).

4) 기타

채무의 내용이 법률행위(의사표시)를 목적으로 하는 경우에는 채무자가 그 의사표시를 하도록 하는 것이 강제이행의 목적이 될 것이다. 따라서 이 경우에는 채무자의 의사표시에 갈음한 재판을 청구함으로써 이행을 강제한다(제389조 제2항 전단).

한편 강제이행을 청구하더라도 손해배상의 청구에는 영향을 미치지 않는다(제389조 제4항). 즉 강제이행에 의하여 채권의 내용이 실현되었더라도 그것과 별개로 손해가 존재하는 경우 그 손해의 배상을 청구할 수 있다.

(3) 강제이행과 책임재산

강제이행을 위해서는 그 대상이 되는 재산이 존재하여야 한다. 동산의 인도가 목적인 경우 그 동산이 존재하고 있어야 하며, 존재하지 않는 경우에는 그것에 갈음할 수 있는 재산이라도 존재하여야 채권자가 만족을 얻을 수 있다. 이것이 '책임재산'에 관한 문제다.

채권은 채무자가 이행기에 채무의 이행(변제)을 하여야 채권의 내용이 실현되어 채권자가 만족을 얻게 되는 권리다. 그런데 경우에 따라서는 채무자가 채무를 변제할 수 없거나 변제하지 않는 상황이 생길 수 있다. 이 경우 변제를 받지 못한 채권자는 채권의 내용을 실현할 수 없으므로 피해를 입게 된다. 이후에 이 피해의 구제가 이루어지는 과정을 '금전채권'과 '금전채권이 아닌 일반채권'의 두 가지 유형으로 구분하여 살펴본다.

① '금전채권'은 채무자의 변제 등에 의하여 소멸한다. 그러나 만일 채무자가 이행을 하지 않으면, 채권자는 채무자를 피고로 하여 법원에 소를 제기할 수 있다. 그리고 법원에서 금전 지급을 명하는 확정판결(이행판결)을 받을 수 있고, 그 판결에 의하여 채무자의 재산을 압류 · 경매할 수 있으며, 경매대금으로부터 채권의 만족을 얻게 된다. 이것이 일반적인 금전채권의 강제이행과정인데, 이때 압류 및 경매의 대상이 되는 재산은 원칙적으로 채무자의 재산 전체다. 이것을 '책임재산'이라고 한다. 따라서 책임재산은 채권자 입장에서 자신의 채권을 실현하기 위한 최후의 수단이라고도 할 수 있다.

② '금전채권이 아닌 채권'도 채무자의 변제 등으로 소멸한다. 그러나 만일 채무자가 이행을 하지 않으면, 채권자는 채무자를 피고로 하여 법원에 소를 제기할 수 있다. 그리고 그 후의 과정은 위 ①과 유사한데, 법원에서 채무의 이행에 관한 확정판결을 받은 경우에 채무의 내용에 따라 강제이행의 방법이 달라진다는 점은 차이가 있다. 즉 앞서 설명한 직접강제, 대체집행, 간접강제 등이 각각의 채무 내용에 맞게 이루어질 수 있다. 그런데 만일 직접강제의 대상이 되는 재산이 없거나, 대체집행으로서 비용을 추심하거나, 간접강제로서 손해배상을 명하는 등의 경우에는 전부 채무자에게 그에 해당하는 만큼의 금전이 존재하거나, 아니면 채무자의 재산을 처분하여 현금화할 수 있어야 강제이행을 통해 채권자가 채권의 만족을 얻을 수 있을 것이다. 즉 '금전채권이 아닌 채권'도 결국에는 금전채권에서와 마찬가지로 채무자의 책임재산에 대하여 압류 · 경매할 수 있어야 한다. 따라서 역시 책임재산이 강제이행의 대상으로서 의미를 가진다.

2. 손해배상

(1) 손해와 손해배상

'손해'란 가해행위로 인해 법익에 관해 받게 되는 불이익으로서, 판례는 그 위법행위가 없었더라면 존재하였을 재산상태와 그 위법행위가 가해진 현재의 재산상태의 차이를 손해라고 한다(차액설). 손해를 발생시키는 원인으로는 여러 가지가 있으나 가장 대표적인 것은 채무불이행과 불법행위다.

대법원 1992. 6. 23. 선고 91다33070 전원합의체 판결

"불법행위로 인한 **재산상 손해는 위법한 가해행위로 인하여 발생한 재산상 불이익**, 즉 **그 위법행위가 없었더라면 존재하였을 재산상태와 그 위법행위가 가해진 현재의 재산상태의 차이**를 말하는 것이고, 그것은 기존의 이익이 상실되는 적극적 손해의 형태와 장차 얻을 수 있을 이익을 얻지 못하는 소극적 손해의 형태로 구분된다."

그리고 손해의 '배상'이란, 위법한 원인으로 발생한 손해를 피해자 이외의 자가 전보하는 것을 말한다. 지연배상 역시 본래 이자의 발생 등에 따르는 이익을 누려야 할 자가 그것을 누리지 못하는 상태를 전보하는 의미를 가진다. 손해배상은 다른 의사표시가 없는 한 금전으로 배상하는 것이 원칙이다(제394조). 한편 적법한 원인으로 발생한 손실을 전보하는 것은 배상과 구별하여 '보상'이라고 한다.

(2) 손해배상책임의 발생원인

민법에서는 채무불이행과 불법행위에 관하여 각각 그 효과로서 손해배상책임을 규정한다.

먼저 채무불이행책임은 계약책임으로서, 계약으로 발생한 채무를 채무자가 계약에서 약정한 대로 이행하지 않음에 따라 채권자가 손해를 입은 경우에 채무자가 채권자에게 그 손해를 배상하도록 하는 것을 말한다(제390조).

그리고 불법행위책임은 앞서 제6장에서 살펴본 법정채권채무관계로서 법률의 규정에 의한 책임에 해당한다. 즉 고의 또는 과실로 인한 위법한 행위로 타인에게 손해를 가하는 행위를 불법행위라고 하며, 불법행위를 한 가해자는 피해자에게 그 손해를 배상하도록 하고 있다(제750조).

(3) 손해배상의 범위

1) 통상손해

어디까지 배상을 해주어야 하는지가 손해배상의 범위에 관한 문제인데, 민법은 '통상손해'를 손해배상의 범위에 관한 원칙으로 규정한다(제393조 제1항). 통상손해란, 해당 종류의 채무불이행 또는 불법행위가 있으면 보통·일반적으로 발생하는 것으로 여겨지는 손해를 말한다.

통상손해에 해당하기 위해서는 다음 요건을 모두 충족하여야 한다. 즉 채무불이행 또는 불법행위와 손해 사이에 상당인과관계가 존재하여야 한다.

① 채무불이행(또는 불법행위)과 손해 사이에 구체적 관계가 존재하여야 한다. 즉 A라는 채무불이행이 없었으면 B라는 손해가 생기지 않았을 것을 필요로 한다.

② 또한 채무불이행(또는 불법행위)과 손해 사이에 일반적 관계도 존재하여야 한다. 즉 보통의 경우에 A라는 채무불이행이 있으면 B손해가 발생하는 관계를 필요로 한다.

예를 들어, P가 Q의 법률사무를 처리해주고 그 보수로 1,000만원을 받기로 하는 위임계약을 체결하였는데, P가 선량한 관리자로서의 주의를 충분히 다하지 않아 Q에게 500만원의 손해가 발생한 경우 P는 그 불완전이행에 관하여 Q에게 손해배상책임을 부담할 것이다. 이때 통상손해에 관해 간단히 판단해 보면, 우선 이 예시에서는 P의 주의의무 위반이 없었다면 Q에게 500만원의 손해가 발생하지 않았을 것이라는 점을 알 수 있다(①요건). 또한 유사한 위임계약에서 수임인이 선량한 관리자의 주의의무를 위반하는 경우에 위임인에게 발생하는 일반적인 손해가 400만원이라면(②요건), 위 요건을 전부 만족하는 상당인과관계가 있는 통상손해는 400만원이 된다.

2) 특별손해

통상손해 외에도 손해가 존재하는 경우 그것은 특별손해에 해당한다. '특별손해'는 특별한 사정으로 인한 손해, 즉 구체적 관계만 있고 일반적 관계는 없는 경우를 말한다. 특별손해까지 손해배상의 범위에 포함되기 위해서는 다음의 요건을 모두 충족하여야 한다(제393조 제2항).

① 채권자(또는 피해자)에게 특별한 사정이 존재하여야 한다. 즉 그러한 종류의 계약이나 불법행위에 관한 일반적인 채권자나 피해자가 아니라, 해당 계약 또는 불법행위의 채권자나 피해자에게 존재하는 주관적 사정이 특별하게 존재하여야 한다. 이때 특별한 사정이란 통상손해의 배상만으로는 완전하게 전보되지 못하는 손해를 남기는 사정을 의미한다.

② 위 특별한 사정에 대하여 채무자(또는 가해자)에게 예견가능성이 있어야 한다. 즉 채무자나 가해자가 특별한 사정을 알았거나 알 수 있었어야 한다. 이 예견가능성은 일반인을 기준으로 판단하는 것이 아니라 채무자(또는 가해자)를 기준으로 판단한다. 그리고 채무불이행 시점(이행기) 또는 불법행위 시점을 기준으로 하여 채무자가 가해자가 상대방의 특별한 사정을 알거나 알 수 있었는지 판단한다.

예를 들어, A가 이틀 후 대학수학능력시험을 응시하는 고등학교 3학년 학생이었는데, 그러한 사정을 전혀 알지 못하는 B가 자신의 자동차를 후진하다가 A를 치는 바람에 A가 큰 부상을 입고 수능에 응시하지 못한 경우, 그 사고로 인하여 발생한 치료비, 정신적 고통 등은 통상손해에 해당하지만 수능에 응시하지 못한 것에 따르는 손해는 특별손해에 해당한다. 따라서 그 특별손해가 손해배상의 범위에 속하는지 알기 위해서는 위 요건을 만족하는지를 다시 판단해 보아야 한다.

한편 앞선 통상손해의 사례에서 Q의 손해 중 통상손해 400만원을 제외한 나머지 100만원의 손해도 특별손해이므로 배상범위에 관해서는 요건 충족 여부를 판단해 보아야 한다.

대법원 1985. 9. 10. 선고 84다카1532 판결

"민법 제393조 제2항 소정의 특별사정으로 인한 손해배상에 있어서 채무자가 그 사정을 알았거나 알 수 있었는지의 여부를 가리는 시기는 계약체결당시가 아니라 **채무의 이행기**까지를 기준으로 판단하여야 한다."

(4) 손해의 종류

1) 재산적 손해와 비재산적 손해

'재산적 손해'는 침해행위의 결과로서 발생하는 손해가 재산적인 것을 말한다.

그리고 '비재산적 손해'는 침해행위의 결과로서 발생하는 손해가 비재산적인 것을 말한다. '정신적 손해'라고도 한다. 비재산적 손해 역시 손해이므로 그에 대한 배상이 이루어져야 하며, 그 배상 역시 금전배상의 방법이 원칙이다. 비재산적 손해에 대한 배상금을 '위자료'라고 한다.

그런데 불법행위와 달리 채무불이행의 경우에는 비재산적 손해의 배상에 관하여 명시적으로 규정하고 있지 않은 것이 문제될 수 있다. 계약으로부터 발생하는 채권은 재산권이므로 그에 따르는 손해 역시 재산적 손해다. 따라서 정신적 손해에 관하여 명시적으로 규정할 필요성은 없다. 그러나 채무불이행으로부터 항상 정신적 손해가 발생하지 않는 것은 아니다. 다음과 같은 사례를 가정해 보자.

노모를 모시고 사는 아들A는 어머니의 건강이 악화되자 조금 더 편한 환경에서 거주하면서 어머니를 보살피기 위하여 B소유의 X아파트를 5억원에 매수하는 계약을 체결하였다. 그러나 매도인B의 채무불이행으로 인하여 결국 A는 X아파트의 소유권을 취득할 수 없었고, 오히려 더 불편한 거주환경에 놓이게 된 A의 어머니는 고생 끝에 사망하였다. 이 사례에서 A에게는 B의 채무불이행으로 발생한 재산적 손해만이 존재하는가?

이 문제에 관하여 — 명문규정이 없음에도 — 판례는 일정 요건하에 정신적 손해의 배상을 인정한다. 즉 i) 재산적 손해의 배상만으로는 회복될 수 없는 정신적 고통을 입었다는 특별한 사정이 있고, ii) 상대방이 이와 같은 사정을 알거나 알 수 있었을 경우, 정신적 손해의 배상을 인정한다. 이는 채무불이행으로 인한 정신적 손해를 특별손해로 파악하기 때문이다.

대법원 2004. 11. 12. 선고 2002다53865 판결

"일반적으로 계약상 채무불이행으로 인하여 재산적 손해가 발생한 경우, 그로 인하여 계약 당사자가 받은 정신적인 고통은 재산적 손해에 대한 배상이 이루어짐으로써 회복된다고 보아야 할 것이므로, 재산적 손해의 배상만으로는 회복될 수 없는 정신적 고통을 입었다는 특별한 사정이 있고, 상대방이 이와 같은 사정을 알았거나 알 수 있었을 경우에 한하여 정신적 고통에 대한 위자료를 인정할 수 있다."

2) 적극적 손해와 소극적 손해

'적극적 손해'란 채무불이행이나 불법행위에 의하여 기존의 이익을 상실함으로써 발생하는 불이익을 말하며, '소극적 손해'란 장래에 얻을 수 있었던 이익(일실이익)을 얻지 못함에 따라 발생하는 불이익을 말한다. 예컨대, B가 부주의로 A를 다치게 하여 A가 2주 동안 병원에 입원하게 되었다고 할 때, 병원비나 치료비 등은 적극적 손해에 해당하며 A가 병원에 입원한 동안 생계에 종사하지 못함에 따라 입게 된 불이익은 소극적 손해에 해당한다.

3) 이행이익의 손해와 신뢰이익의 손해

'이행이익의 손해'란 계약이 이행되지 않음으로써 발생한 손해를 말하며, '신뢰이익의 손해'란 계약의 유효를 믿음으로써 생긴 손해를 말한다. 가령 유효한 계약으로부터 채무가 이행되지 않음에 따라 채권자에게 발생한 손해는 이행이익의 손해이고, 계약이 무효임에도 그것을 알지 못한 당사자가 그 계약이 유효라고 믿고 지출한 비용 등은 신뢰이익의 손해다.

(5) 손해배상에서 고려해야 하는 문제

1) 손익상계

'손익상계'란 채무불이행으로 손해를 입은 자가 동일한 원인으로 이익도 얻고 있는 경우에 그 손해배상액의 산정에서 해당 이익을 공제하는 것을 말한다. 민법에 명문규정은 없으나, 통설과 판례는 손익상계를 인정하고 있다.

대법원 1962. 6. 14. 선고 4294민상1359 판결

"채무불이행으로 인한 손해배상으로서 얻을 수 있었던 이익의 상실을 손해액으로 청구하는 경우에는 **채무자가 채무를 이행하였더라면 그 이익을 얻는데 필요하였던 비용은 그 손해액에서 공제하여야 한다**"

2) 과실상계

'과실상계'란 손해의 발생에 관하여 피해자에게도 과실이 있는 경우에 손해배상의 범위 및 손해배상액의 산정에서 그 과실을 참작하는 것을 말한다(제396조). 예컨대 어떤 불법행위에 있어서 피해자에게도 20%의 과실이 존재하는 경우 가해자의 손해배상액에서 그만큼을 공제하여 80%만을 배상하게 하는 것 등이 해당된다.

대법원 2001. 3. 23. 선고 99다33397 판결

"불법행위에 있어서 과실상계는 공평 내지 신의칙의 견지에서 손해배상액을 정함에 있어 피해자의 과실을 참작하는 것으로서, 그 적용에 있어서는 가해자와 피해자의 고의 과실의 정도, 위법행위의 발생 및 손해의 확대에 관하여 어느 정도의 원인이 되어 있는가 등의 제반 사정을 고려하여 배상액의 범위를 정하는 것이며, 불법행위에 있어서의 가해자의 과실이 의무위반의 강력한 과실임에 반하여 **과실상계에 있어서 과실이란 사회통념상, 신의성실의 원칙상, 공동생활상 요구되는 약한 부주의까지를 가리키는 것**이라 할 것이다."

3. 계약의 해제

(1) 의의

채권 · 채무관계가 계약으로부터 성립된 경우에는 채무불이행의 효과로 채권자가 그 계약을 해제할 수 있다. 즉 채무불이행의 경우에는 손해배상청구권 외에 채권자가 해제권을 취득하기도 한다.

'해제'란, 유효하게 성립된 계약을 당사자의 일방적인 의사표시에 의하여 소급적으로 소멸시키는 행위다. 여기에서는 채무불이행을 원인으로 발생하는 해제권(법정해제권)을 설명하고 있으나, 해제권은 채무불이행과는 무관하게 당사자의 약정을 원인으로 발생할 수도 있다(약정해제권).

(2) 해제와 구별되는 개념들

'해지'는 당사자 간에 존재하는 계약관계를 장래를 향하여 소멸하게 하는 행위라는 점에서 해제와 다르다.

'취소'는 유효하게 성립한 계약을 일방적 의사표시에 의해 소급적으로 소멸시킨다는 점에서는(즉 효과에 있어서는) 해제와 유사하나, 차이점이 있다. 대표적으로, i) 취소는 모든 법률행위에 적용되지만 해제는 계약에만 적용된다. ii) 취소권은 제한능력, 사기, 강박, 착오 등을 원인으로 발생하지만 해제권은 채무불이행이나 당사자의 약정을 원인으로 발생한다.

(3) 해제의 효과

채권자에게 법정해제권이 발생하기 위해서는, 즉 채권자가 채무자의 채무불이행을 이유로 계약을 해제할 수 있기 위해서는 어떠한 요건을 갖추어야 하는지는 이미 채무불이행의 의의와 요건 부분에서 설명하였다. 그렇다면 그 요건에 해당하는 경우 어떠한 효과가 나타나는가? 채권자는 해제권을 취득할 것인데, 그 권리행사의 여부는 채권자에게 달려 있다.

채권자가 계약을 해제하는 경우 계약관계는 소급적으로 소멸한다. 즉 그 계약으로부터 성립한 채권, 채무가 모두 소멸한다. 따라서 해제하기 전까지 아직 채무를 이행하지 않은 경우에는 더 이상 이행할 필요가 없고, 이미 이행한 경우에는 원상회복을 해야 한다(제548조 제1항 본문). 이때 원상회복으로 인한 반환범위는 당사자가 받은 이익 전부이다. 만일 물건으로 이행을 받았다면 물건을 그대로 반환하고(원물반환의 원칙), 그것이 불가능한 경우에는 해제 당시를 기준으로 한 가액으로 반환하여야 한다. 이렇게 보면 계약의 해제에 따른 원상회복은 본질적으로 부당이득의 반환으로서 성질을 가진다. 그러나 부당이득의 반환범위에 관한 규정(제748조)이 계약의 해제에는 적용되지 않으며 원상회복에 관해서는 별도의 특칙(제548조)으로 규율한다는 점에서 부당이득의 반환과는 구별된다.

한편 계약의 해제에 따르는 원상회복에 있어서는 제3자를 보호하기 위한 특칙(제548조 제1항 단서)을 규정하고 있다. 즉 해제의 의사표시는 제3자의 권리를 해하지 못한다. 예를 들어, 매매계약의 이행으로 매도인 A로부터 토지를 인도받은 매수인 B가 그 토지의 소유권이전등기를 마치고 소유권을 취득한 후 그 토지를 다시 C에게 매도하고 소유권이전등기까지 마쳐주었다면, 그 후 A와 B의 매매계약이 해제되더라도 C는 소유권을 상실하지 않는다. 이때 제3자의 선의·악의는 불문한다. 이 제3자를 계약을 해제하기 전에 그 계약을 기초로 새로운 이해관계를 맺은 자로 파악하는 경우, 아직 해제가 있기 전이므로 그의 선의·악의는 존재할 수 없기 때문이다. 그러나 제3자의 범위를 그렇게 한정하게 되면 거래의 안전을 충분히 확보할 수 없으므로, 판례는 계약이 해제된 후에 그 해제를 모르고 그 계약을 기초로 새로운 이해관계를 맺은 자까지 제3자의 범위에 포함되는 것으로 해석한다.

대법원 2014. 3. 13. 선고 2013다34143 판결

"**계약 해제의 효과로서 원상회복의무를 규정하는 민법 제548조 제1항 본문은 부당이득에 관한 특별규정의 성격을 가지는 것으로서, 그 이익 반환의 범위는 이익의 현존 여부나 청구인의 선의·악의를 불문하고 특단의 사유가 없는 한 받은 이익의 전부**이다."

대법원 2005. 6. 9. 선고 2005다6341 판결

"계약해제시 계약은 소급하여 소멸하게 되어 해약당사자는 각 원상회복의 의무를 부담하게 되나 이 경우 **계약해제로 인한 원상회복등기 등이 이루어지기 이전에 해약당사자와 양립되지 아니하는 법률관계를 가지게 되었고 계약해제 사실을 몰랐던 제3자에 대하여는 계약해제를 주장할 수 없고**, 이 경우 제3자가 악의라는 사실의 주장·입증책임은 계약해제를 주장하는 자에게 있다."

계약의 해제는 또 다른 채무불이행의 효과인 손해배상책임과는 별개의 효과다. 따라서 채무불이행으로 인하여 손해가 발생한 경우 해제와 별도로 손해배상청구도 가능하다. 즉 계약의 해제는 손해배상의 청구에 영향을 미치지 않는다(제551조).

(4) 비교: 약정해제

'약정해제'는 당사자의 특약에 의한 해제로서, 당사자가 계약을 체결하면서 특정한 경우에 해제권을 행사할 수 있도록 정해 놓은 경우에 약정해제권이 발생한다. 가장 대표적인 경우가 계약금 약정이다(제565조 제1항). 민법은 계약당사자 사이에 다른 약정이 없는 한 계약금을 해약금으로 본다. 가령 매매계약의 경우 계약체결 시 매수인이 매도인에게 계약금을 지급하였다면, 당사자들이 이행에 착수하기 전에는 각 당사자가 언제든지 계약을 해제할 수 있다. 즉 약정해제권을 각 당사자에게 부여한 것으로 본다. 따라서 계약금의 교부자는 그 계약금을 포기하고 계약을 해제할 수 있고, 계약금의 수령자는 받은 계약금의 배액을 상환하고 계약을 해제할 수 있다. 약정해제는 상대방에게 해제의 원인이 존재하지 않는다는 점에서 법정해제와 차이가 있다.

약정해제 역시 계약의 해제이므로 그 효과는 법정해제에서와 같다. 그러나 약정해제에서는 상대방에게 귀책사유가 존재하지 않으므로 손해배상책임에 관한 문제가 함께 발생하지는 않는다(제565조 제2항).

Ⅲ. 채권자지체

1. 의의

채무자가 이행을 제공하였음에도 채권자가 그것을 받아가지 않으면 어떻게 되는가? 이것이 채권자지체의 문제다. 즉 채무의 이행에 있어서 급부의 수령 등에 관해 채권자가 협력하여야 하는 경우에, 채무자가 채무의 내용에 따른 이행의 제공을 하였음에도 불구하고 채권자가 그 수령 등에 관한 협력을 하지 않거나 할 수 없어서 이행이 지연되고 있는 것을 채권자지체라고 한다(제400조).

2. 법적 성질

채권자지체의 법적 성질에 관해서는 대표적으로 다음과 같은 학설이 있다. i) 채무불이행책임으로 보는 입장이 있다. 이에 따르면 채권 · 채무관계에서 채권자는 채권뿐만 아니라 수령의무도 부담하기 때문에, 그 수령의무(협력의무)를 불이행하는 것이 곧 채권자지체라고 설명한다. ii) 이와 달리 법정책임으로 보는 입장도 있다. 이에 따르면 채권자지체를 법률이 정한 별개의 책임으로 이해한다.

3. 요건

채권자지체는 다음 요건을 모두 만족하는 경우에 성립한다.

① 채권의 성질상 채무의 이행에 채권자의 협력을 필요로 하여야 한다. 채권자의 협력이 필요하지 않은 채무의 이행에서는 채권자지체가 문제될 수 없다.

② 채무의 내용에 좇은 이행의 제공이 있어야 한다. 채권자지체는 채권자의 협력에 관한 것이므로 채무자는 그 채무의 내용에 따라 이행을 제공하였어야 한다.

③ 채권자가 수령할 수 없거나, 수령을 거절하여야 한다.

대법원 2004. 3. 12. 선고 2001다79013 판결

"민법 제400조 소정의 채권자지체가 성립하기 위해서는 민법 제460조 소정의 채무자의 변제 제공이 있어야 하고, **변제 제공은 원칙적으로 현실 제공으로 하여야 하며** 다만 **채권자가 미리 변제받기를 거절하거나 채무의 이행에 채권자의 행위를 요하는 경우에는 구두의 제공으로 하더라도 무방**하고, **채권자가 변제를 받지 아니할 의사가 확고한 경우(이른바, 채권자의 영구적 불수령)에는 구두의 제공을 한다는 것조차 무의미**

하므로 그러한 경우에는 구두의 제공조차 필요 없다고 할 것이지만, 그러한 **구두의 제공조차 필요 없는 경우라고 하더라도, 이는 그로써 채무자가 채무불이행책임을 면한다는 것에 불과하고, 민법 제538조 제1항 제2문 소정의 '채권자의 수령지체 중에 당사자 쌍방의 책임 없는 사유로 이행할 수 없게 된 때'에 해당하기 위해서는 현실 제공이나 구두 제공이 필요**하다(다만, 그 제공의 정도는 그 시기와 구체적인 상황에 따라 신의성실의 원칙에 어긋나지 않게 합리적으로 정하여야 한다)."

4. 효과

위 요건을 모두 만족하는 경우, 다음과 같은 효과가 발생한다.

① 채무자의 주의의무가 경감된다. 즉 채권자지체 중에는 채무자에게 고의나 중과실이 없다면 그 채무자는 채무불이행으로 인하여 어떠한 책임도 부담하지 않는다(제401조).

② 채권자지체 중에는 이자 있는 채권에 관해서도 채무자가 이자를 지급할 필요가 없다(제402조).

③ 채권자지체로 인하여 증가된 비용이 있는 경우 채권자가 그것을 부담한다(제403조).

④ 쌍무계약에서는 위험이 이전한다. 즉 위험부담에 관하여 채권자위험부담주의의 예외가 적용된다(제538조 제1항 제2문).

⑤ 채무자는 변제공탁을 함으로써 채무를 면할 수 있다(제487조 제1문).

⑥ 한편 채권자지체를 이유로 채무자가 채권자에게 손해배상을 청구하거나 계약을 해제할 수 있는가? 이는 채권자지체의 법적 성질을 어떻게 이해하는지와 관련지어 각각 다르게 볼 수 있다. 채권자지체를 채무불이행책임으로 본다면 이러한 효과도 인정할 여지가 있을 것이나, 법정책임으로 보는 입장에서는 그러하지 않다.

제8장

채권·채무관계에서 더 살펴볼 것들

채권·채무관계에서 더 살펴볼 것들

Ⅰ. 책임재산의 보전

채권은 채무자의 행위를 객체로 하는 권리이므로, 채무자가 채무의 내용에 따른 이행을 하여야 비로소 채권의 내용이 실현될 수 있다. 즉 채권의 실현 여부는 채무자의 이행여부에 달려있으므로, 채권이란 본질적으로 그 만족 여부가 불확실하다. 따라서 채권자 입장에서는 자신의 채권을 실현할 수 있도록 하는 수단을 강구하여야 한다. 이때 가장 먼저 생각해 보아야 할 것은 채무자의 책임재산이다. 채권자에게 채무자의 책임재산은 채권 실현을 위한 최후의 보장수단이기 때문이다.

그러므로 채권자가 변제를 받을 가능성이 커지기 위해서는 채무자의 책임재산이 감소하지 않도록 하여야 한다. 이것을 '책임재산의 보전'이라고 한다. 그러나 채권자가 채무자의 재산감소행위를 모두 금지할 수는 없다. 책임재산은 채무자가 그 처분 여부를 결정할 수 있는 고유의 재산이기 때문이다. 따라서 채권자가 채무자의 재산감소를 막을 수 있는 범위는 제한적이어야 한다. 민법은 채무자가 자신의 권리 실행을 게을리 하여 스스로 재산을 감소시키거나(채권자대위권의 문제), 제3자와 공모하여 고의로 재산의 감소를 꾀하는 경우(채권자취소권의 문제)에만 채권자가 간섭할 수 있도록 한다.

1. 채권자대위권

(1) 의의

'채권자대위권'이란, 채권자가 자기의 채권을 보전하기 위하여 그의 채무자에게 속하는 권리를 행사할 수 있는 권리를 말한다(제404조 제1항 본문). 일정한 요건을 만족하는 경우에 채권자가 자신의 채무자의 권리를 그의 지위가 되어 행사할 수 있도록 하는 것이다.

(2) 요건

채권자가 채무자의 권리를 대위하여 행사하기 위해서는 다음의 요건을 모두 만족하여야 한다.

① 채권자에게 보전받을 채권(피보전채권)이 있어야 하며, 그 채권을 보전할 필요가 존재하여야 한다. 피보전채권이 금전채권인 경우에 채무자가 무자력이 될 염려가 있는 것이 가장 대표적인 경우다. 다만 피보전채권이 금전채권이 아닌 경우에는 채무자의 무자력을 요구하지 않는다.

대법원 1992. 10. 27. 선고 91다483 판결

"채권자는 자기의 채무자에 대한 부동산의 소유권이전등기청구권 등 **특정채권을 보전하기 위하여 채무자가 방치하고 있는 그 부동산에 관한 특정권리를 대위하여 행사할 수 있고 그 경우에는 채무자의 무자력을 요건으로 하지 아니하는 것**이다."

② 채무자가 제3자에 대하여 대위행사에 적합한 권리를 가지고 있어야 한다. 가령 채무자만이 행사할 수 있는 일신전속권은 그의 채권자가 대위행사할 수 없다.

③ 채무자가 스스로 자기의 권리를 행사하지 않아야 한다.

④ 채권자의 채권이 이행기에 있어야 한다(제404조 제2항 본문). 이행기가 되기 전에는 자신의 채권을 행사할 수 없으므로 채권자대위권도 행사할 수 없다.

(3) 효과

채권자대위권의 행사에 따른 효과는 채무자에게 직접 귀속된다. 채권자대위권의 행사에 따라 채무자의 책임재산이 회복된 경우 그 재산은 전체 채권자를 위한 공동의 담보가 된다.

> **대법원 1996. 2. 9. 선고 95다27998 판결**
>
> "채권자대위권을 행사함에 있어서 채권자가 제3채무자에 대하여 자기에게 직접 급부를 요구하여도 상관없는 것이고 자기에게 급부를 요구하여도 어차피 **그 효과는 채무자에게 귀속**되는 것"

채권자대위권의 예를 들면 다음과 같다. 채무자S에게는 채권자G1과 G2가 있다. G1과 G2는 각각 S에 대하여 1억원씩의 금전채권을 가지고 있다. 그런데 S는 현재 소득이 없고 소액의 예금만으로 생활하고 있어서 곧 무자력 상태에 빠질 상황이다. 다만 S는 A에 대하여 시가 약 3억원에 해당하는 X부동산의 소유권이전청구권을 가지고 있는데, 그 권리를 행사하지 않고 있다. G1의 채권의 이행기가 도래하였다면, 그는 채권자대위권을 행사함으로써 S를 대위하여 A에게 X부동산의 소유권을 S에게 이전할 것을 청구할 수 있다. 이때 S에게 X부동산의 소유권이 귀속되었다면 X는 G1의 채권만을 담보하지 않고 G2의 채권까지 담보하는 모든 채권자의 공동담보가 된다.

2. 채권자취소권

(1) 의의

'채권자취소권'이란, 채권자를 해하는 것을 알면서 채무자가 행한 법률행위(사해행위)를 취소하고 채무자의 재산을 회복하는 것을 목적으로 하는 채권자의 권리를 말한다(제406조 제1항). 일정한 요건을 만족하는 경우에 채권자가 자신의 권리를 해하는 채무자의 행위에 대하여 그 효력을 좌우할 수 있도록 하는 것이다.

(2) 요건

채권자가 채무자의 법률행위를 취소하기 위해서는 다음의 요건을 모두 만족하여야 한다.

① 채권자에게 피보전채권이 있어야 하며, 그 채권이 금전채권이어야 한다. 특정물의 급부를 목적으로 하는 채권을 보전하기 위해서는 채권자취소권을 행사할 수 없다는 것이 판례의 입장이다.

대법원 2001. 12. 27. 선고 2001다32236 판결

"사해신탁의 취소는 민법상의 채권자취소권과 마찬가지로 책임재산의 보전을 위한 것이므로 **피보전채권은 금전채권이어야 하고, 특정물에 대한 소유권이전등기청구권을 보전하기 위하여 행사하는 것은 허용되지 않는다.**"

② 채무자가 무자력상태여야 한다. 채권자취소권 역시 채권의 공동담보를 해하는 경우에만 인정되는데, 이는 책임재산이 존재하지 않게 하는 것을 의미한다.

③ 채무자의 사해행위가 존재하여야 한다. 이때 사해행위는 재산권을 목적으로 하는 행위여야 한다(제406조 제1항).

대법원 2013. 4. 26. 선고 2012다118334 판결

"민법 제406조에서 정하는 채권자취소권의 대상인 **'사해행위'란 채무자가 적극재산을 감소시키거나 소극재산을 증가시킴으로써 채무초과상태에 이르거나 이미 채무초과상태에 있는 것을 심화시킴으로써 채권자를 해하는 행위**를 가리킨다. 그리고 사해행위취소소송에서 채무자가 그와 같이 채무초과상태에 있는지 여부는 **사해행위 당시를 기준으로 판단**된다."

④ 채무자가 악의여야 한다. 즉 사해행위 당시에 채무자는 그 행위가 채권자를 해한다는 것을 알고 있어야 한다(제406조 제1항 본문).

⑤ 수익자 또는 전득자가 악의여야 한다. 사해행위로 이익을 얻은 사람(수익

자) 또는 수익자로부터 그 이익을 전득한 사람(전득자)도 그 행위나 전득 당시에 채권자를 해한다는 것을 알고 있어야 한다(제406조 제1항 단서).

(3) 행사방법

채권자취소권은 반드시 법원에 소를 제기하는 방법으로 행사하여야 한다(제406조 제1항 본문).

대법원 1998. 3. 13. 선고 95다48599, 48605 판결

"사해행위의 취소는 **법원에 소를 제기하는 방법으로 청구할 수 있을 뿐 소송상의 공격방어방법으로 주장할 수는 없다.**"

대법원 2009. 1. 15. 선고 2008다72394 판결

"채권자가 사해행위의 취소와 함께 책임재산의 회복을 구하는 사해행위취소의 소에 있어서는 **수익자 또는 전득자에게만 피고적격이 있고 채무자에게는 피고적격이 없다.**"

대법원 2003. 7. 11. 선고 2003다19572 판결

"채권자가 채권자취소권을 행사할 때에는 **원칙적으로 자신의 채권액을 초과하여 취소권을 행사할 수 없고**, 이 때 채권자의 채권액에는 사해행위 이후 사실심 변론종결시까지 발생한 이자나 지연손해금이 포함된다."

대법원 2006. 6. 29. 선고 2004다5822 판결

"사해행위취소의 범위는 **다른 채권자가 배당요구를 할 것이 명백하거나 목적물이 불가분인 경우와 같이 특별한 사정이 있는 경우에는 취소채권자의 채권액을 넘어서까지도 취소를 구할 수 있다**"

(4) 효과

채권자가 채권자취소권를 행사한 결과 수익자 또는 전득자로부터 받은 재산이나 이익은 채무자의 일반재산으로 회복되며 모든 채권자를 위한 공동담보가 된다(제407조). 따라서 채권자취소권을 행사한 채권자가 우선권을 주장할 수는 없다.

대법원 2005. 8. 25. 선고 2005다14595 판결

"사해행위취소란 채권의 보전을 위하여 일반 채권자들의 공동담보에 제공되고 있는 채무자의 재산이 그의 처분행위로 감소되는 경우, 채권자의 청구에 의해 이를 취소하고, 일탈된 재산을 채무자의 책임재산으로 환원시키는 제도로서, **사해행위의 취소와 원상회복은 모든 채권자의 이익을 위하여 효력이 있으므로(민법 제407조), 취소채권자가 자신이 회복해 온 재산에 대하여 우선권을 가지는 것은 아니라고 할 것**"

채권자취소권의 예를 들면 다음과 같다. 채무자S에게는 채권자G1과 G2가 있다. G1과 G2는 각각 S에 대하여 1억원씩의 금전채권을 가지고 있다. 그런데 S는 시가 약 3억원에 해당하는 X부동산을 소유하고 있으며, 그 외에 다른 재산은 없다. S는 채권자들이 곧 X를 압류할 것으로 생각하고 그것을 회피하기 위하여 X를 헐값에 처분하기로 하였다. 이후 S는 이러한 사정을 잘 아는 A에게 X부동산을 1억 5천만원에 매도하고 소유권을 이전시켜주었다. G1은 법원에 S와 A 사이의 매매계약 및 소유권이전행위를 취소하는 채권자취소소송을 제기하였고 승소판결이 확정되었다. 이때 X는 S의 일반재산으로 회복되고, G1만이 아니라 모든 채권자의 공동담보가 된다.

Ⅱ. 채권의 담보

1. 책임재산에 따르는 문제

채무자의 책임재산을 보전할 수 있는 제도를 두고 있더라도 그것만으로 채권이 완전하게 확보되는 것은 아니다. 재산은 증 · 감 변동하며, 그것은 책임재산의 경우에도 마찬가지기 때문이다. 가령 책임재산이 감소한 결과 채무자의 금전채무 총액이 책임재산을 초과할 수도 있는데, 이러한 현상은 채권이 발생할 당시에는 일어나지 않았다가 이후에 나타날 수도 있다. 채권이 발생한 후에 채무자의 책임재산이 감소할 수도 있고, 채무자에게 또 다른 채무가 발생할 수도 있기 때문이다.

나아가, 채권자가 여러 명 있는 경우에 채무자의 책임재산은 모든 채권자를 위한 책임재산이 된다. 채권자 평등의 원칙에 따라 채권자 상호 간에는 우열이 없어서 채권의 발생 시기나 금액의 많고 적음에 상관없이 모든 채권자가 평등하게 취급되기 때문이다. 따라서 한 명의 채권자가 채무자의 책임재산에 대해 강제집행을 하더라도 다른 채권자가 배당에 참가하면, 채권자들은 각자의 채권액에 비례하여 경매대금을 나누게 되며, 이로 인해 채권의 만족을 얻지 못하는 경우가 발생할 수 있다. 이 역시 채무의 총액이 채무자의 책임재산보다 많은 경우에 해당한다.

이와 같은 사정이 존재할 수 있음에 따라 채권자는 자신의 채권을 실현하기 위한 또 다른 수단을 필요로 하게 된다. 이것이 채권담보에 관한 문제다.

2. 인적담보

채권자 입장에서는 채무자로부터 완전한 변제를 받지 못하는 경우 그 부족한 부분에 관하여 다른 사람으로부터 받을 수 있다면 채권의 만족에 있어 아무런 문제가 없을 것이다. 따라서 다른 사람이 채권을 담보하는 경우를 먼저 생각해볼 수 있다. 이는 원칙적으로 채무자로 하여금 보증인을 세우게 하고 그 보증인과 담보를 목적으로 하는 계약(보증계약)을 체결하는 방법에 의한다.

보증계약의 체결에 의하여 보증인은 보증채무를 부담하므로 채권자에게는 또 하나의 채권이 생기게 된다. 그 결과 채권자는 주채무자가 변제하지 못한 범위에서 보증인에게도 채무의 이행을 청구할 수 있다. 이는 채무자의 책임재산 이외에 보증인의 책임재산에 대해서도 강제집행을 할 수 있다는 것을 의미한다. 즉 인적담보에서는 책임재산이 증가하는 효과가 있다.

그러나 보증인의 책임재산에 대해서도 마찬가지로 채권자 평등의 원칙이 적용됨은 물론이다. 따라서 보증인을 세우고 보증계약을 체결하였다고 하여 채권의 만족이 확실하게 보장되는 것은 아니다. 예를 들어, 채권자G1은 채무자S에 대하여 5,000만원의 금전채권을 가지고 있는데 담보를 위하여 보증인을 세우도록 하였고 보증인B와 주채무에 대한 보증계약을 체결하였다. 이때 S의 책임재산은 4,000만원이고 B의 책임재산도 4,000만원이었다면, 혹시 모를 채무불이행의 경우에도 G1이 집행할 수 있는 책임재산은 충분하다. 그러나 그 후 S가 G2로부터 5,000만원을 추가로 빌리면서 그에 대해서도 B를 보증인으로 세웠고 G2와 B가 보증계약을 체결한 경우, B는 G2에 대해서도 보증인이 되며 자신의 책임재산으로 보증채무에 관해 책임을 부담한다. 이 경우 전체 채무액은 총 1억원인데 반하여 책임재산은 8,000만원이어서 G1 또는 G2가 강제집행을 하더라도 각각 채권액에 비례하여 배당을 받게 되어 완전하게 채권을 만족하지 못하는 결과가 된다. 이것이 인적담보의 한계다.

인적담보는 아래에서 설명하는 물적담보에 비해 상대적으로 불완전한 담보방법이다. 그러나 담보로 제공할 물건이 없거나 부족한 채무자에 있어서는 의미 있는 수단이 될 수 있다.

3. 물적담보와 담보물권

(1) 물적담보의 의의

채무자의 책임재산을 구성하고 있는 재산 중에서 특정 재산, 또는 제3자가 제공하는 특정재산을 채권의 담보로 하여 그 위에 담보물권을 설정하고, 채무자가 채무를 불이행할 경우 그 재산을 경매하여 경매대금으로부터 채권자 평등의 원칙을 깨고 그 담보권자가 다른 채권자에 우선하여 변제를 받을 수 있게 하는 담보방법을 일컬어 물적담보라고 한다.

(2) 물적담보의 방법

물적담보는 채무자의 특정 재산이나 제3자가 제공하는 특정 재산 위에 저당권과 같은 '담보물권'을 설정하는 방법에 의하여 성립한다. 채권자가 채권뿐만 아니라 그 채권을 담보하기 위한 '물권'도 함께 취득하므로 채권만을 가지고 있는 다른 일반채권자 또는 후순위 담보물권을 가진 채권자에 대하여 우선권을 주장할 수 있다. 물권은 대세권 또는 절대권이기 때문이다. 즉 선순위 담보물권을 가진 사람은 그 물권의 효력을 주장할 수 있으므로 그에게는 채권자 평등의 원칙이 적용되지 않는다.

예를 들어, 채권자G1은 채무자S에 대하여 6,000만원의 금전채권을 가지고 있는데 그 채권의 담보를 위하여 S소유의 X토지(시가 1억원)에 관해 저당권을 설정하기 위한 계약을 S와 체결하고 저당권설정등기를 마침으로써 4월 15일자로 저당권을 취득하였다. 그런데 이미 S는 채권자G2에 대한 6,000만원의 채무를 2월 1일자로 부담하고 있었다. 그 후 G1이 S의 채무불이행을 이유로 자신의 저당권을 실행하여 X가 경매에서 9,000만원에 매각되었더라도, 그 경매대금으로부터 G1과 G2가 채무액에 비례하여 4,500만원씩 나누어 배당받는 것이 아니다. G1은 저당권이라는 담보물권을 가지고 있으므로 그에 기하여 G2에게 자신이 우선하여 변제받을 수 있음을 주장할 수 있다. 따라서 9,000만원으로부터 G1이 6,000만원 전부를 우선변제 받으며, 남은 3,000만원의 범위에서 G2가 변제받게 된다. 만일 G2가 일반채권자가 아니라 G1이 저당권을 취득한 이후에 저당권을 취득한 담보물권자인 경우에도 결과는 같다. 저당권 사이에서는 성립의 선후에 따라 우선변제의 순위가 정해지기 때문이다.

한편 담보물권의 목적물은 반드시 채무자 소유의 물건일 필요는 없다. 제3자 소유의 물건도 채무자의 채무를 위한 담보목적물이 될 수 있다. 채권자 입장에서는 채무불이행의 경우에 임의로 처분할 수 있는 객체가 필요할 뿐이므로 그 소유권자가 누구인지는 중요하지 않기 때문이다. 타인의 채무를 위하여 담보목적물을 제공하는 제3자를 보증인과 구별하여 '물상보증인'이라고 부르기도 한다. 책임재산으로 담보하는 것은 아니지만 그 목적물에 한하여 마치 보증인과 유사한 지위가 되기 때문이다.

(3) 담보물권

담보물권은 채무자로부터 목적물 또는 재산권의 교환가치를 확보함으로써 채권의 실행을 용이하도록 하는 물권이며, 민법은 세 가지의 담보물권을 규정하고 있다.

① '유치권'이란, 채권자가 어느 물건에 관한 채권(예컨대 건물의 공사비 채권)

을 가지면서 동시에 그 물건(그 건물)을 점유하는 경우에, 그 채권의 변제를 받을 때까지 그 물건을 유치함으로써 채권의 변제를 간접적으로 담보하는 물권이다(제320조 이하). 유치권은 당사자의 설정계약에 의하지 않고 법률의 규정을 요건으로 하여 성립한다는 특징이 있다. 동산과 부동산이 모두 유치권의 목적이 될 수 있다.

② '질권'도 담보물권의 한 유형이다. 질권의 목적물은 동산일 수도 있고 재산권일 수도 있다. '동산질권'은 채권의 담보로 채무자 또는 제3자가 제공한 동산을 점유하고 그 동산에 대하여 우선변제를 받을 수 있는 권리를 말한다(제329조 이하). 그리고 '권리질권'은 부동산의 사용 · 수익을 목적으로 하는 권리 외의 재산권을 목적으로 하는 질권을 말한다(제345조 이하). 질권은 당사자 사이의 설정계약을 원인으로 성립한다는 점에서 유치권과 차이가 있으며, 동산이나 재산권을 목적으로 한다는 점에서 아래의 저당권(부동산을 목적으로 함)과 차이가 있다.

③ '저당권'이란, 채무자 또는 제3자가 점유를 이전하지 않고 채무의 담보로 제공한 부동산에 대하여 다른 일반채권자 또는 후순위권리자보다 우선변제를 받을 수 있는 물권이다(제356조 이하). 저당권 역시 당사자 사이의 설정계약을 원인으로 성립한다. 다만 질권에서는 질권자가 그 담보물을 점유하지만, 저당권에서는 점유의 이전 없이 채무자 또는 제3자가 종전대로 목적물을 점유하여 사용 · 수익하고 저당권자는 목적물의 교환가치만을 파악한다는 점에서 차이가 있다.

담보물권은 민법의 학습에서 매우 중요한 의미를 가지나, 현 단계에서는 그 의미나 기능만을 간략히 파악하는 것이 이해에 더욱 도움이 될 것으로 본다. 자세한 내용의 학습에 관해서는 물권법 단계로 미룬다.

더 공부할 내용

유치권, 질권, 저당권 등 담보물권에 관한 구체적 내용

▶ 관련과목: 물권법

Ⅲ. 채권양도와 채무인수

1. 지명채권의 양도

(1) 의의

채권자가 정하여져 있는 채권을 지명채권이라고 한다. 보통 채권이라고 하면 지명채권을 말하며, 앞서 언급한 채권들 역시 대부분 이 지명채권을 전제로 한 것이다. 그리고 지명채권의 '양도'란, 채권을 그 동일성을 유지하면서 이전하는 것을 말한다.

지명채권은 원칙적으로 양도할 수 있는 성질을 가지지만(채권의 양도성, 제449조 제1항 본문), 채권의 성질이 양도를 허용하지 않는 경우에는 예외적으로 양도할 수 없다(제449조 제1항 단서, 제2항).

(2) 양도의 대항요건

지명채권의 양도는 양도인과 양수인 간의 계약으로써 이루어진다. 즉 채권양도의 계약만으로도 당사자 사이에서 양도의 효력이 발생하지만, 채무자 또는 그 채권에 이해관계가 있는 제3자가 그 양도에 관해 알지 못할 경우도 있을 수 있으므로, 민법은 그들을 보호하기 위하여 일정한 대항요건을 두고 있다. 주의할 것은 이 요건들은 대항요건이므로 요건을 갖추지 못하였을 경우에 채권양도의 효력 자체가 부정되는 것이 아니라 그 양도의 효력을 채무자 또는 제3자에게 주장하지 못한다는 점이다(제450조).

1) 채무자에 대한 대항요건

채권양도를 채무자에게 주장할 수 있기 위해서는, '채무자에 대한 양도인의 통지' 또는 '채무자의 승낙' 두 가지 중 하나가 존재하여야 한다(제450조 제1항). 이때 통지나 승낙의 방식은 묻지 않는다.

2) 채무자 이외의 제3자에 대한 대항요건

채무자 이외의 제3자에 대한 대항요건도 역시 양도인의 통지 또는 채무자의 승낙이다. 그러나 제3자에게 양도를 주장하기 위해서는 그 통지 또는 승낙이 '확정일자 있는 증서'에 의하여 행해져야 한다(제450조 제2항). 예컨대 내용증명우편의 일자 등이 확정일자가 될 수 있다. 이러한 방식을 요구하지 않을 경우 제3자의 권리가 침해될 우려가 생기기 때문이다.

주의할 것은 여기에서의 제3자가 채권양도의 당사자와 채무자를 제외한 모든 자를 뜻하는 것이 아니라는 점이다. 판례에 의하면 이 제3자는, 해당 채권에 대하여 법률상 이익이 존재하는 자 또는 그 채권에 대하여 양수인의 지위와 양립할 수 없는 법률상의 지위를 취득한 자를 말한다.

간단한 사례를 들어본다. A가 B에 대하여 가지고 있는 채권을 C에게 양도하고 그 사실을 B에게 전화로 알린 후, 다시 그 채권을 D에게 양도하고 그 사실을 내용증명우편으로 B에게 통지한 경우, C는 자신이 채권의 양수인이라는 점을 D에게 주장할 수 있는가? 주장할 수 없다. '확정일자 있는 증서'에 의하여 통지되지 않았기 때문이다. 혹은, C에게 양도한 사실의 통지와 D에게 양도한 사실의 통지가 채무자B에 대하여 모두 내용증명우편으로 행해졌는데 전자의 사실에 대한 통지가 후자보다 먼저 B에게 도달한 경우, C는 자신이 채권의 양수인이라는 점을 D에게 주장할 수 있는가? 학설의 다수설은 '확정일자의 선후'에 따라 C와 D 사이의 우열관계를 정해야 한다는 입장이며, 판례는 '도달한 일시'의 선후에 의하여 결정해야 한다는 입장이다.

대법원 2018. 7. 12. 선고 2015다36167 판결

"부동산매매계약에서 매도인과 매수인은 서로 동시이행관계에 있는 일정한 의무를 부담하므로 이행과정에 신뢰관계가 따른다. 특히 매도인으로서는 매매대금 지급을 위한 매수인의 자력, 신용 등 매수인이 누구인지에 따라 계약유지 여부를 달리 생각할 여지가 있다.

이러한 이유로 **매매로 인한 소유권이전등기청구권의 양도는 특별한 사정이 없는 이상 양도가 제한되고 양도에 채무자의 승낙이나 동의를 요한다**고 할 것이므로 **통상의**

채권양도와 달리 양도인의 채무자에 대한 통지만으로는 채무자에 대한 대항력이 생기지 않으며 반드시 채무자의 동의나 승낙을 받아야 대항력이 생긴다."

대법원 2013. 6. 28. 선고 2011다83110 판결

"**채권이 이중으로 양도된 경우 양수인 상호 간의 우열은 확정일자 있는 양도통지가 채무자에게 도달한 일시 또는 확정일자 있는 승낙의 일시의 선후에 의하여 결정**하여야 하고, 확정일자 있는 증서에 의하지 아니한 통지나 승낙이 있는 채권양도의 양수인은 확정일자 있는 증서에 의한 통지나 승낙이 있는 채권양도의 양수인에게 대항할 수 없다."

2. 채무인수

채무인수란, 채무가 그 동일성을 유지하면서 채무자에게서 제3자에게 이전되는 것을 말한다. 채무인수는 계약으로써 이루어진다. 인수인이 채무를 인수한 경우 종전의 채무자는 채무를 면하고 인수인이 동일한 채무를 부담하는 것이 원칙이다(면책적 채무인수, 제453조). 면책적 채무인수가 유효하기 위해서는, i) 채무의 성질상 이전 가능한 것이어야 하고, ii) 당사자 사이에 채무인수에 대한 합의가 존재하여야 한다. 이때 당사자는 '채무자–채권자–인수인'일 수도 있고, '채권자–인수인'일 수도 있다. 또한 '채무자–인수인'이 당사자가 될 수도 있으나 이 경우에는 채권자의 승낙이 있어야 채무인수의 효력이 생긴다(제454조 제1항).

한편 기존의 채무관계가 그대로 유지되면서 제3자가 채무자로 들어옴에 따라 동일한 채무를 중첩적으로 부담하는 경우도 있다(병존적 채무인수). 병존적 채무인수는 '채무자–채권자–인수인' 또는 '채권자–인수인' 사이의 계약으로 성립한다.

더 공부할 내용

다수당사자의 채권관계(수인의 채권자 및 채무자)

▶ 관련과목: 채권법총론

제9장

채권·채무의 소멸

채권·채무의 소멸

지금까지 채권 · 채무가 발생하고 그로부터 일정한 효과가 나타나는 과정을 살펴보았다. 남은 것은 이제 채권 · 채무관계가 소멸하는 단계다. 채권 · 채무관계가 소멸하는 원인은 다양한데, 그중 민법은 일반적 소멸원인으로 7가지를 규정하고 있다. 먼저 일반적 소멸원인을 각각 간략하게 살펴본다. 그리고 총칙에서는 소멸시효에 의하여 권리가 소멸하는 경우를 규정하고 있는데, 이에 의하여 소멸하는 대표적인 권리가 채권이라는 점에서 소멸시효에 관한 주요 내용도 함께 설명한다.

Ⅰ. 일반적 소멸원인

민법은 채권편의 총칙부분에서 7가지의 일반적 소멸원인을 규정한다. 여기에서 말하는 채권 · 채무의 소멸이란, 채권 · 채무가 객관적으로 존재하지 않게 되는 것을 말한다. 채권양도 혹은 채무인수에서는 종전 채권자 또는 종전 채무자가 주관적으로 채권이나 채무를 상실하게 되지만, 그것은 상대적 소멸에 불과하며 여기에서 말하는 채권 · 채무의 소멸은 아니다.

1. 변제

'변제'란, 채무자 또는 제3자가 채무의 내용인 급부를 실현하는 것을 말한다.

이와 구별하여야 할 것에 '변제의 제공'이 있다. '변제의 제공'은 채무의 이행을 위하여 채권자의 수령과 같은 협력이 필요한 경우 채무자가 그 채무의 이행에 필요한 준비를 마고 채권자에게 협력을 구하는 것을 의미한다.

변제는 원칙적으로 당사자의 의사표시에 의하여 정한 장소 또는 채무의 성질에 의하여 정해진 장소에서 하여야 한다(제467조 제1항). 그러나 당사자의 의사표시가 존재하지 않거나 채무의 성질에 의하여 변제 장소를 정할 수 없는 경우, 특정물의 인도는 채권성립 당시에 그 물건이 있던 장소에서 하여야 하며(제467조 제1항), 불특정물의 인도나 하는 채무의 이행은 채권자의 현주소에서 하여야 한다(지참채무, 제467조 제2항 본문).

2. 대물변제

'대물변제'란, 본래의 급부에 갈음하여 다른 급부를 현실적으로 함으로써 채권 · 채무를 소멸시키는 변제당사자 간 계약을 말한다. 대물변제는 변제와 동일한 효력을 가진다(제466조).

3. 공탁

공탁은 각각의 다양한 원인에 의하여 금전 기타 물건을 공탁소에 맡기고, 일정한 사람이 그 물건을 찾아가도록 함으로써 일정한 목적을 달성하는 제도다. 그 중에서 변제를 목적으로 하는 공탁을 '변제공탁'이라고 한다. 여기에서 말하는 공탁이 바로 변제공탁이다. 즉 변제공탁이란, 채권자가 변제를 받지 않거나 받을 수 없는 경우, 또는 변제자의 과실 없이 채권자를 알 수 없는 경우에 채무자가 채권자를 위하여 변제의 목적인 금전, 유가증권 기타의 물건을 공탁소에 맡기고 그것으로써 채무를 면하는 것을 말한다(제487조).

4. 상계

'상계'란, 채권자와 채무자가 서로 같은 종류를 목적으로 하는 채권 · 채무를 가지고 있는 경우에 그 채무들을 대등액에서 소멸하게 하는 단독행위를 말한다(제492조 제1항). 유의할 것은 상계는 단독행위이므로 상대방에 대한 일방적 의사표시로써 효력이 생기며, 당사자 합의로 이루어지는 것이 아니라는 점이다.

상계에서 '자동채권'이란 상계를 하는 채무자가 채권자에 대하여 가지는 채권을 말하고, '수동채권'이란 상대방의 채권(즉 자신의 채무)을 말한다.

상계를 하기 위해서는, i) 채권자와 채무자가 서로 같은 종류의 채권을 가지고 있어야 하며, ii) 양 당사자의 채권이 모두 변제기에 있어야 한다. 다만 채권의 성질이 상계를 허용하지 않는 것(예컨대 하는 채무)이거나 상계가 금지된 채권의 경우(제492조 제2항, 제496조, 제497조, 제498조)에는 상계할 수 없다.

대법원 2022. 12. 16. 선고 2022다218271 판결

"상계는 당사자 쌍방이 서로 같은 종류를 목적으로 한 채무를 부담한 경우에 서로 같은 종류의 급부를 현실로 이행하는 대신 어느 일방 당사자의 의사표시로 그 대등액에 관하여 채권과 채무를 동시에 소멸시키는 것이고, 이러한 **상계제도의 취지는 서로 대립하는 두 당사자 사이의 채권·채무를 간이한 방법으로 원활하고 공평하게 처리하려는 데 있으므로**, 법률의 규정 등 특별한 사정이 없는 한 **자동채권으로 될 수 있는 채권은 상계자가 상대방에 대하여 가지는 채권이어야 하고 제3자가 상대방에 대하여 가지는 채권으로는 상계할 수 없다**."

5. 그 밖의 소멸원인

(1) 경개

'경개'란, 채권 · 채무의 중요한 부분을 변경함으로써 신채무를 성립시키는 동시에 구채무를 소멸시키는 계약을 말한다(제500조).

(2) 면제

'면제'란, 채권자가 채무자에 대한 그의 채권을 무상으로 소멸시키는 단독행위를 말한다(제506조).

(3) 혼동

'혼동'이란, 채권과 채무가 동일인에게 귀속하는 사실을 말한다(제507조).

Ⅱ. 소멸시효

1. 시효제도

(1) 의의

시효제도란, 어떠한 사실상의 상태가 일정 기간 동안 계속된 경우에 그 상태가 진정한 권리관계와 일치하는지 여부와 상관없이 그 상태를 그대로 존중하여 권리의무관계로서 인정하는 제도다.

민법은 이에 관하여 '취득시효'와 '소멸시효'를 각각 규정하고 있는데, '취득시효'는 어떤 사람이 마치 권리자인 것처럼 권리를 행사하고 있는 사실상의 상태가 일정한 기간 동안 계속된 경우에 그의 권리취득을 인정하는 제도이고, '소멸시효'는 어떤 권리를 가진 사람이 그 권리를 행사할 수 있음에도 불구하고 불행사의 상태가 일정한 기간 동안 계속된 경우에 그 권리의 소멸을 인정하는 제도다.

이 두 가지 모두 권리의 취득 · 소멸이라는 법률효과를 발생시키는 법률요건에 해당한다. 시효제도에 관한 규정은 강행규정이다.

다만 이것은 재산권에 관한 제도로서 신분관계에는 적용되지 않는다.

(2) 시효제도의 기본 취지

시효제도는, ⅰ) 사회질서를 유지하려는(즉 법적안정성의 확보) 목적, ⅱ) 과거의 사실에 대한 증명곤란을 구제하기 위한 목적, ⅲ) 권리행사를 게을리한 자를 제재하기 위한 목적에 기본 취지를 두고 있다는 것이 종래 통설의 입장이다. 판례 역시 유사한 입장이다.

대법원 1999. 3. 18. 선고 98다32175 전원합의체 판결

"시효제도는 **일정 기간 계속된 사회질서를 유지**하고 **시간의 경과로 인하여 곤란해지는 증거보전으로부터의 구제**를 꾀하며 **자기 권리를 행사하지 않고 소위 권리 위에 잠자는 자는 법적 보호에서 이를 제외**하기 위하여 규정된 제도라 할 것인바, 부동산에 관하여 인도, 등기 등의 어느 한 쪽만에 대하여서라도 권리를 행사하는 자는 전체적으로 보아 그 부동산에 관하여 권리 위에 잠자는 자라고 할 수 없다 할 것이므로, 매수인이 목적 부동산을 인도받아 계속 점유하는 경우에는 그 소유권이전등기청구권의 소멸시효가 진행하지 않는다."

(3) 비교: 제척기간

소멸시효와 유사하지만 다른 것으로 '제척기간'이라는 것이 있다. '제척기간'은 일정한 권리에 관하여 법이 미리 정한 그 권리의 존속기간을 말하며, 법률관계의 조속한 확정에 목적을 두고 있다. 특히 형성권에서 의미를 가진다. 예를 들어, 취소권은 추인할 수 있는 날로부터 3년 그리고 법률행위를 한 날로부터 10년 내에 행사하여야 하는데(제146조), 이 기간은 제척기간이다. 즉 취소권의 무기한적 행사를 제한하고자 법률이 정하고 있는 존속기간이다.

판례는 제척기간 내에 재판상 또는 재판 외의 권리행사가 있으면 그 권리가 보전된다고 하여 재판상 행사로 제한하지 않는데, 학설은 대립한다.

대법원 2000. 6. 9. 선고 2000다15371 판결

"민법상 수급인의 하자담보책임에 관한 기간은 **제척기간으로서 재판상 또는 재판 외의 권리행사기간이며 재판상 청구를 위한 출소기간이 아니라고 할 것**이다."

제척기간과 소멸시효의 차이점은 다음과 같다.

① 소멸시효는 기산일에 소급하여 권리가 소멸하지만, 제척기간은 그 기간이 경과한 때부터 장래를 향하여 권리가 소멸한다.

② 기산점에 차이가 있다. 즉 소멸시효는 '권리를 행사할 수 있는 때'부터 진행하지만, 제척기간은 '권리가 발생한 때'가 기산점이다.

③ 제척기간은 권리의 존속기간이므로, 소멸시효에서와 같은 기간의 중단이 없다. 따라서 제척기간은 법원이 직권으로 조사하여야 하는 사항이지만, 이와 달리 소멸시효는 당사자가 주장하여야 한다.
④ 소멸시효의 완성에 의하여 누군가 이익을 얻더라도 그 이익은 포기할 수 있지만, 제척기간의 경과에 의하여 누군가에게 이익이 생기더라도 그것을 포기하는 것은 불가능하다.
⑤ 소멸시효 기간은 당사자의 약정에 의하여 단축 또는 경감할 수 있다(제184조 제2항). 그러나 제척기간은 그렇지 않다.

2. 소멸시효의 요건

소멸시효에 의하여 권리가 소멸하려면, 그 권리가 소멸시효에 걸리는 권리임에도 불구하고 권리자가 권리를 행사하지 않는 것이 일정 기간 계속되어야 한다.

(1) 소멸시효에 걸리는 권리일 것

1) 소멸시효에 걸리지 않는 권리

소유권은 소멸시효에 걸리지 않는다(제162조 제2항). 그러므로 소유권에 기한 물권적 청구권도 소멸시효에 걸리지 않는다고 보는 것이 통설이다. 그 밖에 점유권, 유치권, 담보물권, 비재산권(가족권, 인격권) 등은 그 성질상 소멸시효에 걸리지 않는다.

2) 소멸시효에 걸리는 권리

채권이 대표적으로 소멸시효에 걸리는 권리다(제162조 제1항). 또한 소유권 이외의 재산권 중에서 물건의 사용 · 수익을 목적으로 하는 물권(용익물권)인 전세권, 지상권, 지역권도 소멸시효에 걸린다.

여기에서는 채권을 중심으로 다룬다.

(2) 권리를 행사하지 않을 것

이 요건을 판단하기 위해서는 언제부터 권리를 행사할 수 있는지가 선결되어야 한다. 즉 이 요건은 결국 소멸시효의 기산점에 관한 문제가 된다.

소멸시효는 '권리를 행사할 수 있는 때부터' 진행한다(제166조 제1항). 권리를 행사할 수 있는 때는 권리행사에 관한 '법률상의 장애가 없는 경우'를 의미한다. 예를 들어, ⅰ) 변제기를 정한 채권의 경우, 변제기가 확정기한이라면 그 기한이 도래한 때를 말하며, 불확정기한인 경우에는 객관적으로 그 기한이 도래한 때를 말한다. ⅱ) 기한의 정함이 없는 채권의 경우에는 채권이 발생한 때부터 소멸시효가 진행한다. 판례는 채무불이행으로 인한 손해배상청구권은 채무불이행이 있었던 대부터 진행한다고 한다. ⅲ) 부작위를 목적으로 하는 채권은 위반행위를 한 때부터 소멸시효가 진행한다(제166조 제2항).

대법원 2018. 11. 9. 선고 2018다240462 판결

"**채무불이행으로 인한 손해배상청구권의 소멸시효는 채무불이행 시부터 진행하는 것이 원칙**이다(대법원 2005. 1. 14. 선고 2002다57119 판결 참조). 다만 채무불이행으로 인한 손해배상청구권은 현실적으로 손해가 발생한 때에 성립하는 것이므로 **손해가 현실적으로 발생하였다고 볼 수 있어야 그때부터 소멸시효가 진행**한다. 이때 **현실적으로 손해가 발생하였는지 여부는 사회통념에 비추어 객관적이고 합리적으로 판단**하여야 한다(대법원 2017. 6. 19. 선고 2017다215070 판결 참조)."

(3) 소멸시효 기간

소멸시효가 완성되기 위해서는 권리를 행사하지 않고 있는 상태가 일정한 기간 동안 계속되어야 한다.

채권의 소멸시효 기간은 원칙적으로 10년이며, 예외적으로 3년(제163조) 또는 1년(제164조)의 단기소멸시효에 해당하는 채권도 있다. 다만 단기소멸시효에 걸리는 채권이더라도 변제기 경과 후 승소의 확정판결을 받은 경우에는 소멸시효 기간이 10년이다(제165조 제1항).

그 밖에 소멸시효에 걸리는 재산권의 시효기간은 20년이다(제162조 제2항)

3. 소멸시효의 중단과 정지

(1) 의의

소멸시효의 중단이란, 소멸시효가 진행하는 도중에 그 시효를 그대로 진행시키는 것을 부당하게 만드는 사유가 있다면 그 시점까지 경과한 시간을 소멸시효 완성에 의미 없는 것으로 하고, 그 시점부터 새롭게 소멸시효가 진행하게 하는 것을 말한다(제178조 참고). 가령 어떤 채권의 소멸시효가 5년 진행하였는데 그 시점에 중단사유가 발생한 경우 그 경과한 5년은 소멸시효 완성에 아무런 의미가 없어지며, 그 때부터 다시 10년의 소멸시효가 진행한다.

(2) 소멸시효의 중단사유

소멸시효는 청구, 압류 또는 가압류, 가처분, 승인의 사유로 중단된다(제168조).

1) 청구

소멸시효의 중단사유로서 청구는 원칙적으로 '재판상의 청구'를 의미한다(제170조). 따라서 채권자가 소멸시효를 중단시키기 위해서는 소를 제기하여야 한다. 이때 소의 종류는 불문하지만, 판례는 형사소송 및 행정소송은 해당되지 않는다고 한다. 재판상 청구에 의한 시효중단의 효력은 소를 제기한 때에 발생하며, 재판상 청구가 있더라도 각하, 기각, 취하된 경우 시효중단의 효력은 없다(제170조 제1항). 다만 이 경우 6개월 내에 다시 재판상 청구 등을 하면 최초의 재판상 청구로 인하여 시효가 중단된 것으로 본다(제170조 제2항).

2) 압류, 가압류, 가처분

'압류'는 국가가 강제로 타인의 물건이나 권리에 대하여 사실상 또는 법률상의 처분이나 권리행사를 금지하는 행위를 말하며, '가압류'는 금전지급을 목적으로 하는 채권이나 금전으로 환산할 수 있는 채권 등에 관해 채무자가 자신의 재산을 은닉하거나 매각하여 없앨 우려가 있는 경우 채권자의 권리를 보전하기 위하여 그 재산을 임시로 압류하는 법원의 처분이다.

또한 '가처분'은 금전이 아닌 특정 물건에 대한 채권에 있어서 채권자의 권리를 보전하기 위하여, 또는 분쟁 중에 있는 권리관계에 있어서 임시로 그 물건에 대한 지위를 정하기 위하여 법원의 결정에 의해 그 물건을 상대방이 처분하지 못하도록 금지하는 처분을 말한다.

이들 역시 소멸시효의 중단사유가 되며, 그 중단의 효력은 법원에 대한 명령신청 시에 소급하여 발생한다는 것이 통설이다. 다만 압류 등이 취소된 경우에는 시효중단의 효력이 없다.

3) 승인

'승인'이란 시효의 이익을 받을 자가 시효로 말미암아 권리를 잃게 될 사람 또는 그 대리인에 대하여 그 권리의 존재를 인식하고 있다는 뜻을 통지하는 것을 말한다. 승인에는 특별한 방식이 필요하지 않다. 이자의 지급, 일부변제, 담보제공 등을 묵시적 승인으로 보는 것이 판례의 입장이다.

(3) 소멸시효의 정지

시효기간이 완성할 무렵에 이르러 권리자가 시효중단행위를 하는 것이 불가능하거나 매우 곤란한 사유가 있을 수도 있다. 그 경우에 일단 그 시효기간의 진행을 멈추게 했다가 그 사유가 소멸했을 때 다시 나머지 기간을 진행하도록 하는 것을 소멸시효의 정지라고 한다. 제179조부터 제182조까지 소멸시효의 정지사유를 규정하고 있다.

가령 미성년자가 권리행사를 하지 않는 상태에서 소멸시효 기간이 거의 다 진행하여 곧 시효가 완성하는 상황임에도 그에게 법정대리인이 없다면 남은 기간 내에 권리행사를 하는 것을 기대하기 어렵다. 그리고 그것을 그대로 방치해 두면 미성년자 등 제한능력자의 보호에 불리한 결과가 된다. 따라서 소멸시효 기간이 만료되기 6개월 내에 제한능력자에게 법정대리인이 없는 경우에는 그가 행위능력자가 되거나(예컨대 성년이 되는 경우) 법정대리인이 취임한 때부터 6개월 안에는 소멸시효가 완성하지 않는다(제179조).

4. 소멸시효 완성의 효과

(1) 학설 및 판례

소멸시효가 완성된 경우 권리가 당연히 소멸하는지, 아니면 권리가 당연히 소멸하는 것이 아니라 단지 그 이익을 받을 자가 권리의 소멸을 주장할 수 있을 뿐인지에 관해 학설상의 논의가 있다.

우선 '절대적 소멸설'을 취하는 경우에는 소멸시효의 완성으로 권리가 당연히 소멸한다고 본다. 판례 역시 이와 같은 입장이다.

대법원 1991. 7. 26. 선고 91다5631 판결

"소멸시효에 있어서 **그 시효기간이 만료되면 권리는 당연히 소멸**하지만 **그 시효의 이익을 받는 자가 소송에서 소멸시효의 주장을 하지 아니하면 그 의사에 반하여 재판할 수 없고**, 그 시효이익을 받는 자는 시효기간 만료로 인하여 소멸하는 권리의 의무자를 말한다."

반면에 '상대적 소멸설'을 취하는 경우에는 시효의 완성으로 권리가 당연히 소멸하지 않고 시효의 이익을 받을 자가 권리의 소멸을 주장할 수 있을 뿐이라고 본다.

(2) 시효완성의 소급효

소멸시효가 완성되면 그 기산일에 소급하여 효력이 발생한다(제167조). 따라서 기산일 이후의 이자도 지급할 필요가 없다.

(3) 시효이익의 포기

시효이익은 포기할 수 있다. 이때 시효이익의 포기란, 시효의 완성으로 소멸하는 권리의 의무자가 시효완성으로 인하여 생기는 이익을 받지 않겠다고 하는 일방적 의사표시를 말한다. 시효이익을 포기한 경우 소멸시효 완성의 효과가 처음부터 발생하지 않은 것으로 된다. 즉 소멸시효 완성 시점으로 소급하여 권리소멸의 효과가 생기지 않는다.

시효이익을 포기한 경우에는 더 이상 소멸시효의 완성을 주장하지 못하며, 포기한 시점부터 새로운 소멸시효가 진행한다.

(4) 소멸시효 완성의 효과에 관한 몇 가지 쟁점

1) 재판상 시효완성 사실의 주장 여부

시효는 법원의 직권조사사항이 아니라 당사자가 주장 및 증명해야 하는 사항이므로 당사자는 소송에서 시효완성의 주장 또는 항변을 하여야 한다. 이에 대해서는 절대적 소멸설 또는 상대적 소멸설 중 어느 학설에 따르더라도 이견이 없다(앞의 '대법원 1991. 7. 26. 선고 91다5631 판결'을 참고할 것).

2) 시효 완성 후의 변제

절대적 소멸설은 시효 완성 후의 변제를 부당이득의 문제로 본다. 다만 제742조 또는 제744조의 비채변제 규정이 적용될 수 있으므로 그에 해당하는 경우에는 변제한 것의 반환청구는 불가능하다고 한다. 이에 반해 상대적 소멸설은 부당이득이 아니라 유효한 변제행위로 본다. 권리가 당연히 소멸한 것은 아니기 때문이다. 그러나 결론적으로는 어느 설에 따르더라도 반환청구는 인정되지 않는다.

3) 시효이익포기의 법적 성질

절대적 소멸설은 이에 대한 설명에 곤란함이 있다. 다만 시효완성의 이익을 받지 않겠다는 채무부담의 새로운 의사표시라고 보는 견해도 있다. 상대적 소멸설은 시효로 인한 의무소멸의 항변권(시효원용권)을 포기하는 의사표시로 본다.

사례연습

[사례] A는 2024. 4. 30. B가 운영하는 식당에서 외상으로 30만원어치 식사를 했다. 그 후 A는 외상값을 갚는다는 것을 잊고 지냈는데, 2025. 2. 10. 우연히 그 식당 앞을 지나다가 외상값의 기억이 떠올랐다. A는 그길로 은행에 가서 현금 30만원을 찾았고, 너무 시간이 오래 흐른 것이 미안하여 5만원을 더 보탠 총 35만원을 봉투에 넣어 식당을 찾아갔다. A가 식당주인에게 35만원을 건네자, 식당주인은 몇 달 전에 B가 식당운영을 그만두었고 지금은 자기가 인수해서 영업 중이라고 하면서 자기가 그 돈을 받을 수는 없다고 했다. 식당주인은 B의 소재지와 연락처는 알지 못했다. A는 어쩔 수 없다는 생각에 그냥 외상값을 갚지 않기로 하고 그 돈을 써버렸다. 그런데 2025. 6. 1. A는 길에서 우연히 B를 만났고, B는 외상값 30만원과 이자를 갚으라고 한다.

이때 A는 외상값과 이자를 갚아야 하는가?

제10장

물건에 대한 권리

물건에 대한 권리

Ⅰ. 물권이란

1. 의의

'물권'이란 특정한 물건을 직접 지배하여 이익을 얻을 수 있는 배타적 권리를 말한다.

2. 물권의 객체: 물건

(1) 정의

물건이란 유체물, 전기, 그 밖에 관리할 수 있는 자연력을 말한다(제98조). 즉 물건이기 위해서는 형체가 있어야 하고, 형체가 없더라도 관리할 수 있어야 하며(배타적으로 지배할 수 있어야 하며), 사람이 아니어야 하고, 다른 물건으로부터의 독립성이 있어야 한다.

(2) 부동산과 동산

토지와 토지의 정착물을 '부동산'이라고 한다(제99조 제1항). 토지의 정착물로서 가장 대표적인 것은 건물이다. 그러나 건물은 토지와 별개의 부동산이다.

그리고 부동산이 아닌 물건을 '동산'이라고 한다(제99조 제2항). 한편 금전은 동산에 속하지만, 일반적인 동산과는 달리 그 물질보다 표상된 가치에 의미가 있다는 특징이 있다.

Ⅱ. 물권의 종류

1. 물권법정주의

물권의 종류와 내용은 법률이나 관습법에 의하여 인정되는 것 이외에 당사자가 임의로 창설하지 못한다는 원칙을 '물권법정주의'라고 한다(제185조). 법률에 정해진 물권(민법에서 규정하는 8가지의 물권) 및 관습법상 인정되는 물권 외에는 당사자 간의 합의로 새로운 물권을 만들 수 없다. 그리고 법률이나 관습법으로 정한 물권의 내용을 당사자 간의 합의로 변경할 수도 없다.

배타성을 갖는 물권의 특성상 거래의 안전을 확보하기 위해서는 어떤 물건에 어떤 권리가 존재하는지를 외적으로 알 수 있어야 하는데, 그것을 명확하게 하기 위해서는 물권의 종류와 내용이 법률로 정해져 있어야 한다. 물권을 배타적 · 절대적으로 주장하기 위해서는 권리자가 인식하는 물권의 종류 및 내용과 외부에서 인식하는 그 물권의 종류 및 내용이 동일하여야 한다. 거래의 차원에서도 마찬가지다. 권리자가 처분하고자 하는 물권의 종류 및 내용과 상대방이 취득하고자 하는 물권의 종류 및 내용이 동일하게 인식되어야 거래의 안전을 확보할 수 있다. 물권법정주의는 이와 같은 이유에서 인정되는 원칙이다.

반면에 채권은 상대적인 권리이므로 채권 · 채무관계의 당사자만 그 내용에 관해 동일하게 인식하면 되고 외부에서 그것을 알 필요가 없다. 따라서 그 종류와 내용이 무제한적이라고 하였다.

2. 민법상 물권

민법은 8가지의 물권을 규정하고 있는데, 가장 완전한 물권으로서 소유권, 그리고 다른 물권과 조금 다른 성격을 가지는 점유권을 제외하고 6가지의 제한물권으로 이루어져 있다. 제한물권은 사용 · 수익, 그리고 처분 중에서 일부만을 제한적인 내용으로 하는 물권으로서 용익물권과 담보물권으로 나뉜다.

(1) 소유권

'소유권'은 특정한 물건을 직접적 · 배타적 · 전면적으로 사용 · 수익 · 처분할 수 있는 권리다(제211조). 즉 사용가치와 교환가치 모두를 가지는 완전한 물권이다.

소유권에 관해서는 제11장에서 따로 설명한다.

(2) 점유권

'점유'란 물건을 사실상 지배하는 것을 말한다. 따라서 점유는 사실에 관한 개념이며 규범적인 것은 아니다. 그런데 이 점유에 규범적 효력을 부여하는 것이 점유권이다. 즉 '점유권'은 점유라는 사실상태에 권리로서의 물권을 인정하는 것을 의미한다. 다른 물권과 달리, 점유권은 단지 물건에 대한 사실적 지배상태를 그대로 보호하는 것에 의의가 있다. 예컨대 임차인M이 건물X의 사용 · 수익을 목적으로 임대차계약을 체결함에 따라 임대인V에게 X의 사용 · 수익에 관한 채권을 가지고 있더라도, 그 채권만으로는 대세적 효력을 누릴 수 없다. 가령 그 건물에 무단으로 침입한 외부인에게 퇴거를 요구할 수 없다. 그 채권은 V에 대해서만 주장 및 행사할 수 있는 상대권이기 때문이다. 따라서 사실상의 지배를 보호할 필요성이 있고, 그에 따라 현재 그 건물을 점유하는 M에게 점유권이라는 물권을 인정할 필요가 생긴다. 점유권은 물권이므로 외부인에게도 주장할 수 있으며 그 결과 그 방해상태를 제거할 수 있다(제205조 제1항).

점유권은 물건을 사실상 지배함으로써 취득하고, 상실함으로써 잃는다(제192조). 그런데 이때 점유는 반드시 정당한 권원에 의할 것을 요구하지 않는다. 사실상의 지배만 존재한다면 그것이 정당한 권원에 의한 것이든 그렇지 않은 것이든 전부 점유권을 구성한다. 물론 점유를 정당하게 하는 권리가 존재하는 경우도 있다. 이를 '점유할 권리'라고 하여 점유권과 구별한다. 점유할 권리는 점유를 법률상 정당하게 하는 권리이며, 점유권에 대응하여 '본권'이라고도 한다.

예를 들면, 타인의 소유물을 절취하여 사실상 지배하고 있는 사람에게도 점유권은 있다. 다만 그 점유를 정당하게 하는 본권은 없는 것이 보통이다. 반면 자신의 소유물을 절취당한 사람에게는 소유권이라는 본권은 있지만 현재 사실상 지배를 상실하고 있는 결과 점유권은 없다. 물론 그 소유자는 소유권에 기해 소유물의 반환을 청구할 수 있다(제213조).

(3) 용익물권

용익물권은 물건이 가지는 사용가치를 목적으로 하는 물권이다. 따라서 용익물권을 가진 자는 그 목적물을 사용·수익할 수 있지만 처분할 수는 없다.

용익물권에는 지상권, 지역권, 전세권의 3가지가 있는데, 모두 부동산을 객체로 한다(부동산물권). 각각의 정의에 관해서는 제12장에서 설명한다.

(4) 담보물권

담보물권은 물건의 교환가치를 목적으로 하는 물권이다. 따라서 담보물권을 가진 자는 그 목적물을 일정한 경우에 처분할 수는 있지만 용익할 수는 없다.

담보물권으로 유치권, 질권, 저당권이 있다는 것은 각각의 정의 및 특징과 함께 앞서 설명하였다.

Ⅲ. 물권의 효력

1. 물권 사이의 효력

물권은 물건을 배타적으로 지배하는 권리이므로 하나의 물건 위에는 원칙적으로 하나의 물권만이 존재하여야 한다. 하나의 물건 위에는 내용상 양립할 수 없는 물권이 하나만 성립할 수 있다는 원칙을 '일물일권주의'라고 한다. 가령 하나의 물건에 둘 이상의 소유권이 성립할 수 없고, 두 개 이상의 물건에 하나의 소유권이 존재할 수 없다.

그러나 종류나 성질이 다른 물권은 하나의 물건 위에 동시에 성립할 수 있다. 예컨대 A소유의 X토지에 B가 지상권이나 전세권 또는 저당권 등을 가질 수 있다. 또한 하나의 물건 위에 순위가 다른 여러 개의 저당권이 성립할 수도 있다. 이로부터 물권 사이의 효력을 정리하면 다음과 같다.

① 하나의 물건 위에 소유권과 제한물권이 동시에 성립하고 있는 경우에는 제한물권이 소유권에 우선한다. 가령 A소유의 X토지에 대하여 B가 전세권을 가지고 있는 경우 X의 사용 · 수익은 전세권자인 B만이 할 수 있으며 그 범위에서는 소유권자A가 사용 · 수익할 수 없다.

② 먼저 성립한 물권이 나중에 성립한 물권에 우선한다. 가령 X토지에 관하여 A가 먼저 저당권을 취득하고 그 후에 B가 X에 관한 저당권을 취득했다면, A의 저당권이 B의 저당권에 우선하는 결과 X의 경매대금으로부터 A가 자신의 피담보채권액 전부를 우선변제받는다.

2. 채권에 대한 효력

어떤 물건에 관하여 채권과 물권이 상호 대립하는 경우에는 그 성립의 선후와 상관없이 물권이 우선하는 것이 원칙이다. 다만 등기된 임차권 또는 법률의 규정에 의한 대항력을 취득한 임차권과 같이 별개의 요건에 의해 대세적 효력을 가지는 채권도 있는데, 이러한 채권에 대해서는 성립의 선후에 따라 우열관계가 정해지는 예외도 있다.

Ⅳ. 물권의 변동

물권도 발생 · 변경 · 소멸한다. 이를 물권의 변동이라고 한다. 따라서 이와 같은 물권의 변동에 있어서도 그 원인이 존재한다. 역시 법률행위와 개별 법률의 규정이 물권변동이라는 법률효과에 대한 법률요건이 된다.

민법은 법률행위에 의한 물권변동과 법률행위에 의하지 않은 물권변동을 각각 규정하고 있다. 전자에 관해서는 총칙상의 권리변동원리에 더하여 물권의 특징이 반영된 추가적인 요건을 요구하며, 후자는 개별 규정상의 요건에 따른다. 이중에서 특히 법률행위에 의한 물권의 변동을 살펴본다.

1. 물권행위

법률행위로 인한 물권변동에서 그 법률요건이 되는 법률행위는 '물권행위'다. 물권행위란, 직접적으로 물권변동을 목적으로 하는 법률행위다. 여기에는 물권적 합의는 물론, 물권적 단독행위도 포함된다. 유의할 것은 물권행위를 채권행위와 개념상 구별해야 한다는 점이다. 물권행위는 물권의 종국적인 변동을 목적으로 하는 처분행위이므로, 물권행위의 결과 이행의 문제는 남지 않는다. 그러나 이와 달리 채권행위는 이행을 목적으로 하는 권리 · 의무를 발생시키는 행위다.

대개의 경우 채권행위는 물권행위의 원인이 된다. 이러한 관계에서는 채권행위를 물권행위의 '원인행위'라고 하기도 한다. 물론 원인행위(채권행위) 없이 물권행위만 존재하는 물권변동도 있다(예컨대 물권의 포기). 법률행위에 의한 물권변동에 관해 예를 들어 간단히 정리하면 다음과 같다.

(채권 · 채무의 변동을 위한) 법률요건 →	법률효과의 발생 →	(물권변동을 위한) 법률요건 →	물권변동을 위한 또 다른 요건 →	법률효과의 발생
채권행위 (원인행위)의 성립	K와 V사이의 채권 · 채무 발생	물권행위 (물권적 합의)	**공시방법**	K의 X소유권 취득
부동산X를 목적으로 하는 K와 V 사이의 매매계약		부동산X의 소유권이전을 목적으로 하는 K와 V 간 합의	부동산X의 소유권이전등기	

물권변동에 관한 부분(음영 표시 부분)만 따로 놓고 본다면, 물권행위라는 법률행위가 존재함으로써 법률요건을 갖추고 그에 따라 소유권취득이라는 법률

효과가 발생하는 것은 총칙상 권리변동의 일반적 구조와 같다. 다만 중간에 '공시방법'이라는 요건을 추가로 요구하는 것이 특징이다.

2. 물권의 변동요건으로서 공시방법: 공시(公示)의 원칙

물권은 대세권이며 배타권이다. 따라서 외부에서 그 종류와 내용을 통일적으로 인식할 수 있어야 한다. 이는 물권법정주의에 의하여 달성된다. 그러나 거래가 이루어지기 위해서는 그것만으로는 부족하다. 가령 A라는 사람이 X부동산의 소유권을 취득하려고 하는 경우를 가정해 보자. A는 자신이 취득하려는 소유권이 어떤 권리인지는 이미 알고 있다. 법률로서 소유권의 내용을 정해두고 있기 때문이다. 그럼에도 불구하고 A가 현재 X부동산의 소유자가 누구인지 알지 못한다면 처음부터 법률행위는 불가능하다. 누구에게 의사표시를 해야 하는지 알 수 없기 때문이다. 따라서 외부에서 누가 어떠한 물건에 어떠한 물권을 가지고 있는지 알 수 있게 하는 방법이 필요하다. 이것을 '공시방법'이라고 한다. 공시방법은 물권의 변동은 물론, 거래를 가능하게 만드는 수단으로서 기능한다. 따라서 이러한 목적 하에 민법은 공시방법을 취득하여야만 물권이 변동하는 것으로 정한다. 즉 물권이 변동할 때는 그 사실을 외부에서 인식할 수 있는 방법(공시방법)을 수반해야 하는데, 이러한 원칙을 '공시의 원칙'이라고 한다. 물권변동을 목적으로 하는 합의가 존재하더라도 공시방법을 갖추지 않으면 물권변동이 일어나지 않는다.

공시방법에는 여러 가지가 있다. 가장 대표적인 것만 살펴보면, 부동산의 공시방법은 '등기'의 이전(제186조), 동산의 공시방법은 '점유'의 이전('인도', 제188조)이다.

등기란, 국가기관인 등기관이 부동산에 관한 물권변동을 등기부라는 공적 장부에 법률이 정하는 절차에 따라 기록하는 것 또는 그 기록을 의미한다. 원칙적으로 하나의 부동산에는 하나의 등기가 있으며, 등기에는 소유권은 물론 제한물권에 관한 권리변동이 기재된다. 따라서 부동산물권을 취득하기 위해서는 그 취득자가 명의인으로 기록되어야 한다. 그렇지 않은 경우에는 비록 점유하고 있다고 하더라도 물권을 취득하지는 못한다.

점유가 사실상의 지배라는 점은 앞서 설명하였다. 동산물권의 경우 사실상의 지배가 이전되어야 공시방법을 갖추는 것이며, 그에 따라 물권이 변동한다. 한편 점유의 이전을 '인도'라고 한다. 예를 들어, 가구점에서 X식탁을 목적으로 하는 매매계약을 체결한 경우, X가 실제로 매수인의 지배영역으로 이전된 경우, 즉 X를 인도받은 경우에 비로소 그 매수인이 소유권을 취득한다.

3. 공시방법과 공신력: 공신(公信)의 원칙

'공신력'이란 공시방법이 진정한 권리관계와 다른 경우에 그 공시방법을 믿은 대로 법률상의 효과를 인정하고자 하는 것을 말한다. 거래가 이루어지기 위해서는 공시제도가 필요하며, 공시제도를 두고 있는 한 그 공시방법의 진정성 여부와 무관하게 그것을 믿은 자를 보호하여야 거래의 안전이라는 목적을 달성할 수 있을 것이다. 이를 위하여 '공신의 원칙'이 있다. 공신의 원칙이란, 공시방법을 신뢰하여 물권에 관한 거래를 한 경우 비록 그 공시방법이 진실한 권리관계에 부합하지 않더라도 공시방법을 신뢰한 자를 보호한다는 원칙, 즉 그 공시방법에 공신력을 인정한다는 원칙을 말한다. 이는 거래의 안전과 신속을 보장하고, 공시제도의 신용을 유지하기 위하여 필요하다.

가령 동산X를 소유권 없이 점유만 하고 있는 A로부터, A의 점유가 처분권 없는 것임을 과실 없이 모르는 B가 X를 매수하여 인도받은 경우, B는 X의 소유권을 취득한다. 설사 진정한 소유권자였던 C가 자신의 소유권을 주장하더라도 B는 정당한 소유권 취득을 주장할 수 있다.

그러나 민법은 공신력을 동산의 점유에만 인정하며(제249조 참고), 부동산의 등기에는 인정하지 않는다. 이는 논리필연적인 결론이라기보다는, 부동산 거래에 관해서 만큼은 거래의 안전보다 진정한 권리자를 보호하려는 정책적 취지에서 인정되는 예외다. 등기관이 부동산물권에 관한 실체관계를 일일이 파악하여 기록하지 못한다는 한계에 따른 예외이기도 하다. 그 결과, 예컨대 허위의 등기가 진실한 것이라고 믿고 부동산을 매수한 사람은 소유권을 취득하지 못하게 되며, 소유권은 여전히 진정한 소유권자에게 있다.

더 공부할 내용

점유권 관련 세부 내용, 물권행위의 독자성과 무인성 · 유인성, 부동산 등기, 물권의 소멸

▶ 관련과목: 물권법

사례연습

[사례1] A는 자신의 노트북X를 팔기 위해 인터넷 중고거래사이트에 올렸고, 그 게시물을 본 B가 X를 80만원에 구매하겠다고 하여 계약을 체결하였다. 그러나 A가 X를 B에게 배송하기 전, 이러한 사정을 과실 없이 모르는 C가 A에게 X를 90만원에 구매하겠다는 의사를 밝혔고 이에 A는 C에게 X를 팔기로 하는 계약을 체결하였다. 그 후 X는 C의 집으로 배송 완료되었다.

이때 X의 소유권은 누구에게 귀속하는가?

[사례2] A는 X토지의 소유자인데, B에게 X를 10억원에 매도하는 매매계약을 체결하고 매매대금 수령과 동시에 B명의로 소유권이전등기를 마쳐주었다. 그런데 그 매매계약은 선량한 풍속 기타 사회질서에 반하여 무효였고, 그 무효의 원인은 B에게 있었다. 이를 과실 없이 모르는 C는 X를 매수하고자 등기부를 열람해 보았고, 등기부상의 소유자 B와 유효한 매매계약을 체결하였다. 그리고 B로부터 자기 명의로 소유권이전등기까지 마쳤다.

이후 A는 C에게 자신이 X토지의 소유자라고 주장한다. 이 주장은 옳은가?

[사례3] A는 B소유 X아파트를 10억원에 매수하기로 하는 매매계약을 2024. 6. 1.에 체결하면서 계약금으로 1억원을 B에게 지급하였다. 해당 매매계약의 내용에 따르면 A는 2024. 7. 31.까지 중도금 6억원을 B에게 지급하고, 2024. 9. 1.에 잔금 3억원의 지급과 동시에 등기를 이전받기로 하였다. A는 정해진 중도금 지급기일에 6억원을 모두 지급하였고, 2024. 9. 1.이 되어 잔금 3억원을 B에게 지급하며 X아파트의 등기를 이전해 줄 것을 청구하였다. 그런데 B는 이미 2024. 8. 5.에 C에게 X아파트를 10억 5,000만원에 매도하였고, 2024. 8. 25.에 C의 명의로 소유권이전등기까지 마쳐주었다고 하면서, 자신은 더 이상 소유자가 아니어서 A에게 소유권을 이전해줄 수 없다고 하였다.

이때 A는 X아파트의 소유권을 취득할 수 있는가? (단, C는 A와 B의 매매계약에 관해 선의라고 가정)

제11장

소유권

소유권

Ⅰ. 소유권이란

1. 소유권의 의의 및 법적 성질

소유권은 완전한 물권으로서, 특정한 물건을 전면적으로 지배할 수 있는 권리다. 즉 물건이 가지는 가치(사용가치, 교환가치)를 전면적으로 지배할 수 있는 권리다(전면성). 다만 물건을 현실적으로 지배하는 권리가 아니라 지배할 수 있는 권리이며(관념성), 또한 여러 권능이 단순히 결합되어 있는 것이 아니라, 모든 권능의 원천이 되는 포괄적인 권리다(혼일성). 따라서 그 지배가 오직 사용 · 수익 · 처분의 각각의 형태로만 나타나는 것은 아니다.

한편 소유권은 제한물권의 제한을 받으면 일시적으로 그 권능의 일부를 사용할 수 없지만, 그 제한이 소멸하면 본래의 모습으로 돌아오는 성질(탄력성)이 있으며, 존속기한의 제한도 없다(항구성).

2. 소유권의 내용

(1) 사용 · 수익

물건의 사용 · 수익이란 물건이 가지는 사용가치를 실현하는 것을 말하며, 물건을 물질적으로 사용하거나(사용), 물건으로부터 생기는 과실(果實: 천연과실, 법정과실)을 수취하는 것(수익)을 포함한다. 예컨대 토지나 수목의 소유권자는 그것으로부터의 자연적 산출물(천연과실)의 소유권도 취득하며, 금전의 소유권자는 그것으로부터 발생하는 이자(법정과실)의 소유권도 취득한다.

(2) 처분

처분은 물건이 가지는 교환가치를 실현하는 것을 말한다. 이에는 물건의 소비, 변형, 개조 등의 사실적 처분과 양도, 담보설정 등의 법률적 처분이 모두 포함된다.

3. 소유권에 기한 물권적 청구권

(1) 물권적 청구권의 의의

물권의 배타성에 근거하면, 물권의 내용을 실현하는 것이 어떠한 사정으로 인해 방해당하고 있거나 방해 당할 염려가 있는 경우에 물권자는 방해자에 대하여 그 방해의 제거 또는 예방에 필요한 일정한 행위를 청구할 수 있어야 한다. 이러한 권리를 '물권적 청구권'이라고 한다. 민법은 점유권에 기한 물권적 청구권(제204조부터 제206조)과 소유권에 기한 물권적 청구권(제213조, 제214조)을 각각 규정하고 있다. 그리고 소유권에 기한 물권적 청구권 규정을 다른 물권에 준용한다.

(2) 소유권에 기한 물권적 청구권의 종류

1) 소유물반환청구권

소유자는 자신의 소유에 속한 물건을 점유하는 자에 대하여 그 물건의 반환을 청구할 수 있다. 그러나 점유자에게 그 물건을 점유할 권리가 있는 경우 점유자는 반환을 거부할 수 있다(제213조).

소유물반환청구권을 행사하여 소유권자가 점유를 회복하는 경우, 점유자가 점유하던 동안 존재하였던 일정한 사정에 따라 소유권자에게 권리 또는 의무가 발생하는 경우가 있다. 즉 소유물반환청구권의 행사는 점유자와 회복자(예컨대 소유권자) 사이의 관계를 남기는데, 이하에서 따로 설명한다.

대법원 1999. 7. 9. 선고 98다9045 판결

"불법점유를 이유로 하여 그 명도 또는 인도를 청구하려면 **현실적으로 그 목적물을 점유하고 있는 자를 상대로** 하여야 하고 불법점유자라 하여도 그 물건을 다른 사람에게 인도하여 현실적으로 점유를 하고 있지 않은 이상, 그 자를 상대로 한 인도 또는 명도청구는 부당하다."

대법원 1980. 9. 9. 선고 80다7 판결

"소유권에 기한 물상청구권을 소유권과 분리하여 이를 소유권 없는 전소유자에게 유보하여 행사시킬 수는 없는 것이므로 **소유권을 상실한 전소유자는 제3자인 불법점유자에 대하여 소유권에 기한 물권적 청구권에 의한 방해배제를 구할 수 없다**."

대법원 1973. 7. 24. 선고 73다114 판결

"건물을 신축하여 원시적으로 그 소유권을 취득한 자로부터 **그 건물을 등기않은 채 매수한 자가 일단 매도인으로부터 그 건물을 인도받았다 하더라도** 매도인은 장차 적법한 소유권이전등기를 하여줄 의무와 그 건물에 대한 완전한 권리행사를 함에 지장이 없도록 협력하여 줄 의무가 있다할 것이므로 **매수인은 그 건물의 불법점거자에 대하여 매도인을 대위하여 명도청구를 할 수 있다** 할 것이다."

2) 소유물방해제거청구권

소유자는 소유권을 방해하는 자에 대하여 방해의 제거를 청구할 수 있다(제214조 전단).

3) 소유물방해예방청구권

소유자는 소유권을 방해할 염려가 있는 행위를 하는 자에 대하여 그 예방 또는 손해배상의 담보를 청구할 수 있다(제214조 후단).

(3) 점유자와 회복자의 관계

1) 점유자는 과실을 취득할 수 있는가?

소유권자의 소유물반환청구에 따라 점유자가 그 물건을 반환하더라도 그 점유자가 선의였던 경우에는 점유하는 동안의 과실을 취득한다(제201조 제1항). 이때 '선의점유'란 점유자가 자신에게 점유할 권리, 즉 본권이 있다고 믿은 점유를 말한다. 이에 대하여 '악의점유'란 점유자가 본권이 없다는 것을 알았거나 본권의 유무에 관해 의심하면서 점유하는 경우를 말한다. 악의의 점유자는 수취한 과실도 반환하여야 하며, 그 과실을 소비하였거나 과실(過失)로 인하여 훼손 또는 수취하지 못한 경우에는 그 대가를 배상하여야 한다(제201조 제2항).

2) 점유물이 멸실 또는 훼손된 경우 점유자는 어떤 책임을 지는가?

점유물이 점유자의 유책사유로 인하여 멸실되거나 훼손된 경우, 악의의 점유자는 그 손해의 전부를 배상하여야 하며 선의의 점유자는 이익이 현존하는 한도에서 배상하여야 한다(제202조 제1문).

한편 소유의 의사가 없는 점유자는 선의인 경우에도 손해의 전부를 배상하여야 한다(제202조 제2문). 소유의 의사가 없는 점유를 '타주점유'라고 하며, 소유의 의사가 있는 점유를 '자주점유'라고 한다. 타주점유의 경우에 악의와 점유와 마찬가지로 취급하고자 하는 취지의 규정이다. 그런데 소유의 의사의 유무는 무엇을 기준으로 판단하는가? 판례는 점유자가 품고 있는 내심의 의사에 따라 결정하는 것이 아니라, 점유취득의 원인이 된 권원의 성질 또는 점유와 관계가 있는 모든 사정에 의하여 외형적·객관적으로 결정해야 한다는 입장이다. 이에 따르면, 소유권에 기초하거나 무효인 매매계약에 기초한 점유 등은 자주점유다. 점유취득의 원인에 소유의 의사가 객관적으로 전제되어 있기 때문이다. 반면에 임차권, 용익물권 등에 기초한 점유는 타주점유다. 점유취득의 원인에 소유의 의사가 객관적으로 존재하지 않기 때문이다. 가령 임차인의 점유에는 타인의 소유물을 점유한다는 사고가 객관적으로 전제되어 있다.

대법원 1997. 8. 21. 선고 95다28625 전원합의체 판결

"점유자의 점유가 소유의 의사 있는 자주점유인지 아니면 소유의 의사 없는 타주점유인지의 여부는 점유자의 내심의 의사에 의하여 결정되는 것이 아니라 **점유 취득의 원인이 된 권원의 성질이나 점유와 관계가 있는 모든 사정에 의하여 외형적·객관적으로 결정**되어야 하는 것"

3) 점유자가 점유물에 비용을 들인 경우에는 어떻게 되는가?

① 점유자가 점유물을 반환하는 경우에는 회복자에 대하여 그 점유물을 보존하기 위하여 지출한 금액을 비롯한 필요비의 상환을 청구할 수 있다(제203조 제1항 본문). 이때 점유자의 선의 · 악의 및 자주 · 타주점유는 문제되지 않는다. 그러나 점유자가 과실을 취득한 경우에는 통상의 필요비는 청구하지 못하는데(제203조 제1항 단서), 과실로써 통상의 필요비를 갈음한다고 보기 때문이다. 이때 통상의 필요비는 그 물건을 지속적으로 보존 및 관리하기 위하여 일반적으로 소요될 것이 예상되는 비용을 의미한다. 따라서 특별히 필요비를 지출한 경우에 그 범위에서는 상환청구가 가능하다. 예컨대 과수원을 점유하던 사람이 그것으로부터의 과실을 취득한 경우에는 그 과수원을 유지 · 관리하기 위하여 지출한 통상의 필요비는 상환청구하지 못하지만, 태풍 등 예측하지 못한 천재지변에 의하여 파손된 수목의 복구 등 특별한 유지 · 관리가 필요하여 비용을 지출했다면 그 특별한 필요비는 상환청구할 수 있다.

② 점유자가 점유물을 개량하기 위하여 지출한 금액을 비롯한 유익비에 관해서는 그 물건의 가액증가가 현존한 경우에 한하여 회복자의 선택에 따라 그 지출한 금액 또는 증가액의 상환을 청구할 수 있다(제203조 제2항). 이때에도 점유자의 선의 · 악의 및 자주 · 타주점유는 문제되지 않는다. 유익비는 물건의 유지 · 관리를 위하여 반드시 지출해야 하는 비용은 아니지만, 그 비용의 지출로써 물건의 가치가 상승한 경우 그 가치상승에 들어간 비용을 말한다.

Ⅱ. 소유권의 취득

1. 법률행위에 의한 취득

법률행위에 의한 소유권 취득에는 앞서 살펴본 물권변동의 원리가 그대로 적용된다. 따라서 부동산소유권을 취득하는 경우 등기의 이전이 필요하며(제186조), 동산소유권을 취득하는 경우 인도가 필요하다(제188조).

2. 법률의 규정에 의한 취득

민법은 법률행위에 의하지 않는 소유권 취득에 관한 규정을 다수 두고 있다(제187조, 제245조 이하). 그 중 동산의 선의취득(제249조 이하)과 취득시효(제245조 이하)에 관해서만 살펴본다.

(1) 동산의 선의취득

'선의취득'이란, 평온하고(폭력에 의하지 않고) 공연하게(숨기지 않고 드러낸 채로) 동산을 양수한 자가 선의·무과실로 그 동산을 점유한 경우 양도인이 정당한 소유권자가 아니더라도 양수인이 그 동산의 소유권을 취득하는 것을 말한다(제249조). 이는 동산의 점유에 공신력을 인정함에 따르는 것으로서, 무권리자로부터 소유권을 취득할 수 있는 근거가 된다.

그런데 이와 같은 선의취득도 그 본질은 법률행위에 의한 소유권 취득이다. 단지 무권리자로부터의 취득이라는 점에 특색이 있을 뿐이다. 다만 점유의 공신력을 인정하는 선의취득 규정에 의하여 비로소 소유권 취득이라는 물권변동이 발생한다는 점을 유념하여야 한다.

(2) 취득시효

1) 의의

어떤 사람이 권리자인 것처럼 권리를 행사하고 있는 사실상태가 일정 기간 동안 계속된 경우, 그가 진정한 권리자인지 묻지 않고 처음부터 권리자였던 것으로 인정하는 것이 '취득시효'제도다. 예를 들어, A가 B로부터 X토지를 매수하여 대금도 전부 지급한 후 계속 사용해 왔으나 등기는 하지 않은 채로 세월이 흘러 매매계약 관련 서류가 모두 없어진 경우, 일정 요건하에 A에게 소유권을 인정해주는 것이 그러하다.

민법은 부동산소유권의 취득시효(제245조)와 동산소유권의 취득시효(제246조)를 각각 규정하고 있는데, 여기에서는 부동산소유권의 취득시효만을 살펴본다.

2) 부동산소유권의 취득시효

부동산소유권의 취득시효에는 점유 취득시효와 등기부 취득시효의 두 가지 유형이 있다.

① 점유 취득시효는, ⅰ) 그 점유가 소유의 의사에 의한 점유(자주점유)여야 하고, ⅱ) 평온·공연한 점유여야 하며, ⅲ) 20년간 점유가 계속되어야 한다는 요건을 모두 갖춘 경우에 성립한다(제245조 제1항). 다만 이 요건을 모두 갖춘 경우 점유자는 등기청구권을 취득하고, 그 등기청구권을 행사하여 등기를 하여야 비로소 소유권 취득한다(통설 및 판례)는 점을 유의하여야 한다. 한편 점유 취득시효에 의한 소유권 취득의 효력은 점유를 개시한 때로 소급하여 발생한다(제247조 제1항).

대법원 2006. 9. 28. 선고 2006다22074, 22081 판결

"민법 제245조 제1항의 취득시효기간의 완성만으로는 소유권취득의 효력이 바로 생기는 것이 아니라, 다만 이를 원인으로 하여 **소유권취득을 위한 등기청구권이 발생할 뿐**이고, 미등기 부동산의 경우라고 하여 취득시효기간의 완성만으로 등기 없이도 점유자가 소유권을 취득한다고 볼 수 없다."

② 등기부 취득시효는, i) 부동산소유자로 등기가 되어 있을 것, ii) 자주점유일 것, iii) 평온 · 공연한 점유일 것, iv) 10년간 점유가 계속될 것, v) 점유자의 선의 · 무과실이라는 요건을 모두 갖춘 경우에 성립한다(제245조 제2항). 즉 이 요건을 모두 갖춤으로써 점유자가 소유권을 취득하는데, 그 효력은 점유를 개시한 때로 소급하여 발생한다(제247조 제1항).

더 공부할 내용

상린관계, 소유권 취득에 관한 그 밖의 규정, 공동소유
▶ 관련과목: 물권법

사례연습

[사례] B는 A의 소유인 X토지를 자기가 매수한 것처럼 매매계약서 등을 위조하여 자기 이름으로 소유권이전등기를 마쳤다. 그 후 B는 C에게 X토지를 매도하였는데, X의 등기부를 열람해본 C는 A가 소유자라는 것을 과실 없이 모르는 상태에서 B가 소유자인 것으로 알고 그로부터 X토지를 매수하였다. C는 자기 이름으로 소유권이전등기도 마쳤다. 이후 15년이 경과하였다.

(1) 이때 C는 X의 소유권자인가?

(2) 만일 C가 X의 소유권을 취득하였다면 그 시기는 언제인가?

제12장

물건을 사용·수익할 수 있는 권리

물건을 사용·수익할 수 있는 권리

Ⅰ. 용익물권

1. 의의 및 종류

용익물권이란, 타인의 물건을 사용 · 수익하는 것을 내용으로 하는 제한물권으로서 민법에는 다음 3가지가 규정되어 있다. 모두 부동산물권이다.

① '지상권'은 타인의 토지에 건물 그 밖의 공작물이나 수목을 소유하기 위하여 그 토지를 사용하는 권리를 말한다(제279조 이하).

② '지역권'은 일정한 목적을 위하여 타인의 토지를 자기 토지의 편익에 이용하는 권리를 말한다(제291조 이하).

③ '전세권'은 전세금을 지급하고 타인의 부동산을 점유하여 용도에 따라 사용 · 수익하고, 전세권이 소멸하면 그 부동산 전부에 대하여 후순위권리자 기타 채권자보다 우선하여 전세금을 변제 받을 수 있는 권리를 말한다(제303조 이하).

용익물권 역시 각각의 권리를 비교해가며 주요 내용을 살펴볼 의미가 있으나, 현 단계에서는 실제에서의 부동산용익에 관하여 전세권 및 그것과 유사한 권리를 비교해 가며 적절히 파악하는 것이 중요하다고 생각되는바, 전세권을 중심으로 다루고자 한다. 전세권은 채권인 임차권과도 일정한 관련성이 있다. 임차권은 물권은 아니지만, 역시 사용 · 수익을 목적으로 하는 권리임에는 다름이 없으며 부동산도 그 목적으로 하기 때문이다. 따라서 이 장에서는 이 두 가지 권리를 중심으로 설명한다.

더 공부할 내용

지상권, 지역권, 전세권에 관한 구체적 사항

▶ 관련과목: 물권법

2. 전세권과 임차권

(1) 전세권

전세권은 전세권설정계약과 전세권설정등기에 의하여 성립한다. 용익물권이지만 전세권자가 그 부동산의 사용대가를 지급하여야 하는 것은 아니다. 다만 전세금의 지급을 필요적 요소로 한다. 즉 전세금을 지급하지 않거나 지급하지 않는 것으로 특약을 한 경우 전세권은 성립하지 않는다.

그런데 전세권설정자의 입장에서는 자신의 부동산을 타인이 사용・수익하게 하는 대신 고액의 전세금을 빌리는 효과가 생기기도 한다. 이렇게 보면 전세권은 그 목적물의 관점에서는 용익물권이지만, 전세금에 관해서는 금전채권의 담보에 관한 문제가 되기도 한다. 따라서 전세금의 채권자인 전세권자는 전세금채권을 담보하기 위하여 별도의 저당권 등 담보물권을 설정하지 않고도 그 전세권을 담보목적으로 활용할 수 있다.

이와 같이 전세권은 용익물권임에도 불구하고 일부 담보물권성도 가지며, 그에 따라 우선변제권(제303조 제1항)이 있다. 즉 전세권의 목적인 부동산 전부에 대하여 그 경매대금으로부터 후순위권리가 및 일반채권자보다 전세금을 우선변제받을 수 있다. 또한 전세권자는 전세목적물에 대한 경매청구권(제318조)도 가지기 때문에, 전세권설정자가 전세금의 반환을 지체하는 경우 전세권자는 「민사집행법」이 정하는 바에 따라 전세목적물의 경매를 청구할 수 있다. 이를 통해 담보의 효력을 누리게 된다.

예컨대 A는 B소유 X건물에 대하여 5억원의 전세금을 지급하고 2024. 2. 1.자로 전세권설정등기를 마쳤는데, X건물에는 이미 2억원의 금전채권을 담보하기 위한 C은행의 2020. 4. 1.자 저당권이 설정되어 있었고, 또한 B가 D은행에서 2억원을 대출하면서 2025. 3. 10.자로 D은행에 저당권을 설정해 주었다고 하자. 이때 C은행이 자신의 저당권을 실행함에 따라 X건물이 경매에서 8억원에 낙찰되었다고 하면, A는 다른 담보권이 없더라도 자신의 전세권만으로 우선변제를 받을 수 있으므로 2순위에서 5억원의 전세금을 모두 배당받을 수 있다.

(2) 임차권

임차권은 임대차계약의 성립에 따라 임차인에게 발생하는 채권으로서, 임차목적물의 사용·수익을 목적으로 하는 권리다(제618조). 임차목적물은 동산·부동산을 불문한다. 부동산으로 목적물의 범위를 좁혀 보면, 그 부동산을 사용·수익하는 것을 내용으로 하는 권리라는 점에서는 전세권과 크게 다를 것이 없다.

그러나 임대차는 차임(사용료)을 본질적 요소로 하므로 임차인은 목적물의 사용·수익에 대한 대가로 임대인에게 차임을 지급하여야 하며, 또한 주택이나 상가 등의 임대차에서는 통상 보증금을 지급하는 것이 관행이지만 본래 임대차는 보증금을 요소로 하고 있지는 않다는 점 등에서 전세권과 차이가 있다.

나아가 임차권은 채권이므로, 목적부동산의 소유권자가 그 목적물을 처분한 경우에 소유권을 취득한 양수인이 임차인에게 소유권에 기한 물권적 청구권 등을 행사하는 경우 임차권을 완전하게 실현하지 못하게 될 수 있다. 새로운 소유권자에게는 채권의 효력이 미치지 않는 결과 자신의 임차권으로 대항할 수 없기 때문이다. 이 역시 절대권인 전세권과 다른 점이다.

Ⅱ. 주택임대차계약과 임차권

1. 「주택임대차보호법」의 의의

주거의 안정은 중요한 가치다. 그런데 주거를 위하여 주택을 목적으로 임대차계약을 체결하고 그로부터 임차권을 취득한 경우, 그것만으로도 해당 주택에 거주하면서 사용 · 수익하는 데는 문제가 없다. 그러나 앞서 설명한 임차권의 성질상, 임차목적물인 주택의 소유자가 변경되는 등의 사유로 임차목적의 실현이 곤란해질 가능성은 계속 존재한다. 이러한 상황으로부터 주거의 안정을 확보하고자 '주택'을 목적으로 하는 임대차계약에 관해서는 민법의 임대차 규정에 대한 특별법으로서 「주택임대차보호법(이하 '주택임대차법')」이 적용된다. 이 법은 국민 주거생활의 안정을 보장함을 목적으로 한다(동법 제1조).

2. 주택임대차법의 적용범위

주택임대차법은 주거용 건물(주택)의 전부 또는 일부를 목적으로 하는 임대차에 적용되며, 임차주택의 일부가 주거 이외의 목적으로 사용되는 경우에도 적용된다(동법 제2조). 그러나 원래 주거용이 아닌 건물을 임차하여 주거용으로 개조한 경우에는 적용되지 않는다.

한편, 주택임대차법은 어떤 계약에 적용되는가? 위 적용범위에 속하는 목적물의 '임대차'계약에 적용됨은 물론이다. 그런데 임차권은 대가로서 차임을 지급하고 주택을 사용 · 수익하는 채권이며 채권으로서의 임차권만으로는 주거의 안정을 완전하게 달성할 수 없다는 정책적 고려에 따라 특별법을 제정한 것인데, 이 문제는 비단 임차권에서만 나타나는 것은 아니다. 만일 타인의 주택을 사용 · 수익하고자 하는 사람이 임대차계약을 체결하지 않고 전세권설정계약에 따라 전세권설정등기를 함으로써 전세권을 취득하였다면, 그 권리는 물권이므로 전세목적물의 소유권자가 변경되어도 그 변경된 소유자에게 자신의 전세권을 주장할 수 있다. 이때에는 주거의 안정을 특별히 보장해야 할 문제는 발생하지 않는다. 그러나 실제 주택의 전세관계에서는 차임 없이 전세금을 지급하고 일정한 기간 동안 목적 주택을 사용 · 수익하도록 하면서 전세권설정등기는 하지 않는 경우가 대부분이다. 이 경우 그 주택의 사용 · 수익권자는 물권으로서의 전세권을 취득하는 것이 아니라 내용이 전세권과 동일한 채권을 취득하는 것에 불과하다. 이 권리를 이른바 '미등기 전세' 또는 '채권적 전세'라고 한다.

미등기 전세 역시 채권이므로 목적주택의 소유권자가 변경되는 경우 그에게 사용 · 수익권을 주장할 수 없는 문제가 마찬가지로 발생한다. 이 문제를 해결하기 위하여 주택임대차법은 임대차계약뿐만 아니라 미등기 전세에도 적용된다는 점을 명시하고 있다(동법 제12조).

3. 주택임대차법의 주요 내용

(1) 주택임대차의 대항력

여기까지 살펴본 바에 따르면, 결국 가장 중요한 것은 임차권을 대세적으로 주장할 수 있도록 함으로써 주거의 안정을 확보하는 것이다. 이에 주택임대차법은 임차권(또는 미등기 전세)이 채권임에도 불구하고 법률의 규정에 따른 요건을 갖추는 경우에는 '대항력'을 부여한다.

주택의 임대차는 등기가 없는 경우에도, 임차인이 i) '주택의 인도'와 ii) '주민등록'을 마친 때에는 그 다음날부터 제3자에 대하여 효력이 발생한다(동법 제3조 제1항). 예를 들어, 임차주택의 주소지로 전입하면서 그 주택에 이사하여 점유한 경우 두 요건을 모두 만족하게 된다. 이 제3자에 대한 효력을 대항력이라고 하며, 대항력이 생긴 이후에 새로운 이해관계를 맺은 자(가령 목적주택의 양수인)가 임차인에게 인도를 요구해도 임차인은 거절할 수 있다. 물론 대항력을 취득하기 전에 이해관계를 맺은 자에게는 대항하지 못한다. 임차인이 대항력을 가지는 경우에 임차주택이 양도된 때에는 그 양수인은 임대인의 지위를 승계한 것으로 본다(동법 제3조 제4항). 이는 마치 물권처럼 대세효가 인정되는 것이지만, 그렇다고 하여 채권이 물권으로 바뀌는 것은 아니다.

(2) 주택임대차의 존속보장

주거의 안정을 위해서는 임차권이 일정 기간 이상 존속되도록 하는 것도 중요하다. 이에 주택임대차법에서는 다음과 같은 존속보장의 규정을 두고 있다.

1) 임대차기간

당사자가 임대차기간을 정하지 않거나 2년 미만으로 정한 경우 임대차의 존속기간은 2년으로 본다(동법 제4조 제1항 본문). 그런데 이 규정은 '편면적 강행규정'이다. 편면적 강행규정이란 한쪽 당사자에 대해서만 강행적 효력을 가지는 규정을 말한다. 즉 이 규정은 임대인에 대해서만 강행적 효력을 가지는바, 임차인은 2년 미만으로 약정한 존속기간이 유효함을 주장할 수 있다(동법 제4조 제1항 단서). 다만 이것은, 주택임대차계약의 내용으로 정한 기간이 2년 미만(예컨대 1년)인 경우 임차인은 그 계약상 기간(1년)을 유효하게 주장할 수 있다는 뜻이라는 점을 유의하여야 한다. 다시 말해 계약으로 정한 기간이 2년임에도 그보다 더 짧은 기간(예컨대 1년)을 임차인이 임의로 주장할 수 있다는 의미는 아니다. 주택임대차기간도 계약의 내용으로서 채권 · 채무의 내용이 되므로 임차인은 그 정한 기간을 준수하여야 하는 것이 원칙이다.

한편 계약상 기간이 만료되어 임대차가 종료한 경우에도 임차인이 보증금을 반환받을 때까지 임대차관계는 존속하는 것으로 본다(제2항). 보증금반환청구권을 보호하기 위한 규정이다.

2) 계약의 묵시적 갱신

주택임대차계약이 종료한 후에 동일한 주택에 이어서 계속 거주하고자 하는 경우 원칙적으로 다시 임대차계약을 체결(갱신)하여야 할 것이다. 그러나 주택임대차법은 일정한 경우에 명시적인 의사표시가 없더라도 계약이 새롭게 체결되도록 하는 규정을 두고 있다.

임대인이 임대차기간이 끝나기 6개월 전부터 2개월 전까지의 기간에 임차인에게 갱신거절의 통지를 하지 않거나, 계약조건을 변경하지 않으면 갱신하지 않는다는 뜻의 통지를 하지 않은 경우에는 그 기간이 끝나는 때에 종전의 임대차와 동일한 조건으로 다시 임대차한 것으로 본다(동법 제6조 제1항). 이를 묵시적 갱신이라고 한다.

이때 계약내용 또는 조건은 종전 임대차와 동일하지만, 존속기간은 2년으로 본다(제2항). 다만 이 2년은 임차인이 반드시 거주해야 하는 기간은 아니며, 임차인은 묵시적 갱신된 기간 중 언제든지 임대인에게 계약해지를 통지할 수 있고(동법 제6조의2 제1항), 임대인이 그 통지를 받은 날부터 3개월이 지나면 그 해지의 효력이 발생한다(동법 제6조의2 제2항).

그러나 임차인이 2기의 차임액에 이르도록 차임을 연체하거나 그 밖에 임차인으로서의 의무를 현저히 위반한 경우에는 묵시적 갱신이 불가하다(동법 제6조 제3항).

3) 계약갱신의 요구

묵시적 갱신과 별도로, 임차인은 동일한 주택에 대한 임대차계약을 새롭게 갱신할 것을 임대인에게 요청할 수 있다. 주택임대차법은 임차인이 임대차기간이 끝나기 6개월 전부터 2개월 전까지의 기간에 계약의 갱신을 요구할 경우 임대인은 정당한 사유 없이 거절하지 못함을 규정한다(동법 제6조의3 제1항 본문).

다만 다음과 같은 사유가 존재하는 경우에는 임대인이 갱신을 거절할 수 있다(동법 제6조의3 제1항 단서). i) 임차인이 2기의 차임액에 해당하는 금액에 이르도록 차임을 연체한 사실이 있는 경우(제1호), ii) 임차인이 거짓이나 그 밖의 부정한 방법으로 임차한 경우(제2호), iii) 서로 합의하여 임대인이 임차인에게 상당한 보상을 제공한 경우(제3호), iv) 임차인이 임대인의 동의 없이 목적 주택의 전부 또는 일부를 전대한 경우(제4호), v) 임차인이 임차한 주택의 전부 또는 일부를 고의나 중대한 과실로 파손한 경우(제5호), vi) 임차한 주택의 전부 또는 일부가 멸실되어 임대차의 목적을 달성하지 못할 경우(제6호), vii) 임대인이 일정한 사유로 목적 주택의 전부 또는 대부분을 철거하거나 재건축하기 위하여 목적 주택의 점유를 회복할 필요가 있는 경우(제7호), viii) 임대인(임대인의 직계존속 · 직계비속 포함)이 목적 주택에 실제 거주하려는 경우(제8호), ix) 그 밖에 임차인이 임차인으로서의 의무를 현저히 위반하거나 임대차를 계속하기 어려운 중대한 사유가 있는 경우(제9호).

한편 임차인은 계약갱신요구권을 1회에 한해서만 행사할 수 있고, 이때 갱신되는 임대차 존속기간은 2년으로 본다(동법 제6조의3 제2항). 이 기간 역시 임차인이 반드시 거주해야 하는 기간은 아니며, 임차인은 갱신된 기간 중 언제든지 임대인에게 계약해지를 통지할 수 있고, 임대인이 그 통지를 받은 날부터 3개월이 지나면 그 해지의 효력이 발생한다(동법 제6조의3 제4항에 의한 제6조의2 준용).

갱신되는 임대차는 전 임대차와 동일한 조건으로 다시 계약된 것으로 보는데, 다만 차임과 보증금은 일정한 범위(제7조 제2항: 약정한 차임이나 보증금의 20분의 1의 금액 내)에서 증액 또는 감액할 수 있다(제6조의3 제3항).

(3) 보증금반환의 확보

주택임대차관계에서는 임대차 또는 미등기 전세의 보증금을 원활하게 돌려받을 수 있도록 확보하는 것도 중요한 문제다. 따라서 주택임대차법은 법률의 규정에 따른 일정한 요건을 갖춘 경우 그 임차권 또는 미등기 전세에 우선변제권을 인정한다.

1) 보증금의 우선변제권

임차권에 우선변제적 효력이 부여되기 위해서는, 주택의 임차인이 i) 대항력 요건을 갖추고, ii) 임대차계약서에 '확정일자'를 받아야 한다. 이 요건을 모두 갖추는 경우 그 임차인은 경매 등에 의한 임차주택의 환가대금에서 후순위 권리자 또는 기타 채권자보다 우선하여 보증금을 변제받을 권리가 있다(동법 제3조의2 제2항). 우선변제적 효력의 발생시기는, 만일 대항력 요건과 함께 확정일자를 받은 경우에는 주택의 인도와 주민등록을 마친 다음 날부터이고, 대항력 요건을 갖춘 후 확정일자를 받은 경우에는 확정일자를 받은 즉시다.

대법원 1999. 3. 23. 선고 98다46938 판결

"주택의 임차인이 **주택의 인도와 주민등록을 마친 당일 또는 그 이전에 임대차계약증서상에 확정일자를 갖춘 경우 같은 법 제3조의2 제1항에 의한 우선변제권은 같은 법 제3조 제1항에 의한 대항력과 마찬가지로 주택의 인도와 주민등록을 마친 다음날을 기준으로 발생**한다."

대법원 1992. 10. 13. 선고 92다30597

"가압류채권자가 주택임차인보다 선순위인지 여부는, **주택임대차보호법 제3조의2의 법문상 임차인이 확정일자 부여에 의하여 비로소 우선변제권을 가지는 것으로 규정하고 있음에 비추어, 임대차계약증서상의 확정일자 부여일을 기준으로 삼는 것으로 해석함이 타당**하므로, 대항요건을 미리 갖추었다고 하더라도 확정일자를 부여받은 날짜가 가압류일자보다 늦은 경우에는 가압류채권자가 선순위라고 볼 수밖에 없다."

그리고 판례는, 주택임차인이 대항력과 확정일자를 갖춘 후에 임대차계약이 갱신되더라도 대항력과 확정일자를 갖춘 때를 기준으로 종전 임대차 내용에 따른 우선변제권을 행사할 수 있다고 한다. 즉 종전 임대차계약에 따라 취득한 대항력과 우선변제권은 그 효력을 그대로 유지한다.

대법원 2012. 7. 12. 선고 2010다42990 판결

"주택에 관하여 임대차계약을 체결한 임차인이 주민등록과 주택의 인도를 마친 때에는 그 다음날부터 제3자에 대하여 대항력이 생기고, 또한 임대차계약증서에 확정일자를 갖춘 임차인은 민사집행법에 따른 경매를 할 때에 후순위권리자 등보다 우선하여 보증금을 변제받을 권리를 가진다. 그리고 **대항력과 우선변제권을 갖춘 임대차계약이 갱신된 경우에도 종전 보증금의 범위 내에서는 최초 임대차계약에 의한 대항력과 우선변제권이 그대로 유지**된다"

2) 임차권등기명령

임대차가 종료한 경우에도 임차인이 보증금을 반환 받을 때까지 임대차관계는 존속하는 것으로 보기 때문에 보증금을 아직 반환받지 못한 임차인은 그 주택을 계속 점유할 수 있다. 그리고 그때 대항력과 우선변제권도 효력이 유지된다. 그러나 경우에 따라서는 임차인이 더 이상 점유를 하지 못할 상황이 있을 수도 있는데(가령 이사를 가야 하는 경우), 이때 점유를 상실하게 되면 대항력 요건을 갖추지 못하여 대항력은 물론이고 우선변제적 효력까지 소멸한다. 그에 따라 우선변제 순위에서 제외되어 보증금반환채권을 확보하지 못하게 될 위험이 있다.

이 문제를 해결하기 위하여 주택임대차법은, 임대차 종료 후 보증금이 반환되지 않은 경우에 임차인이 '임차권등기명령'을 신청할 수 있도록 규정한다. 법원에서 임차권등기명령을 받은 경우 임대인의 의사와 상관없이 임차인은 일방적으로 그 목적주택에 관하여 임차권을 등기할 수 있고, 임차권등기에 의하여 임차인은 대항력과 우선변제권을 취득한다(동법 제3조의3 제5항 본문). 임차인이 임차권등기 이전에 이미 취득한 대항력이나 우선변제권은 그대로 유지되며, 임차권등기 이후에는 점유 등의 대항요건을 상실하더라도 이미 취득한 대항력이나 우선변제권을 상실하지 않는다(동법 제3조의3 제5항 단서).

3) 보증금 중 일정액의 보호

주택임대차법은 보증금 중에서 일부를 특별하게 보호받을 수 있는 규정을 두고 있다. 즉 대항력을 갖춘 임차인은 임차주택이 경매되더라도 보증금 중 일정 금액(일부분에 한하며 전액이 아님에 주의)을 다른 권리자(이미 설정되어 있는 선순위 담보물권자 포함)보다 우선하여 변제받을 수 있다. 다만 이러한 보호를 받을 수 있는 임차인이 누구인지, 그리고 그 임차인은 보증금 중 얼마까지 가장 우선적으로 변제받을 수 있는지 그 기준과 범위는 주택임대차법 시행령에서 지역별로 각각 규정하고 있다. 예를 들어 2023년 2월에 개정된 동법 시행령에 의하면, 서울특별시 기준으로 보증금이 1억6천500만원 이하인 임차인이 대상이며(동법 시행령 제11조), 5천500만원까지 최우선변제를 받을 수 있다(동법 시행령 제10조).

보증금 중 일정액의 보호는 우선변제권이 없어도 대항력만 갖추고 있으면 가능하다. 만일 우선변제권도 있다면 위 기준을 충족하는 보증금 중 일정액은 가장 선순위에서 변제받고, 나머지는 우선변제권에 의한 본래 배당순위에 따라 변제받는다.

사례연습

[사례] A는 시가 20억원의 X주택을 소유하고 있다. A는 B은행으로부터 2020. 6. 1.에 8억원을 대출받으면서 2020. 6. 10.자로 X에 대한 저당권설정등기를 마쳐주었다. 그 후 A는 친구 C로부터 2022. 4. 20.에 담보 없이 5억원을 빌렸고, 2023. 10. 1.에는 X주택에 관하여 보증금 10억원, 계약기간 2년으로 하는 미등기 전세계약을 D와 체결하였다. D는 2023. 10. 31.에 X주택에 입주하고 같은 날 주민등록을 마치고 확정일자를 부여받았다. B은행은 A가 8억원을 변제하지 않자 저당권을 실행하였고, 2024. 12. 2.에 X주택은 경매에서 E에게 19억원에 낙찰되었다.

이때 D가 보증금 전액을 변제받을 수 있는가? (A에게 다른 재산은 없다고 가정하며, 이자도 고려하지 않음)

제13장

법률관계로서의 가족

법률관계로서의 가족

Ⅰ. 가족법이란

1. 의의

민법에서 친족관계를 기초로 하는 법률관계에 관해 규율하는 부분을 강학상 가족법이라 한다. 가족법은 친족 상호 간의 권리의무를 규율하는 친족법(민법 제4편)과 사망한 사람의 재산을 일정한 친족이 무상으로 승계하는 권리의무를 규율하는 상속법(민법 제5편)으로 구성된다. 제13장에서 친족법의 기본적인 내용을, 그리고 제14장에서 상속법의 기본적인 내용을 다룬다.

2. 가족법상 법률행위

법률행위는 사법관계에서 권리 · 의무가 변동하는 가장 주된 원인 혹은 요건이라고 하였다. 가족법이 규율하는 영역 역시 사인 간의 관계에 해당하며, 이는 곧 가족관계도 법률행위에 의하여 형성됨을 의미한다. 친족법과 상속법에서는 다양한 법률행위가 등장한다. 혼인, 협의이혼, 입양, 유언 등이 그러하다. 그런데 우리가 지금까지 살펴본 재산법상의 법률행위, 가령 계약과 비교할 때 가족법상의 법률행위는 일정한 특징을 가진다.

가족법상 법률행위에도 법률행위 자유의 원칙이 적용되는 것은 물론이지만, 이때 자유는 '정형화된 효과를 전체적으로 받아들일 것인지 여부'의 자유로 제한된다. 재산법상의 법률행위는 그 내용이나 상대방에 관해 당사자의 자유가 상대적으로 넓게 인정됨에 반하여, 가족법상의 법률행위는 내용이나 상대방 등에 관하여 당사자가 관여할 수 있는 범위가 좁다. 가령 혼인을 예로 들면, 혼인의 당사자가 될 수 있는지, 누구와 혼인할 수 있는지, 혼인에 의하여 당사자 사이에 어떤 내용의 권리 · 의무가 발생하는지 등은 모두 법률로서 정해져 있는 것이 보통이다. 만약 누군가가 혼인을 하면서 상대방과의 합의를 통해 배우자 사이의 상속을 배제하거나, 혼인을 매개로 한 새로운 친족관계의 발생을 인정하지 않거나, 또는 평생 동거하지 않기로 하였더라도, 그러한 합의는 전혀 효력이 없다. 즉 혼인은 그 요건이나 효과가 미리 정해져 있으며, 당사자는 그 정해져 있는 것을 받아들일지에 관해서만 결정한다. 따라서 가족법상의 법률행위에 따르는 법률효과는 당사자의 의사에 관계없이 획일적으로 발생한다. 이는 가족법 질서가 선량한 풍속 기타 사회질서와 밀접한 관련이 있으며 그에 따라 대부분 강행규정으로 이루어져 있다는 점과도 일맥상통한다.

그럼에도 불구하고 법률관계로서 가족을 이해하기 위해서는 원칙적으로 법률행위를 기초로 하여야 한다. 다시 말해 가족을 하나의 집단으로 파악하기보다는, 개인이 스스로 주체가 되어 그 의사에 따라 특정한 상대방과 신분상의 권리 · 의무를 형성하는 관계로서 파악하는 것이 기본이 되어야 한다. 물론 개별규정에 의하여 성립 · 소멸하는 관계도 있다. 그리고 그렇게 형성된 관계로서 법적인 의미가 있는 것을 '친족'이라고 한다.

3. 친족이란

민법은 '가족'의 정의에 관해 규정하고 있기는 하다(제779조). 그러나 가족이라는 개념은 민법상 극히 예외적인 경우를 제외하고는 큰 의미가 없다. 오히려 개인 간의 신분관계를 친족이라는 개념으로 전제하여 그 당사자 사이에서의 권리 · 의무를 각각 규율한다.

(1) 의의

부모 또는 형제 등과 같이 혈연관계에 있는 사람 사이, 양부모와 양자녀의 관계처럼 혈연관계에 있는 것과 동일시되는 사람 사이, 또는 혼인을 통해 연결되는 사람 사이에 생기는 신분관계를 '친족'이라고 한다.

(2) 종류

배우자, 혈족, 인척이 친족이다(제767조).

1) 배우자

혼인으로 인하여 결합된 남녀, 즉 법률상의 남편 또는 아내를 배우자라고 한다(부부관계). 배우자는 혼인의 성립으로 발생하며, 한쪽 당사자의 사망이나, 혼인의 취소, 또는 이혼으로 소멸한다.

2) 혈족

혈연으로 연결된 사람을 혈족이라고 한다. 혈족에는 자연혈족과 법정혈족이 있는데, 자연혈족은 부모, 조부모, 외조부모, 형제자매와 같이 서로 자연적인 혈연의 연결이 있는 사람을 말하며, 법정혈족은 사실상의 혈연은 없지만 법률이 혈족으로 의제하는 사람을 말한다. 양부모와 양자녀의 관계는 법정혈족관계다.

자연혈족관계는 출생이라는 사건 또는 인지라는 의사표시에 의하여 발생하며, 사망이라는 사건에 의하여 소멸한다. 법정혈족관계는 입양이라는 법률행위에 의하여 발생하며, 입양의 취소 또는 파양(협의파양 또는 재판상 파양)으로 소멸한다.

또한 혈족은 직계혈족과 방계혈족으로 분류되기도 한다(제768조). 직계혈족은 혈연이 수직적으로 올라가거나(직계존속) 내려가는(직계비속) 관계를 말하며, 방계혈족은 공동의 시조에 의하여 연결되는 혈족관계로서, 자기의 형제자매, 그 형제자매의 직계비속, 직계존속의 형제자매 및 그 형제자매의 직계비속을 말한다.

3) 인척

인척이란 혼인에 의하여 성립되는 친족관계를 말한다. 민법은, '혈족의 배우자', '배우자의 혈족', '배우자의 혈족의 배우자'를 인척으로 규정한다(제769조).

예를 들어, 사위와 장인 · 장모, 또는 며느리와 시부모는 서로 혈족의 배우자 또는 배우자의 혈족인 인척관계다. 그리고 배우자의 형제자매의 배우자와 같은 소위 동서관계는 배우자의 혈족의 배우자인 인척관계다.

인척관계는 혼인에 의하여 발생하고, 혼인의 취소 또는 이혼으로 종료하며(제775조 제1항), 또한 부부 일방의 사망 후 생존 배우자가 재혼한 경우에도 종료한다(제775조 제2항). 법정혈족관계를 매개로 하여 인척관계가 발생한 경우에는 입양의 취소나 파양으로 이해 법정혈족관계가 소멸하면 인척관계도 종료한다.

사례연습

[사례1] A에게는 자녀C가 있는데, A가 B와 혼인한 경우 C는 B의 친족인가?

[사례2] A에게는 동생B가 있는데, B는 C와 혼인하였다. 이때 A와 C의 어머니D는 친족관계인가?

(3) 친족의 범위

1) 원칙

8촌 이내의 혈족, 4촌 이내의 인척, 배우자가 원칙적으로 친족의 범위에 속한다. 즉 다를 법률의 규정이 없는 한 친족관계로 인한 법률상의 효력은 이 범위에 미친다(제777조).

2) 촌수 계산

촌수는 친족관계를 발생하게 하는 출생의 수(世數)로 결정한다. 즉 직계혈족은 자기에게서 직계존속 또는 직계비속에 이르는 세수로 계산하며(제770조 제1항), 방계혈족은 같은 근원의 직계존속에 이르는 세수와 그 직계존속으로부터 직계비속에 이르는 세수를 합하여 계산한다(제770조 제2항). 그리고 인척의 촌수는, 배우자의 혈족은 배우자의 그 혈족에 대한 촌수에 따르고, 혈족의 배우자는 그 혈족에 대한 촌수에 따른다(제771조). 배우자 사이에는 촌수가 없다.

Ⅱ. 혼인

1. 혼인의 의의

혼인은 당사자가 일방적으로 해소할 수 없는 관계로서 법률에 의해 승인된 남녀의 생활공동체적 결합관계를 말하며, 이때 생활공동체적 결합관계란 부부가 정신적 · 육체적으로 결합하여 생활하는 것을 의미한다.

2. 혼인의 요건

(1) 혼인의사의 합치

혼인이 유효하게 성립하기 위해서는 당사자 사이에 혼인의사가 합치되어야 한다. 혼인의사가 합치되지 않은 경우 그 혼인은 무효다(제815조 제1항). 판례는 혼인의사의 합치에 관하여, 혼인의 효과의사 및 혼인신고를 하려는 의사(신고의사)가 모두 합치될 것을 요구한다.

대법원 1980. 1. 29. 선고 79므62, 63 판결

"단순히 피청구인으로 하여금 국민학교의 교사직으로부터 면직당하지 않게 할 수단으로 호적부상 부부가 되는 것을 가장하기 위하여 이루어졌을 뿐 **당사자 사이에 혼인의 합의 즉 정신적, 육체적 결합을 생기게 할 의사로서 신고된 것이 아니면 청구인과 피청구인간의 혼인관계는 무효**이다."

(2) 혼인할 수 있는 나이일 것, 그리고 동의가 필요한 혼인에서 동의를 받을 것

남녀 모두 18세가 되어야 혼인할 수 있다(혼인적령, 제807조). 만일 혼인적령에 미달하는 경우 그 혼인은 당사자 또는 법정대리인이 법원에 취소를 청구할 수 있다(제816조 제1호, 제817조 전단).

한편 혼인적령을 만족하더라도 미성년자가 혼인하는 경우에는 부모(또는 미성년후견인)의 동의를 받아야 한다(제808조 제1항). 법정대리인의 동의가 아니라 부모의 동의를 받아야 하는 점을 유의하여야 한다. 동의가 필요함에도 불구하고 동의를 받지 않은 경우 그 혼인은 당사자 또는 법정대리인이 법원에 취소를 청구할 수 있다(제816조 제1호, 제817조 전단).

(3) 혼인할 수 없는 관계가 아닐 것

8촌 이내의 혈족 사이의 혼인은 금지된다(제809조 제1항). 종래 8촌 이내 혈족 사이의 혼인은 무효로 규정하였는데(제815조 제2호), 아래와 같이 헌법불합치 결정으로 해당 조항은 효력을 상실하였다.

헌재 2022. 10. 27. 2018헌바115

(1) 8촌 이내의 혈족 사이에서는 혼인할 수 없도록 하는 민법 제809조 제1항(이하 '이 사건 금혼조항'이라 한다)이 혼인의 자유를 침해하는지 여부

[다수의견] "이 사건 금혼조항은 근친혼으로 인하여 가까운 혈족 사이의 상호관계 및 역할, 지위와 관련하여 발생할 수 있는 혼란을 방지하고 가족제도의 기능을 유지하기 위한 것으로서 **정당한 입법목적 달성을 위한 적합한 수단**에 해당한다. 이 사건 금혼조항은, 촌수를 불문하고 부계혈족 간의 혼인을 금지한 구 민법상 동성동본금혼 조항에 대한 헌법재판소의 헌법불합치 결정의 취지를 존중하는 한편, 우리 사회에서 통용되는 친족의 범위 및 양성평등에 기초한 가족관계 형성에 관한 인식과 합의에 기초하여 혼인이 금지되는 근친의 범위를 한정한 것이므로 **그 합리성이 인정되며, 입법목적 달성에 불필요하거나 과도한 제한을 가하는 것이라고는 볼 수 없으므로 침해의 최소성에 반한다고 할 수 없다**. 나아가 이 사건 금혼조항으로 인하여 법률상의 배우자 선택이 제한되는 범위는 친족관계 내에서도 8촌 이내의 혈족으로, 넓다고 보기 어렵다. 그에 비하여 8촌 이내 혈족 사이의 혼인을 금지함으로써 가족질서를 보호하고 유지한다는 공익은 매우 중요하므로 이 사건 금혼조항은 **법익균형성에 위반되지 아니한다**."

[반대의견] "이 사건 금혼조항이 정한 근친혼 금지는 인류 보편적으로 형성된 근친상간 금기에서 유래하는 것으로, 가족질서를 유지하고 가족제도의 기능을 보호하는 데에 그 입법목적이 있다. 그런데 이 사건 금혼조항은 근친상간 금기의 범위를 훨씬 넘어 8촌 이내 혈족을 모두 금혼의 대상으로 삼고 있다. 8촌 이내의 혈족을 '근친'으로 여기는 관념이 오늘날에도 여전히 지역이나 세대를 불문하고 보편적으로 받아들여지는 통념이라고 보기 어렵고, 친족인지 여부를 확인할 수 있는 별도의 신분공시제도가 마련되어 있는

것도 아니어서 상대적으로 촌수가 먼 친족의 경우에는 혈족관계의 존재나 그 촌수를 알기 어렵게 되었다. 독일, 오스트리아, 스위스, 프랑스, 영국, 일본, 중국 등 다수의 국가들이 이 사건 금혼조항에 비해 상대적으로 금혼의 범위를 좁게 규정하고 있고, 혼인의 자유는 보편적 인권으로서 존중되고 보호되어야 한다는 것이 오늘날 세계적으로 통용되는 관념이라 할 것이므로, 입법자는 국제규범과의 정합성을 고려하여 혼인제도를 형성하도록 노력하여야 할 것이다. 그럼에도 **이 사건 금혼조항은 만연히 민법상의 친족 범위에 맞추어 금혼의 범위를 규정**하고 있다. 유전학적 연구결과에 의하더라도 8촌 이내 혈족 사이의 혼인이 일률적으로 그 자녀나 후손에게 유전적으로 유해한지에 대한 과학적인 증명이 있었다고 보기 어려우므로, 유전학적 관점은 혼인의 상대방을 선택할 자유를 제한하는 합리적인 이유가 될 수 없다. 따라서 이 사건 금혼조항은 **입법목적 달성에 필요한 범위를 넘는 과도한 제한으로서 과잉금지원칙에 위배하여 혼인의 자유를 침해**한다. 다만 이 사건 금혼조항의 위헌성은 근친혼 금지의 광범성에 있으므로, 입법자가 금지되는 혼인의 범위를 합헌적으로 개선할 방법을 충분히 검토하여 새로이 혼인제도를 형성할 수 있도록 헌법불합치결정을 함이 상당하다."

(2) 이 사건 금혼조항을 위반한 혼인을 무효로 하는 민법 제815조 제2호(이하 '이 사건 무효조항'이라 한다)가 혼인의 자유를 침해하는지 여부

가. 재판관 5인의 헌법불합치의견

"이 사건 무효조항은 이 사건 금혼조항의 실효성을 보장하기 위한 것으로서 정당한 입법목적 달성을 위한 적합한 수단에 해당한다. 다만, 이미 근친혼이 이루어져 당사자 사이에 부부간의 권리와 의무의 이행이 이루어지고 있고, 자녀를 출산하거나 가족 내 신뢰와 협력에 대한 기대가 발생하였다고 볼 사정이 있는 때에 일률적으로 그 효력을 소급하여 상실시킨다면, 이는 가족제도의 기능 유지라는 본래의 입법목적에 반하는 결과를 초래할 가능성이 있다. **이 사건 무효조항의 입법목적은 근친혼이 가까운 혈족 사이의 신분관계 등에 현저한 혼란을 초래하고 가족제도의 기능을 심각하게 훼손하는 경우에 한정하여 무효로 하더라도 충분히 달성 가능**하고, **위와 같은 경우에 해당하는지 여부가 명백하지 않다면 혼인의 취소를 통해 장래를 향하여 혼인을 해소할 수 있도록 규정함으로써 가족의 기능을 보호하는 것이 가능**하므로, 이 사건 무효조항은 입법목적 달성에 필요한 범위를 넘는 과도한 제한으로서 침해의 최소성을 충족하지 못한다. 나아가 이 사건 무효조항을 통하여 달성되는 공익은 결코 적지 아니하나, 이 사건 무효조항으로 인하여 제한되는 사익 역시 중대함을 고려하면, 이 사건 무효조항은 법익균형성을 충족하지 못한다. 그렇다면, 이 사건 무효조항은 과잉금지원칙에 위배하여 혼인의 자유를 침해한다."

나. 재판관 4인의 헌법불합치의견

"이 사건 금혼조항에 대한 반대의견에서 밝히는 바와 같이 **이 사건 금혼조항은 그 금지의 범위가 지나치게 광범위하여 헌법에 합치되지 아니하므로, 이 사건 무효조항도 무효로 하는 근친혼의 범위가 너무 광범위하여 헌법에 합치되지 아니한다.** 이 사건 금혼조항의 개선입법으로 금지되는 근친혼의 범위가 합헌적으로 축소되는 경우에 그와 같이 축소된 금혼 범위 내에서 이 사건 무효조항은 그 입법목적의 정당성과 수단의 적합성이 인정된다. 이 사건 무효조항의 입법목적은 가령 직계혈족 및 형제자매 사이의 혼인과 같이 근친혼이 가족제도의 기능을 심각하게 훼손하는 경우에 한정하여 그 혼인을 무효로 하고 그 밖의 근친혼에 대하여는 혼인의 취소를 통해 장래를 향하여 혼인이 해소될 수 있도록 규정함으로써 기왕에 형성된 당사자나 그 자녀의 법적 지위를 보장하더라도 충분히 달성될 수 있다. 그럼에도 이 사건 무효조항은 이 사건 금혼조항을 위반한 경우를 전부 무효로 하고 있어서 침해최소성과 법익균형성에 반한다. 그렇다면 이 사건 무효조항은 과잉금지원칙에 위배하여 혼인의 자유를 침해한다."

한편, 당사자 사이에 직계 인척관계가 있거나 있었던 경우 그 혼인은 무효(제815조 제3호)이며, 당사자 사이에 양부모계의 직계 혈족관계가 있었던 경우에도 그 혼인은 무효다(제815조 제4호).

6촌 이내 혈족의 배우자, 배우자의 6촌 이내 혈족, 배우자의 4촌 이내 혈족의 배우자인 인척이거나 이러한 인척이었던 사람 사이의 혼인은 당사자, 그 직계존속 또는 4촌 이내의 방계혈족이 법원에 취소를 청구할 수 있다(제809조 제2항, 제816조 제1호, 제817조 후단).

또한 6촌 이내 양부모계 혈족이었던 사람 및 4촌 이내 양부모계 인척이었던 사람 사이의 혼인도 당사자, 그 직계존속 또는 4촌 이내의 방계혈족이 법원에 취소를 청구할 수 있다(제809조 제3항, 제816조 제1호, 제817조 후단).

(4) 중혼이 아닐 것

배우자가 있는 사람은 다시 혼인하지 못하며(제810조), 중혼은 당사자 및 그 배우자, 직계혈족, 4촌 이내의 방계혈족 또는 검사가 법원에 취소를 청구할 수 있다(제816조 제1호, 제818조).

(5) 혼인신고

혼인은 「가족관계의 등록 등에 관한 법률(이하 '가족관계등록법')」에 정한 바에 의하여 신고함으로써 성립한다(제812조).

더 공부할 내용

혼인의 무효와 취소에 관한 주요 내용, 사실혼

▶ 관련과목: 가족법(친족법)

3. 혼인의 효과

(1) 일반적 효과

1) 친족관계의 발생

부부는 배우자로서 서로 친족이 되며, 그 혼인을 매개로 하는 인척관계도 발생한다.

2) 부부 상호 간의 의무

부부는 서로 동거하고 부양하고 협조할 의무를 가진다(제826조).

이중에서 부양의무만 살펴본다. 본래 친족 사이의 부양의무(제974조)는 '생활부조의무(2차적 부양의무)'를 말한다. 이 부양의무는 부양권리자가 스스로의 자력이나 근로에 의하여 생활을 유지할 수 없는 경우에 한하여, 부양의무자가 자기 생계를 희생하지 않고 부양권리자의 생계가 유지될 수 있도록 하는 의무다(제975조). 그런데 예외적으로 부부 사이의 부양의무와 부모의 미성년자녀에 대한 부양의무는 '생활유지의무(1차적 부양의무)'에 해당한다. 이 부양의무는 부양의무자가 부양권리자와 동일한 정도의 생활을 할 수 있도록 부양해야 하는 의무를 의미한다. 따라서 부부 사이에서는 부양권리자가 자신의 생활을 희생하더라도 부양의무자가 자신과 동일한 정도의 생활을 유지할 수 있도록 하여야 한다.

대법원 1991. 12. 10 선고 91므245 판결

"민법 제826조 제1항이 규정하고 있는 부부간의 동거 · 부양 · 협조의무는 정상적이고 원만한 부부관계의 유지를 위한 **광범위한 협력의무를 구체적으로 표현한 것으로서 서로 독립된 별개의 의무가 아니라고 할 것**이므로, 부부의 일방이 정당한 이유 없이 동거를 거부함으로써 자신의 협력의무를 스스로 저버리고 있다면, 상대방의 동거청구가 권리의 남용에 해당하는 등의 특별한 사정이 없는 한, 상대방에게 부양료의 지급을 청구할 수 없다."

3) 성년의제

미성년자가 혼인하면 성년자로 본다(제826조의2). 이때 성년의제의 효과는 사법상 법률행위에 한정된다. 즉 행위능력이 있는 것과 같은 상태가 된다. 한편 혼인이 이혼이나 취소, 또는 사망 등으로 해소되더라도 한번 발생한 성년의제 효과는 소멸하지 않는다는 것이 통설이다.

(2) 재산상 효과

1) 부부별산제

부부재산계약(제829조)에 의하지 않는 경우, 법률의 규정(법정재산제)에 의하여 부부는 각자의 재산을 가진다. 이를 부부별산제라고 한다. 즉 각 당사자에게 각자의 재산을 인정한다. 따라서 부부 중 일방이 혼인 전부터 가진 고유재산 및 혼인 중 자신 명의로 취득한 재산은 그의 '특유재산'으로서, 부부가 각자 관리 및 사용 · 수익한다(제830조 제1항, 제831조). 다만 부부 중 누구에게 속한 것인지 불분명한 재산은 공유로 추정한다(제830조 제2항).

2) 혼인생활비용의 부담

가족의 의식주에 관한 비용, 자녀의 출산 · 양육 · 교육 등에 관한 비용 등 부부의 공동생활에 필요한 비용은 당사자 사이에 특별한 약정이 없으면 공동으로 부담한다(제833조). 이때 부담의 비율과 방법은 원칙적으로 부부의 협의에 의하며, 협의가 이루어지지 않는 경우에는 법원의 조정이나 심판에 의한다.

3) 일상가사의 대리

부부는 일상가사에 관해 서로 대리권(일상가사대리권)이 있다(제827조 제1항). 이는 법정대리권으로서, 그 대리권의 범위는 일상적인 범위(예를 들어, 부부의 공동생활에 통상적으로 필요한 물품의 구입 등)에 한정된다. 판례는 일상가사에 속하는 법률행위와 그 대리권의 범위에 관한 판단기준을 다음과 같이 제시한다.

대법원 1997. 11. 28. 선고 97다31229 판결

"민법 제832조에서 말하는 일상의 가사에 관한 법률행위라 함은 **부부의 공동생활에서 필요로 하는 통상의 사무에 관한 법률행위**를 말하는 것으로, **그 구체적인 범위는 부부공동체의 사회적 지위 · 직업 · 재산 · 수입 능력 등 현실적 생활 상태뿐만 아니라 그 부부의 생활 장소인 지역 사회의 관습 등에 의하여 정하여지나**, 당해 구체적인 법률행위가 **일상의 가사에 관한 법률행위인지 여부를 판단함에 있어서는 그 법률행위를 한 부부공동체의 내부 사정이나 그 행위의 개별적인 목적만을 중시할 것이 아니라, 그 법률행위의 객관적인 종류나 성질 등도 충분히 고려하여 판단**하여야 한다."

4. 이혼

(1) 협의상 이혼

협의이혼은 이혼에 관한 당사자 간 의사합치로서 혼인을 해소하는 법률행위다(제834조). 다만 가족법상의 법률행위가 가지는 비합리성 등의 특성상 당사자의 합의 외에 몇 가지 요건과 절차를 규정하고 있다.

협의상 이혼을 하기 위해서는, 우선 ⅰ) 당사자의 이혼의사가 합치되어야 하며, 그 의사합치에 관해 ⅱ) 법원의 확인을 받아야 한다. 이는 이혼의사의 확인을 위한 것이며 법원이 이혼을 허가하는 것이 아니라는 점을 유의하여야 한다. 그리고 법원의 확인을 위해서는 일정한 숙려기간을 거쳐야 하는데, 양육하여야 할 자녀가 있는 경우 숙려기간은 3개월이고 그렇지 않은 경우에는 1개월이다(제836조의2 제2항). 또한 양육하여야 할 자녀가 있는 경우에는 양육에 관한 사항 및 친권자를 결정하여야 한다(제837조 제1항, 제909조 제4항, 제836조의2 제4항). 협의이혼에 의하여 혼인이 종국적으로 해소되기 위해서는 iii) 이혼신고를 하여야 한다. 이혼신고는 가정법원으로부터 확인서등본을 교부 또는 송달받은 날부터 3개월 이내에 그 등본을 첨부하여 행하여야 한다(가족관계등록법 제75조 제2항).

(2) 재판상 이혼

재판상 이혼은 당사자 일방의 청구에 따라 법원의 판결에 의해 혼인을 해소시키는 것이다. 즉 당사자 일방의 이혼요구에 상대방이 응하지 않는 경우에도 그 의사에 반하여 이혼이 가능하므로, 강제적 이혼방법이라 볼 수 있다. 따라서 이를 폭넓게 인정할 것은 아니며, 법률로 정한 이혼원인이 존재하는 경우에 한하여 청구할 수 있도록 하고 있다.

재판상 이혼이 가능한 사유는 다음 6가지가 있다(제840조). i) 배우자가 부정한 행위를 한 경우(제1호), ii) 배우자를 고의로 유기한 경우(제2호), iii) 배우자 또는 그 직계 존속으로부터 심히 부당한 대우를 받은 경우(제3호), iv) 자신의 직계 존속이 배우자로부터 심히 부당한 대우를 받은 경우(제4호), v) 배우자의 생사가 3년 이상 분명하지 않은 경우(제5호), vi) 기타 혼인을 계속하기 어려운 중대한 사유가 있는 경우(제6호).

이중에서 제6호에서 규정하는 사유는 제1호부터 제5호까지의 사유와 달리 상대방 배우자 측에 원인이 존재하는 것이 아니라 중립적인 경우에 해당한다. 여기에서 혼인을 계속하기 어렵다는 것은, 부부 간의 애정과 신뢰가 바탕이 되어야 하는 혼인의 본질에 상응하는 부부공동생활관계가 회복할 수 없을 정도로 파탄되고 그 혼인생활의 계속을 강제하는 것이 배우자 일방에게 참을 수 없는 고통이 되는 경우로 보는 것이 판례의 입장이다.

이때 혼인생활관계가 당사자 중 일방의 잘못으로 파탄된 경우 그(유책배우자)에게 이혼청구권을 인정할 수 있을지가 문제된다. 당사자 중 일방의 잘못으로 혼인이 파탄되었더라도 제6호는 중립적인 사유에 해당하므로 그 원인제공 여부와 상관없이 재판상 이혼청구가 가능하다고 해석할 수도 있기 때문이다. 이 쟁점에 관하여 학설은 소위 유책주의와 파탄주의로 대립한다. 유책주의는 유책배우자의 재판상 이혼청구는 불허하여야 한다는 입장이고, 파탄주의는 혼인관계가 파탄되었다면 유책배우자의 재판상 이혼청구도 허용된다는 입장이다. 판례는 원칙적으로 유책주의를 취하고 있으나, 최근 대법원 전원합의체 판결은 기존의 유책주의 입장을 견지하면서도, 유책배우자의 이혼청구가 허용될 수 있는 예외를 넓게 인정한 바 있다.

대법원 2015. 9. 15. 선고 2013므568 전원합의체 판결

[다수의견] "(가) 이혼에 관하여 파탄주의를 채택하고 있는 여러 나라의 이혼법제는 우리나라와 달리 재판상 이혼만을 인정하고 있을 뿐 협의상 이혼을 인정하지 아니하고 있다. **우리나라에서는 유책배우자라 하더라도 상대방 배우자와 협의를 통하여 이혼을 할 수 있는 길이 열려 있다.** 이는 유책배우자라도 진솔한 마음과 충분한 보상으로 상대방을 설득함으로써 이혼할 수 있는 방도가 있음을 뜻하므로, 유책배우자의 행복추구권을 위하여 재판상 이혼원인에 있어서까지 파탄주의를 도입하여야 할 필연적인 이유가 있는 것은 아니다.

우리나라에는 파탄주의의 한계나 기준, 그리고 이혼 후 상대방에 대한 부양적 책임 등에 관해 아무런 법률 조항을 두고 있지 아니하다. 따라서 **유책배우자의 상대방을 보호할 입법적인 조치가 마련되어 있지 아니한 현 단계에서 파탄주의를 취하여 유책배우자의 이혼청구를 널리 인정하는 경우 유책배우자의 행복을 위해 상대방이 일방적으로 희생되는 결과가 될 위험이 크다.**

유책배우자의 이혼청구를 허용하지 아니하고 있는 데에는 중혼관계에 처하게 된 법률상 배우자의 축출이혼을 방지하려는 의도도 있는데, 여러 나라에서 간통죄를 폐지하는 대신 중혼에 대한 처벌규정을 두고 있는 것에 비추어 보면 이에 대한 **아무런 대책 없이 파탄주의를 도입한다면 법률이 금지하는 중혼을 결과적으로 인정하게 될 위험**이 있다.

가족과 혼인생활에 관한 우리 사회의 가치관이 크게 변화하였고 여성의 사회 진출이 대폭 증가하였더라도 우리 사회가 취업, 임금, 자녀양육 등 사회경제의 모든 영역에서 양성평등이 실현되었다고 보기에는 아직 미흡한 것이 현실이다. 그리고 우리나라에서 이혼율이 급증하고 이혼에 대한 국민의 인식이 크게 변화한 것이 사실이더라도 이는 역설적으로 **혼인과 가정생활에 대한 보호의 필요성이 그만큼 커졌다는 방증이고, 유책배우자의 이혼청구로 인하여 극심한 정신적 고통을 받거나 생계유지가 곤란한 경우가 엄연히 존재하는 현실을 외면해서도 아니 될 것**이다.

(나) 이상의 논의를 종합하여 볼 때, **민법 제840조 제6호 이혼사유에 관하여 유책배우자의 이혼청구를 원칙적으로 허용하지 아니하는 종래의 대법원판례를 변경하는 것이 옳다는 주장은 아직은 받아들이기 어렵다.**

유책배우자의 이혼청구를 허용하지 아니하는 것은 혼인제도가 요구하는 도덕성에 배치되고 신의성실의 원칙에 반하는 결과를 방지하려는 데 있으므로, 혼인제도가 추구하는 이상과 신의성실의 원칙에 비추어 보더라도 책임이 반드시 이혼청구를 배척해야 할 정도로 남아 있지 아니한 경우에는 그러한 배우자의 이혼청구는 혼인과 가족제도를 형해화할 우려가 없고 사회의 도덕관·윤리관에도 반하지 아니하므로 허용될 수 있다.

그리하여 상대방 배우자도 혼인을 계속할 의사가 없어 일방의 의사에 따른 이혼 내지 축출이혼의 염려가 없는 경우는 물론, 나아가 이혼을 청구하는 배우자의 유책성을 상쇄할 정도로 상대방 배우자 및 자녀에 대한 보호와 배려가 이루어진 경우, 세월의 경과에 따라 혼인파탄 당시 현저하였던 유책배우자의 유책성과 상대방 배우자가 받은 정신적 고통이 점차 약화되어 쌍방의 책임의 경중을 엄밀히 따지는 것이 더 이상 무의미할 정도가 된 경우 등과 같이 혼인생활의 파탄에 대한 유책성이 이혼청구를 배척해야 할 정도로 남아 있지 아니한 특별한 사정이 있는 경우에는 예외적으로 유책배우자의 이혼청구를 허용할 수 있다.

유책배우자의 이혼청구를 예외적으로 허용할 수 있는지 판단할 때에는, 유책배우자 책임의 태양·정도, 상대방 배우자의 혼인계속의사 및 유책배우자에 대한 감정, 당사자의 연령, 혼인생활의 기간과 혼인 후의 구체적인 생활관계, 별거기간, 부부간의 별거 후에 형성된 생활관계, 혼인생활의 파탄 후 여러 사정의 변경 여부, 이혼이 인정될 경우의 상대방 배우자의 정신적·사회적·경제적 상태와 생활보장의 정도, 미성년 자녀의 양육·교육·복지의 상황, 그 밖의 혼인관계의 여러 사정을 두루 고려하여야 한다."

[반대의견] "(가) 이혼에 대한 사회 일반의 인식, 사회·경제적 환경의 변화와 아울러 이혼 법제 및 실무의 변화 등을 함께 종합하여 볼 때, **유책배우자의 이혼청구라는 이유만으로 민법 제840조 제6호 이혼사유에 의한 재판상 이혼청구를 제한하여야 할 필요는 상당히 감소하였다.**

상대방 배우자의 혼인계속의사는 부부공동생활관계가 파탄되고 객관적으로 회복할 수 없을 정도에 이르렀는지 등을 판단할 때에 참작하여야 하는 중요한 요소라 할 수 있다. 그렇지만 그러한 의사를 참작하였음에도 **부부공동생활관계가 객관적으로 회복할 수 없을 정도로 파탄되었다고 인정되는 경우에, 다시 상대방 배우자의 주관적인 의사만을 가지고 형식에 불과한 혼인관계를 해소하는 이혼청구가 불허되어야 한다고 단정하는 것은 불합리하며,** 협의가 이루어지지 아니할 때의 혼인해소 절차를 규정한 재판상 이혼제도의 취지에도 부합하지 아니한다.

간통죄는 과거의 간통행위 자체에 대한 형사적인 제재인 반면 혼인파탄에 따른 이혼은 혼인의 실체가 소멸함에 따른 장래의 혼인 법률관계의 해소로서 제도의 목적과 법적 효과가 다르므로, 간통을 한 유책배우자에 대한 형사적 제재가 없어졌다고 하더라도, **민사상의 불법행위에 해당하는 간통행위로 인한 손해배상책임을 강화하는 것은 별론으로 하고, 혼인의 실체가 소멸한 법률관계를 달리 처우하여야 할 필요는 없다**.

(나) 위와 같은 여러 사정들을 종합하여 보면, 혼인관계가 파탄되었음에도 유책배우자가 이혼을 청구하고 상대방이 이를 거부한다는 사정만으로 일률적으로 이혼청구를 배척하는 것은 더 이상 이혼을 둘러싼 갈등 해소에 적절하고 합리적인 해결 방안이라고 보기 어렵다.

부부공동생활관계가 회복할 수 없을 정도로 파탄된 경우에는 원칙적으로 제6호 이혼사유에 해당하지만, 이혼으로 인하여 파탄에 책임 없는 상대방 배우자가 정신적·사회적·경제적으로 심히 가혹한 상태에 놓이는 경우, 부모의 이혼이 자녀의 양육·교육·복지를 심각하게 해치는 경우, 혼인기간 중에 고의로 장기간 부양의무 및 양육의무를 저버린 경우, 이혼에 대비하여 책임재산을 은닉하는 등 재산분할, 위자료의 이행을 의도적으로 회피하여 상대방 배우자를 곤궁에 빠뜨리는 경우 등과 같이, 유책배우자의 이혼청구를 인용한다면 상대방 배우자나 자녀의 이익을 심각하게 해치는 결과를 가져와 정의·공평의 관념에 현저히 반하는 객관적인 사정이 있는 경우에는 헌법이 보장하는 혼인과 가족제도를 형해화할 우려가 있으므로, 그와 같은 객관적인 사정이 부존재하는 경우에 한하여 제6호 이혼사유가 있다고 해석하는 것이 혼인을 제도적으로 보장한 헌법 정신에 부합한다.

그리고 **혼인파탄에 책임이 없는 배우자에 대하여 재판상 이혼을 허용할 경우에도,** 혼인관계 파탄으로 입은 정신적 고통에 대한 위자료의 액수를 정할 때에 주된 책임이 있는 배우자의 유책성을 충분히 반영함으로써 혼인 해소에 대한 책임을 지우고 상대방 배우자에게 실질적인 손해 배상이 이루어질 수 있도록 하며, 재산분할의 비율·액수를 정할 때에도 혼인 중에 이룩한 재산관계의 청산뿐 아니라 부양적 요소를 충분히 반영하여 상대방 배우자가 이혼 후에도 혼인 중에 못지않은 생활을 보장받을 수 있도록 함으로써, 이혼청구 배우자의 귀책사유와 **상대방 배우자를 위한 보호 및 배려 사이에 균형과 조화를 도모하여야 한다**."

(3) 이혼의 효과

1) 일반적 효과

이혼에 의하여 배우자 관계 및 인척 관계는 소멸한다. 따라서 배우자 사이의 동거 · 부양 · 협조의무 등 혼인으로 인해 배우자 사이에 생긴 모든 권리의무도 소멸한다.

2) 미성년자녀에 대한 효과

(가) 양육자 및 친권자의 결정

이혼 시 부모는 미성년인 자녀의 양육에 관한 사항(양육자의 지정, 양육비 지급 등)을 협의하여야 한다(제837조). 이때 양육이란, 자녀를 실제로 곁에 두고 보호하는 일과 분리될 수 없는 성질의 일을 말하며, 이는 모두 양육권의 범위에 포함된다. 그리고 양육하는 한쪽 당사자는 상대방에 대하여 현재 및 장래 양육비 중 적정 금액의 분담을 청구할 수 있다.

주의할 것은, 자녀의 재산에 관한 법률행위의 대리권이나 동의권 등은 친권자에게 속하며, 이혼 시에는 친권자도 정해야 한다는 점이다. 협의이혼의 경우에는 부모의 협의로 친권자를 정하고, 협의를 할 수 없거나 협의가 이루어지지 않는 경우 법원이 직권으로 또는 당사자의 청구에 의하여 친권자를 지정해야 한다. 그리고 부모의 협의가 자녀의 복리에 반하는 경우 법원은 보정을 명하거나 직권으로 친권자를 정한다(제909조 제4항). 재판상 이혼의 경우에는 법원이 직권으로 친권자를 정한다(제909조 제5항).

양육자와 친권자는 각각 정하므로 서로 다른 사람이 양육권과 친권을 가지게 될 수도 있으나, 실제로는 대부분 한 사람이 양육자이면서 동시에 친권자가 되는 것이 보통이다.

(나) 면접교섭권

면접교섭권이란, 미성년의 자녀를 양육하고 있지 않은 부 또는 모와 자녀가 직접 만나거나 편지나 전화 등으로 연락할 수 있는 권리다(제837조의2 제1항).

그런데 면접교섭권이 비양육친의 권리다보니 그 비양육친이 면접교섭권을 행사할 수 없는 경우에는 그 직계존속이 자신의 손자녀를 면접교섭할 기회를 보장받지 못하게 될 수도 있다. 이에 민법은 자녀를 직접 양육하지 않는 부모 일방의 직계존속은 그 부모 일방이 사망했거나 질병, 외국거주 기타 불가피한 사정으로 자녀를 면접교섭할 수 없는 경우 가정법원에 자녀와의 면접교섭을 청구할 수 있도록 규정한다(제837조의2 제2항).

면접교섭권의 행사 방법과 범위에 관해서는 부 또는 모가 자녀와 협의하여 결정하는 것이 원칙이지만, 협의가 안 될 경우 법원에 청구하거나 법원이 직권으로 결정한다.

3) 재산에 관한 효과

(가) 위자료(손해배상)청구권

협의이혼이든 재판상 이혼이든 그 방법을 불문하고 이혼에 책임이 있는 배우자는 상대방에게 위자료를 지급하여야 한다(제806조, 제843조). 물론 상대방 배우자에게 귀책사유가 없다면 위자료청구의 문제는 발생하지 않는다. 위자료 금액에 관하여 협의가 있는 경우에는 그것에 따르지만, 협의가 되지 않는 경우에는 법원에 위자료청구소송을 제기할 수 있다.

(나) 재산분할청구권

재산분할청구권은 혼인 생활 중 취득한 재산에 대해 분할을 청구할 수 있는 권리다(제839조의2, 제843조). 이는 혼인의 공동생활에 있어서 분리될 필요가 없었던 양 당사자의 재산에서 각자가 자신의 몫을 분리해가기 위한 것으로서, 유책배우자도 청구할 수 있다. 자신의 재산을 분할해가는 것일 뿐이며 책임의 문제가 아니기 때문이다.

재산분할의 방법과 액수는 원칙적으로 당사자의 협의에 의하여 정하지만, 만일 협의가 이루어지지 않거나 협의할 수 없는 경우에는 당사자의 청구에 의해 법원이 당사자 쌍방이 협력하여 이룩한 재산의 액수와 기타 사정을 고려하여 분할할 액수와 방법을 정한다. 그 방법에는 여러 가지가 있을 수 있으나, 보통 현물 분할, 대상 분할(한쪽 당사자가 특정 물건을 단독으로 소유하면서 상대방의 분할비율만큼 금전으로 지급하는 형태) 등에 의한다.

재산분할의 대상은 원칙적으로 부부가 혼인생활 중에 함께 노력하여 형성한 재산에 한정된다. 부부별산제에 따라 고유재산과 특유재산은 재산분할의 대상이 되지 않는 것이 원칙이지만, 상대방 배우자가 혼인생활의 기간 중 그 재산의 유지에 적극 기여한 경우에는 역시 재산분할의 대상이 된다.

Ⅲ. 부모와 자녀

부모와 자녀관계(친자녀관계)는 자연의 혈연관계인 '친생자관계'와 법률상 친자녀관계로 보는 '법정친자관계(양친자관계)'로 구분된다. 여기에서는 친생자관계에 관한 주요 내용만을 간략히 설명하고자 한다.

1. 친생자

(1) 친생자관계의 유형

1) 혼인 중의 출생자

법률상 혼인관계가 있는 부모 사이에서 출생한 자녀를 말한다.

2) 혼인 외의 출생자

부모가 법률상 혼인하지 않은 상태(부모의 혼인이 무효인 경우도 포함)에서 출생한 자녀를 말한다. 혼인 외의 출생자는 어머니와의 사이에서는 출생과 동시에 친자녀관계가 발생하는 것이 일반적이나, 생부와의 사이에서는 별도의 요건으로서 '인지'가 있어야 친자녀관계가 발생한다(제855조 제1항). 인지란, 혼인 외의 출생자를 자신의 자녀로 인정하는 의사표시이며, 인지신고에 의하여 한다(임의인지). 인지는 출생 시로 소급하여 효력이 발생하므로(제860조), 인지된 혼인 외의 출생자는 출생 시부터 아버지와의 친자녀관계가 형성된다.

생부 또는 생모가 임의로 인지를 하지 않는 경우에는 자녀와 그의 직계비속 또는 그의 법정대리인은 생부나 생모를 상대로 '인지청구의 소'를 제기할 수 있다(제863조, 제864조). 이는 생부나 생모의 의사에 반하여 인지의 효력을 강제하는 것이므로 임의인지에 대응하여 강제인지라고 하기도 한다.

(2) 혼인 중의 출생자의 친생자 추정

어머니와 자녀의 관계는 출생이라는 사실로부터 확정된다. 자신의 자녀로 확정할 수 있는 외관이 존재하고 확인할 수 있기 때문이다. 하지만 부자관계의 증명은 어렵다. 외관이 존재하지 않기 때문이다. 그 결과 아버지와 자녀의 관계를 정하는 방식은 크게 두 가지를 생각해 볼 수 있다. 하나는 출생한 자녀의 생부가 누구인지 과학적 또는 규범적으로 확정되기를 기다려 그와의 사이에서 친자녀관계를 인정하는 방식이고, 또 하나는 출생과 동시에 누군가를 그 출생한 자녀의 아버지로 추정하고 특별한 사정이 없는 한(가령 그 추정되는 사람이 아닌 다른 사람이 아버지라는 사정이 존재하지 않는 이상) 그 추정되는 상태를 그대로 유지시켜 주는 방식이다. 민법은 후자의 방식을 취하고 있다. 그것이 법률상 아버지와 자녀의 관계를 조속히 확정하고 그 존부를 둘러싼 분쟁을 원활하게 처리함으로써, 친자녀관계에 외부적 요소가 개입하지 않도록 하고 자녀의 복리를 보장할 수 있기 때문이다. 이에 따라 혼인 중의 출생자에 대하여 친생을 추정하는 규정을 두고 있다(제844조).

1) 친생자 추정의 요건

아내가 혼인 중에 임신한 자녀는 남편의 자녀로 추정한다(제844조 제1항). 즉 i) 부모가 법률혼관계에 있어야 하고, ii) 혼인 중 임신한 자녀여야 한다. 그런데 임신의 시기는 객관적으로 파악하기 어려우므로 다음의 요건을 통해 추정하고 있다. 혼인 성립일로부터 200일 후에 출생한 자녀(제844조 제2항) 또는 혼인 해소일로부터 300일 이내에 출생한 자녀(제844조 제3항)는 혼인 중에 임신한 것으로 추정한다. 실제로는 생모가 남편과의 성적교섭에 의해 임신한 자녀임이 전제되어야 하는데, 그것을 증명하기 어려우므로 추정하는 것으로 규정한다.

그러나 부부 일방이 장기간 해외에 나가 있거나 사실상의 이혼 등으로 부부가 별거하고 있는 경우와 같이 부부가 같이 살지 않아 아내가 남편의 자녀를 임신할 수 없는 것이 외관상 명백한 경우에는 위 두 요건을 모두 충족하더라도 친생자 추정이 미치지 않는다고 보는 것이 판례의 입장이다(소위 외관설).

대법원 1983. 7. 12. 선고 82므59 전원합의체 판결

"민법 제844조는 부부가 동거하여 처가 부의 자를 포태할 수 있는 상태에서 자를 포태한 경우에 적용되는 것이고 부부의 한쪽이 장기간에 걸쳐 해외에 나가 있거나 사실상의 이혼으로 부부가 별거하고 있는 경우등 동서의 결여로 **처가 부의 자를 포태할 수 없는 것이 외관상 명백한 사정이 있는 경우에는 그 추정이 미치지 아니하므로** 이 사건에 있어서 처가 가출하여 부와 별거한지 약 2년 2개월 후에 자를 출산하였다면 이에는 동조의 추정이 미치지 아니하여 부는 친생부인의 소에 의하지 않고 친자관계부존재확인소송을 제기할 수 있다."

2) 친생자 추정의 효과

친생자 추정을 받는 자는 원칙적으로 '친생부인의 소'에 의하지 않는 한 그 추정이 번복되지 않는다(제846조, 제847조). 또한 친생추정을 받는 자녀가 다른 사람을 상대로 제기한 인지청구도 허용되지 않고, 그 사람(생부)이 인지하는 것도 허용되지 않는다.

다만 혼인 종료 후 300일 이내의 출생 여부를 친생추정의 기준으로 삼는 것에 관해서는 헌법재판소의 헌법불합치 결정이 있었다(헌재 2015. 4. 30. 2013헌마623). 이 결정에서는 그 기준 자체가 입법형성의 한계를 넘었다고 볼 수는 없고 자녀의 법적 지위 안정을 위하여 친생추정 규정도 필요하지만, 친생추정에 아무런 예외를 허용하지 아니한 채 오직 친생부인의 소를 통해서만 친생추정을 번복할 수 있도록 한 것은 문제라고 하였다. 즉 아무런 예외 없이 일률적으로 300일의 기준만 강요함으로써 가족 구성원이 겪는 구체적이고 심각한 불이익에 대한 해결책을 마련하지 않고 있는 것은, 입법형성의 한계를 벗어난 것으로서 모가 가정생활과 신분관계에서 누려야 할 인격권 및 행복추구권, 개인의 존엄과 양성의 평등에 기초한 혼인과 가족생활에 관한 기본권을 침해한다고 하였다.

이 결정에 의하여 민법에는 친생추정의 효과를 깰 수 있는 간소한 절차가 다음과 같이 추가로 신설되었다.

① 친생부인의 허가 청구제도를 신설함에 따라, 어머니 또는 어머니의 전 남편은 혼인 종료 후 300일 이내에 자녀가 출생함에 따라 친생자 추정이 되는 경우에 가정법원에 친생부인의 허가를 청구할 수 있도록 하였다(제854조의2).

② 인지의 허가 청구제도를 신설함에 따라, 생부는 혼인 종료 후 300일 이내에 자녀가 출생함에 따라 친생자 추정이 되는 경우에 가정법원에 인지의 허가를 청구할 수 있도록 하였다(제855조의2).

2. 친권

부모가 그의 미성년자녀를 보호하고 교양할 권리 및 의무를 친권이라고 한다(제913조). 친권은 자녀에 대한 지배권이 아니며, 또한 부모의 개인적 이익을 위한 권리라고 볼 수도 없다. 부모는 미성년자녀의 친권자가 되며(제909조 제1항), 혼인 중인 때에는 부모가 공동으로 친권을 행사하는 것이 원칙이다.

친권자는 미성년자녀를 보호하고 교양할 권리·의무를 가질 뿐만 아니라 그 보호·교양을 위하여 필요한 범위 내에서 자녀의 거소를 지정하여 그 장소에서 거주시킬 수 있다(제914조). 그리고 미성년자녀의 법정대리인으로서, 법률에 특별한 규정이 있는 경우에는 자녀의 가족법상 행위를 대리할 수 있고(예컨대 제869조 제2항) 동의할 수 있다(예컨대 제869조 제1항). 물론 미성년자녀의 가족법상 행위에 대한 동의권은 대부분 친권자가 아닌 부모의 지위에서 부여된다는 점도 유의하여야 한다(예컨대 제808조 제1항 제1문). 또한 친권자는 미성년자녀의 재산에 대한 관리권을 가지며(제916조), 미성년자녀의 재산상 법률행위에 대한 대리권(제920조)과 동의권(제5조)을 가진다.

한편 부 또는 모가 친권을 남용하여 자녀의 복리를 현저히 해치거나 해칠 우려가 있는 경우, 법원은 미성년자녀, 미성년자녀의 친족, 검사 또는 지방자치단체장의 청구에 의해 그 친권의 상실을 선고할 수 있다(제924조 제1항 전단). 그러나 친권상실의 선고는 보충적이면서 최후의 수단이어야 하므로, 친권의 일시

정지(제924조 제1항 후단), 친권의 일부제한(제924조의2), 대리권·재산관리권의 상실선고(제925조), 또는 기타 다른 조치에 의해 자녀의 복리를 충분히 보호할 수 없는 경우에만 가능하다(제925조의2 제1항).

더 공부할 내용

입양(양자), 친권, 후견, 부양

▶ 관련과목: 가족법(친족법)

제14장

사망한 사람의 재산에 관한 법률관계

사망한 사람의 재산에 관한 법률관계

Ⅰ. 상속과 유언

1. 상속제도의 의의

근대법질서가 확립된 이후, 일반적으로 상속은 사람이 사망한 경우 그의 재산이 다른 누군가에게 이전되는 것으로 이해되어 왔다. 이것은 우리에게 익숙한 사유재산개념을 전제로 하면 당연한 결과로 인식될 수도 있다. 적어도 자본주의 관점에서는 사유재산제를 보장함에 따라 상속법은 당연히 인정되어야 하는데, 사유재산의 상속성은 자본의 축적과 장기적인 투자를 촉진하는 측면이 있기 때문이다.

그렇다면 가까운 친족에게 재산관계가 승계되는 상속제도의 근거는 어디에서 찾을 수 있는가?

첫째, 상속재산에 대한 가족구성원의 기여를 청산하는 의미에서 비롯된다. 상속을 받는 사람은 배우자, 직계비속, 직계존속 등 사망한 사람과 가까운 친족인데, 사람은 부부 및 자녀로 이루어진 가족공동체를 이루고 공동생활을 하는 경우가 보통이며, 이때 개인의 재산취득이나 형성은 다른 가족구성원의 협력에 근거하는 것이 일반적이기 때문이다. 상속은 이러한 협력이나 기여를 다시 각 구성원에게 분배하는 기능을 한다.

둘째, 생존 가족구성원에 대한 부양의 의미에서 비롯된다. 가령 주택이나 생활필수품 등 가족이 공동으로 사용하던 물건은 그 권리자의 사망 이후에도 나머지 가족구성원의 중요한 생활의 기초가 되므로, 기존의 생활환경이 그대로 유지될 필요성이 있다. 이를 통해 생존 가족구성원의 경제적 · 정서적 안정을 도모할 수 있을 뿐만 아니라 생존 가족의 생활보장을 위한 사적 부양의 기능도 수행한다.

셋째, 상속제도는 사망한 사람의 의사를 추측하여 그에 따라 재산을 이전시키는 의미에서 비롯된다. 특별한 사정이 없는 한 사망한 사람은 일정한 범위의 가족구성원에게 자신의 재산을 이전시키고자 하는 의사가 있었을 것이라는 점에 근거한다.

그러나 이는 상속제도에 관한 전통적 사고에 따르는 근거들이며, 고령사회 등 최근의 변화된 사회상 속에서는 상속제도의 존재 근거를 다양한 관점으로부터 새롭게 찾을 수도 있을 것이다.

2. 유언이란

(1) 유언의 의의

유언이란, 유언자의 사망과 동시에 일정한 법률효과를 발생시키는 것을 목적으로 일정한 방식에 따라서 하는 법률행위(상대방 없는 단독행위)를 말한다.

유언의 효력이 발생한 때에는 이미 유언자는 사망한 후이므로 민법은 그 의사와 내용을 명확하게 하기 위하여 특정한 방식을 따르도록 하고 있다(유언의 요식성, 제1060조). 즉 유언은 민법에 정한 5가지의 방식 중 하나로 하여야 한다(제1065조 이하). 유언의 방식에는, 자필증서에 의한 유언, 녹음에 의한 유언, 공정증서에 의한 유언, 비밀증서에 의한 유언, 구수증서에 의한 유언이 있다.

유언이 민법에 정한 방식대로 행해진 것이라면 상속인들은 이를 따라야 한다. 그러나 상속재산에 관해 유언이 없거나 무효인 경우에는 법률의 규정에 따라 상속이 이루어진다.

(2) 유언적령

17세가 되지 않은 사람은 유언할 수 없다(제1061조). 즉 행위능력과 상관없이 17세 이상인 사람은 유효한 유언을 할 수 있으며, 17세 미만인 사람은 유언을 하더라도 효력이 없다.

(3) 유증

유언은 유언자의 사망과 동시에 일정한 법률효과를 발생시키는 것을 목적으로 하는데, 특히 유언으로 누가 얼마를 증여 받을 것인가를 정한 것을 '유증'이라고 한다. 사망 후에 자신의 재산을 누구에게 어떻게 처분할 것인지는 당사자의 자유에 따르는 것이므로 유증은 그것을 구체적인 권리 · 의무로 실현하는 수단의 하나가 된다.

Ⅱ. 상속제도의 주요 내용

1. 법정상속의 의의

'상속'이란, 피상속인의 사망에 의하여 피상속인에게 속했던 모든 재산상의 지위를 상속인이 포괄적으로 승계하는 것을 말한다. 상속은 사람의 사망과 동시에 개시되며, 법률에 의하여 상속인으로 규정되어 있는 사람에게 곧바로 권리 · 의무가 포괄적으로 승계된다. 상속인이 상속의 개시를 알았는지 여부는 문제되지 않는다.

2. 상속순위

민법은 상속인이 되는 사람에 관하여 순서를 규정하고 있다(제1000조 제1항).

제1순위 상속인은 피상속인의 직계비속이고, 제2순위 상속인은 피상속인의 직계존속이다. 그리고 제3순위 상속인은 피상속인의 형제자매이며, 제4순위 상속인은 피상속인의 4촌 이내의 방계혈족이다. 배우자는 직계비속이나 직계존속이 있는 경우에는 같은 순위로 공동상속인이 되고, 직계비속이나 직계존속이 없는 경우에는 단독 상속인이 된다(제1003조).

같은 순위에 속하는 상속인이 여러 명인 경우(동일 세대가 아니라 여러 세대에 걸쳐 존재하는 경우)에는 피상속인의 최근친(촌수가 가장 가까운 사람)이 선순위자로 상속인이 된다(제1000조 제2항). 예를 들어, 피상속인에게 직계비속으로 자녀와 손자녀가 모두 있는 경우 자녀만이 상속인이 된다.

태아는 권리능력이 없지만, 예외적으로 상속 순위에 있어서는 이미 출생한 것으로 본다(제1000조 제3항).

3. 상속분

상속인이 한 명이라면 단독으로 상속을 받으므로 상속분을 따질 의미가 없다. 그러나 대부분의 상속은 여러 명의 상속인에게 공동상속의 형태로 이루어진다. 즉 공동상속인은 각자의 상속분에 따라 피상속인의 권리 · 의무를 승계한다. 상속인이 여러 명인 경우에는 상속재산은 그들이 분할하기 전까지는 그들의 공유가 된다(제1006조).

같은 상속 순위를 가진 사람들은 똑같은 비율로 재산을 상속받는다(제1009조 제1항). 다만 배우자는 직계비속과 공동으로 상속받는 경우에는 직계비속의 1.5배를 상속받고, 직계존속과 공동으로 상속받는 경우에도 직계존속의 1.5배를 상속받는다(제1009조 제2항).

4. 대습상속

(1) 의의

상속인이 될 직계비속(1순위 상속인)이나 형제자매(3순위 상속인)가 상속개시 전에 사망하거나 상속결격으로 인하여 상속인이 되지 못할 경우, 그의 직계비속이나 배우자가 있으면 그 직계비속이나 배우자가 사망한 사람 또는 상속결격자의 순위에 갈음하여 상속인이 되는 것을 '대습상속'이라고 한다(제1001조).

이 제도의 목적은 피상속인의 사망 전에 상속인이 상속권을 상실한 경우에도 그의 직계비속이나 배우자의 상속에 대한 기대를 보호함으로써 공평의 이념을 실현함과 동시에 그들의 생활을 보장하고자 하는 것에 있다.

(2) 요건

대습상속이 이루어지기 위해서는 아래 요건을 전부 만족하여야 한다.

① 상속인이 될 직계비속 또는 형제자매가 상속개시 전에 사망하거나 상속결격자가 되어 상속권을 상실하여야 한다.

② 대습상속인이 피대습자의 직계비속이거나 배우자여야 한다. 다만 배우자의 사망 후에 생존배우자가 그 사망배우자의 피상속인이 사망하기 전에 재혼하면 인척관계가 소멸하므로 대습상속권도 없다.

③ 대습상속인은 상속인의 자격을 상실하지 않아야 한다.

(3) 효과

대습상속인은 대습상속에 의하여 피대습자의 순위에 따라 피대습자가 받았을 상속분을 상속한다. 만일 대습상속인이 여러 명인 경우에는 피대습자의 상속분을 각각의 상속분 비율에 따라 나누어 받게 된다.

대법원 2001. 3. 9. 선고 99다13157 판결

"원래 대습상속제도는 대습자의 상속에 대한 기대를 보호함으로써 공평을 꾀하고 생존 배우자의 생계를 보장하여 주려는 것이고, 또한 동시사망 추정규정도 자연과학적으로 엄밀한 의미의 동시사망은 상상하기 어려운 것이나 사망의 선후를 입증할 수 없는 경우 동시에 사망한 것으로 다루는 것이 결과에 있어 가장 공평하고 합리적이라는 데에 그 입법 취지가 있는 것인바, 상속인이 될 직계비속이나 형제자매(피대습자)의 직계비속 또는 배우자(대습자)는 **피대습자가 상속개시 전에 사망한 경우에는 대습상속을 하고, 피대습자가 상속개시 후에 사망한 경우에는 피대습자를 거쳐 피상속인의 재산을 본위상속을 하므로** 두 경우 모두 상속을 하는데, 만일 피대습자가 피상속인의 사망, 즉 **상속개시와 동시에 사망한 것으로 추정되는 경우에만 그 직계비속 또는 배우자가 본위상속과 대습상속의 어느 쪽도 하지 못하게 된다면 동시사망 추정 이외의 경우에 비하여 현저히 불공평하고 불합리한 것**이라 할 것이고, 이는 앞서 본 대습상속제도 및 동시사망 추정규정의 입법 취지에도 반하는 것이므로, 민법 제1001조의 '상속인이 될 직계비속이 상속개시 전에 사망한 경우'에는 '상속인이 될 직계비속이 상속개시와 동시에 사망한 것으로 추정되는 경우'도 포함하는 것으로 합목적적으로 해석함이 상당하다."

5. 특별수익자와 그의 상속분

공동상속인 중에서 피상속인으로부터 재산의 증여나 유증을 받은 자가 있는 경우, 그가 받은 재산이 자기의 상속분에 이르지 못한 때에는 그 부족한 부분의 한도에서만 상속분이 있다(제1008조). 이때 그 증여나 유증을 **특별수익**이라고 한다. 즉 특별수익자인 상속인은 증여나 유증도 받고 그와 별도로 상속재산에 있어서도 또 다시 다른 상속인과 균분하여 상속을 받는 것이 아니다. 증여나 유증 역시 본래 받아야 할 상속분에 해당하는 재산을 미리 받거나 유언을 통해 받은 것으로 취급하기 때문에 본래 상속분에서 그 증여나 유증받은 것을 공제한 부족분에 관해서만 상속받는다. 물론 특별수익이 상속분을 초과하는 경우에는 그 특별수익자는 해당 상속에서는 상속분이 없다. 이미 상속분만큼 다 받은 결과가 되기 때문이다.

특별수익자의 구체적 상속분은 다음과 같이 산정한다.

> (상속개시 시 피상속인의 재산 가액 + 생전증여 가액) × 각 공동상속인별 법정상속분 − 특별수익자가 증여·유증 받은 가액 = 특별수익자의 상속분

대법원 1998. 12. 8. 선고 97므513,520,97스12 판결

"민법 제1008조는 공동상속인 중에 피상속인으로부터 재산의 증여 또는 유증을 받은 자가 있는 경우에 그 수증재산이 자기의 상속분에 달하지 못한 때에는 그 부족한 부분의 한도에서 상속분이 있다고 규정하고 있는바, 이는 **공동상속인 중에 피상속인으로부터 재산의 증여 또는 유증을 받은 특별 수익자가 있는 경우에 공동상속인들 사이의 공평을 기하기 위하여 그 수증재산을 상속분의 선급으로 다루어 구체적인 상속분을 산정함에 있어 이를 참작하도록 하려는 데 그 취지가 있는 것**이므로, **어떠한 생전 증여가 특별수익에 해당하는지는 피상속인의 생전의 자산, 수입, 생활수준, 가정상황 등을 참작하고 공동상속인들 사이의 형평을 고려하여 당해 생전 증여가 장차 상속인으로 될 자에게 돌아갈 상속재산 중의 그의 몫의 일부를 미리 주는 것이라고 볼 수 있는지에 의하여 결정하여야 할 것**이다."

6. 기여분

'기여분'이란, 공동상속인 중에 상당한 기간 동안 동거 · 간호 기타의 방법으로 피상속인을 특별히 부양하거나, 피상속인의 재산유지 또는 증가에 특별히 기여한 사람이 있는 경우 상속분을 산정할 때 그 특별한 기여 또는 부양을 고려하는 것이다. 기여분은 공동상속인 사이의 실질적 평등을 목적으로 하기 때문에 비상속인이 특별한 기여를 하였더라도 그것은 기여분과는 상관없다(제1008조의2).

기여분은 공동상속인들 사이의 협의를 통해 일정한 보상액으로 정한다. 그러나 다른 상속인들이 기여자의 노력을 인정하지 않거나 금액에 대한 합의가 이루어지지 않는 경우에는 기여자가 법원에 청구하여 일정한 보상액을 인정받을 수 있다.

기여분이 있는 경우에는 상속재산의 가액에서 기여분 가액을 공제한 것을 상속재산으로 보기 때문에, 그 경우 기여상속인의 구체적 상속분은 그 상속재산에서 법정상속분에 따라 산정한 상속분에 기여분을 더한 것이 된다. 즉 기여상속인은 기여분 가액만큼 받고, 그 외에 나머지 상속재산에서 다시 자신의 상속분만큼을 다른 상속인들과 균분하여 상속한다.

7. 상속의 승인과 포기

상속재산에는 권리뿐만 아니라 의무도 포함되므로 상속인의 의사를 고려하지 않은 채로 상속에 의한 당연포괄승계를 강제할 수는 없다. 피상속인이 생전에 저지른 결과를 상속인에게 일방적으로 부담시키는 것은 가혹하기 때문이다. 이에 따라 상속인의 자유의사와 이익을 보호하기 위한 제도가 필요한데, 이것이 상속의 승인과 포기다(제1019조 이하).

상속인은 피상속인의 재산을 조사한 후 상속을 승인하거나 포기할 수 있다. 상속의 승인이란, 상속을 포기하지 않겠다는 의사표시를 의미하며 이에는 단순승인과 한정승인이 있다. 상속의 포기란, 상속개시에 의하여 발생하는 권리의무의 승계를 상속개시 당시에 소급하여 소멸시키는 의사표시를 말한다. 이에 관해서는 아래와 같이 간략히 도표로 정리하여 비교해볼 수 있다. 더 자세한 내용은 가족법(상속법)에서 공부하는 것으로 미룬다.

	단순승인	한정승인	상속포기
상속재산의 상태	상속재산(적극재산) > 채무	상속재산 ≒ 채무	상속재산 < 채무
효과	상속재산뿐만 아니라 채무도 그대로 상속	상속재산의 한도 내에서만 채무에 대하여 책임 부담	상속을 받지 않게 되므로 상속재산은 물론 채무도 승계되지 않음
방법	한정승인이나 포기 등 특별한 의사표시를 하지 않거나 법률에 규정된 법정단순승인 사유(제1026조)가 있는 경우	원칙적으로, 상속개시를 안 날부터 3개월 내에 상속재산의 목록을 첨부하여 가정법원에 신고하여야 함	상속개시를 안 날부터 3개월 내에 가정법원에 포기의 신고를 하여야 함

8. 유류분

피상속인에게는 재산 처분의 자유가 있으므로 그는 상속될 재산을 특정한 상속인 또는 상속인이 아닌 사람에게 생전에 증여하거나 유증할 수 있다. 그런데 이를 전적으로 인정하게 되는 경우 법정상속인이 상속을 받지 못하거나 부족하게 받을 수도 있다. 이것은 피상속인과 상속인 사이의 친족관계 및 그 관계로부터 발생하는 부양의무 등의 측면에서 볼 때 부당하다. 상속제도가 존재하는 근거를 생각해 보면 그러하다. 따라서 법정상속인에게 그의 상속분 중 일부에 관해서는 피상속인의 생전처분이나 유증에도 불구하고 상속을 받을 수 있도록 확보해 줌으로써 그를 보호하는 제도를 두고 있는데, 이것을 유류분제도라고 한다.

(1) 유류분권과 유류분반환청구권

상속이 개시되면 일정한 상속인은 상속재산에 대하여 법률로 정한 일정비율을 취득할 수 있는 지위를 가진다. 이것을 유류분권이라고 한다.

그리고 이 유류분권으로부터 그 상속인에게는 자신의 유류분을 침해하는 증여나 유증을 받은 자에 대하여 그 유류분에 해당하는 재산의 반환을 청구할 수 있는 구체적인 권리가 파생되는데, 이것이 유류분반환청구권이다.

(2) 유류분권리자

피상속인의 직계비속, 배우자, 직계존속에게 유류분권이 있다(제1112조).

유류분권 행사의 전제로 상속권이 있어야 하므로 유류분을 주장하는 사람은 상속개시 시에 해당 상속순위에 있어야 한다. 그리고 태아 역시 상속에 관해서는 이미 출생한 것으로 보기 때문에 유류분권을 가진다. 대습상속인도 피대습자의 유류분의 범위 내에서 유류분권이 있다. 상속결격이나 포기로 인해 상속권이 없는 사람은 유류분권도 없다. 그러나 상속결격은 대습상속의 원인이 되므로 그 상속결격자의 배우자와 직계비속이 유류분권리자가 된다.

(3) 유류분 비율

피상속인의 직계비속은 그 법정상속분의 2분의 1, 피상속인의 배우자는 그 법정상속분의 2분의 1, 피상속인의 직계존속은 그 법정상속분의 3분의 1이 그들의 유류분이다(제1112조).

(4) 유류분의 산정

1) 유류분 산정의 기초가 되는 재산

유류분 산정의 기초가 되는 재산은, '상속개시 시에 가진 재산의 가액'에 '증여재산의 가액'을 더하고 '채무의 전액'을 공제하여 산정한다(제1113조 제1항). 즉 이는 상속재산 그 자체와는 구별된다.

(가) 상속개시 시에 가진 재산

이것은 상속재산 중 적극재산만을 의미한다. 유증한 재산은 아직 유증이 이루어지기 전이므로 역시 포함한다.

(나) 가산되는 증여재산

피상속인이 생전처분으로 유류분제도를 회피하는 것을 방지하기 위하여 일정 범위의 생전처분을 유류분산정의 기초가 되는 재산에 포함하고 있다. 그런데 이때 증여는 상속이 개시되기 전 1년 동안 행해진 것만 유류분산정에 포함하며, 다만 1년 전에 행해진 증여라도 당사자 쌍방이 유류분권리자에게 손해를 입힐 것을 알고 한 경우에는 산입한다. 특별수익으로 피상속인의 생전에 증여를 받은 상속인이 있는 경우, 특별수익은 그 증여가 상속개시 전 1년 동안 행해진 것인지 여부를 불문하고 가액을 산입하여야 한다는 것이 판례의 입장이다.

(다) 공제되어야 할 채무

상속인의 순취득분을 산정하기 위하여 채무를 공제한다. 이때 채무는 피상속인의 채무를 의미하며, 사법상의 채무는 물론 공법상의 채무(가령 세금, 벌금 등)도 포함한다.

2) 유류분액의 계산

위 '유류분산정의 기초가 되는 재산'의 가액에 그 상속인의 법정상속분과 유류분을 곱하여 그의 유류분액을 계산한다.

(5) 유류분의 보전

1) 유류분반환청구권

피상속인이 그의 재산에 관하여 증여나 유증을 한 결과 유류분권리자가 받을 상속가액이 유류분액에 미치지 못하게 되는 경우 유류분의 침해(부족)가 발생한다. 이때 유류분권리자는 그 부족한 한도에서 증여 또는 유증의 목적인 재산의 반환을 청구할 수 있다(제1115조 제1항).

2) 유류분 침해에 따른 부족액의 산정

유류분의 침해는 상속인이 상속으로 얻은 재산액에서 그의 상속채무 분담액을 공제한 '순상속분액'과 유류분액을 서로 비교하여 결정한다. 순상속분액이 유류분액보다 많으면 유류분의 침해가 없지만, 반대로 적을 경우에는 유류분의 침해가 있다. 즉 유류분부족액은 유류분액에서 순상속분액을 공제하여 계산한다.

3) 유류분반환청구권의 행사

유증과 증여가 모두 있는 때에는 먼저 유증의 반환을 청구하고, 그것으로 부족한 경우에 증여의 반환을 청구할 수 있다(제1116조). 따라서 증여를 받은 자는 2차적 반환의무자다. 그리고 2인 이상이 증여 또는 유증을 받은 경우에는 각자가 얻은 증여나 유증의 가액 비율로 반환하여야 한다(제1115조 제2항).

공동상속인들 사이에서도 유류분반환청구가 가능하다. 즉 상속인 중 일부가 피상속인의 재산을 과다하게 증여 또는 유증받음으로써 다른 상속인의 유류분을 침해하는 경우 그 다른 상속인은 유류분반환을 청구할 수 있다. 다만 이때 반환청구의 대상이 되는 것은 증여나 유증을 받은 상속인의 유류분액을 초과하는 부분에 한정된다. 그의 유류분도 보장되어야 하기 때문이다.

4) 유류분반환청구권의 행사기간

유류분반환청구권은 유류분권리자가 상속이 개시된 사실과 반환되어야 할 증여나 유증을 한 사실을 안 때로부터 1년 내에 행사하여야 한다(제1117조 제1문). 또한 상속이 개시된 때로부터 10년이 경과하여도 유류분반환청구권은 소멸한다(제1117조 제2문).

더 공부할 내용

상속회복청구권, 상속재산, 상속의 승인과 포기에 관한 세부 내용, 상속결격, 상속권의 상실, 상속재산의 분할, 상속인의 부존재

▶ 관련과목: 가족법(상속법)

사례연습

[사례1] A는 오랫동안 암 투병 중인 아버지를 지극히 간호했다. 그러던 중 아버지는 9억원의 재산을 남기고 사망했다. 남은 가족은 A의 어머니와 오빠, 남동생, 그리고 A 본인이다. 가족들은 A의 그 동안의 수고를 고맙게 여겨 아버지가 남긴 재산 중에서 1억원을 주기로 뜻을 모았다. 한편 A는 10년 전에 아버지로부터 결혼자금으로 1억원을 증여받은 사실이 있다.

이 경우 A가족의 상속관계는 어떻게 되는가?

[사례2] A에게는 배우자B와 자녀C, D, E가 있다. A는 15억원의 재산과 4억5천만원의 채무를 남기고 사망하였다. 한편 A는 생전에 D에게 결혼자금으로 3억원을 증여한 바가 있다.

이때 상속관계는 어떻게 되는가?

[사례3] A는 3억5천만원의 재산과 7천만원의 금전채무를 남기고 사망했다. A는 딸 C에게 2억5천만원을, 아내B와 아들D에게는 각 5천만원씩을 유증하기로 하는 유언을 남겼다.

이 경우 유류분까지 고려한 상속관계는 어떻게 되는가?

사례연습 해설

※ 아래 해설은 핵심만을 매우 간략하게 제시한 하나의 모범 예시일 뿐이다. 반드시 학습자 스스로 여러 관점에서 고민하고 완전한 논리구조를 지향하여 작성해 보기를 권장한다.

제2장 사례연습

[사례1]

(1) 의사표시자가 상대방과 합의하여 허위로 한 의사표시는 무효다. A는 X의 소유권이전에 관한 의사가 없었음에도 불구하고 상대방 B와 짜고 이와 다른 의사표시를 하였다. 따라서 이 매매계약과 소유권이전은 통정허위표시로서 무효다. 무효인 법률행위는 성립 당시부터 절대적으로 효력이 없으므로 A의 채권자인 G도 해당 법률행위의 무효를 주장할 수 있다.

(2) 통정허위표시의 무효는 선의의 제3자에게 주장할 수 없다. 이때 제3자는 당사자 또는 그 승계인 이외의 자로서 통정허위표시를 기초로 새로운 이해관계를 맺은 자를 말한다. C는 아무런 사정을 모르는 채로 X의 소유권 취득을 목적으로 하는 법률행위를 하였고, 그로부터 A와 B의 통정허위표시를 기초로 새로운 법률관계를 형성하였다. 따라서 A는 C에게 그 통정허위표시의 무효를 주장할 수 없는바, X의 소유권도 주장할 수 없다.

[사례2]

대리권이 있는 자가 한 대리행위의 효과는 본인과 상대방 사이에 발생한다. 대리행위란 본인을 위하여, 즉 본인의 이름으로 하는 법률행위를 말한다. 이때 대리인이 자기 성명은 표시하지 않고 본인의 이름만 표시하더라도 대리의사가 있으면 유효한 대리행위가 된다. B는 A로부터 대리권을 수여받은 임의대리인이며, A를 위한 의사를 가지고 A의 성명으로 계약을 체결하였으므로 이것은 본인A에게 유효한 대리행위가 된다. 따라서 이 계약에 따르는 법률효과가 A와 상대방 사에에 발생하며, A는 휴대폰 대금과 통신비를 납부할 의무가 있다.

제3장 사례연습

(1) 미성년자가 확정적으로 유효한 법률행위를 하기 위해서는 법정대리인의 동의를 받아야 하며, 그렇지 않을 경우 그 법률행위를 취소할 수 있다. A는 미성년자로서 법정대리인인 친권자의 동의 없이 X에 관한 계약을 체결하였으므로, A 또는 A의 법정대리인은 그 계약을 취소할 수 있다. 아직 B가 X를 점유하고 있으므로 A는 X의 매매 및 소유권이전에 관한 법률행위를 취소하고 그 반환을 청구할 수 있다.

(2) 소유권은 물권으로서 대세적 효력이 있지만, 채권은 대인적 효력이 있을 뿐이다. A는 X의 소유권자이며, C는 B와의 매매계약을 원인으로 B에 대하여 X의 인도채권을 가지고 있을 뿐이다. A는 대세권인 자신의 소유권을 C에게도 주장할 수 있으나, C는 대인권인 자신의 채권을 A에게 주장할 수 없다. 따라서 A는 C에게 X를 넘겨줄 필요가 없다.

제4장 사례연습

(1) 쌍무계약에서 한쪽 당사자의 채무가 양쪽 당사자의 책임 없는 사유로 이행할 수 없게 된 경우 채무자는 상대방의 이행을 청구할 수 없다. A는 채무의 목적물인 X를 주의의무를 다하여 관리하였음에도 자연재해라는 불가항력에 의하여 B에게 X의 인도채무를 이행할 수 없게 되었다. 채무자위험부담주의에 의하면 A의 채무와 함께 상대방 B의 채무도 소멸한다. 따라서 A는 B에게 매매대금 1,000만원의 지급을 청구할 수 없다.

(2) 쌍무계약 한쪽 당사자의 채무가 채권자의 수령지체 중에 양쪽 당사자의 책임 없는 사유로 이행할 수 없게 된 경우 채무자는 상대방의 이행을 청구할 수 있다. 채무자A의 이행제공에도 불구하고 채권자B의 부재로 인한 수령지체 중에 A와 B 모두에게 책임 없는 자연재해로 인하여 A가 채무를 이행할 수 없게 되었다. 채권자위험부담주의에 의하면 A의 채무가 소멸하더라도 상대방 B의 채무는 소멸하지 않는다. 따라서 A는 B에게 매매대금 1,000만원의 지급을 청구할 수 있다.

제6장 사례연습

(1) 불법행위가 성립하기 위해서는 가해자에게 귀책사유가 있어야 하고, 그에게 책임능력이 있어야 하며, 가해행위가 위법하여야 한다. 그리고 가해행위를 원인으로 하여 손해라는 결과가 발생하여야 한다. 이 요건들을 모두 만족하는 경우 그 효과로서 가해자가 손해배상책임을 부담하게 된다.

사례에서 특별한 사정이 없는 한 B에게 책임능력이 있다고 한다면, B는 운전 중에 기울여야 할 평균적 주의의무를 위반한 과실도 있다고 볼 수 있다. A는 신체의 상해를 입었는데 이 결과는 실질적으로 법질서에 반하는 것이므로 B의 가해행위는 위법하다고 할 수 있다. 또한 A는 이 교통사고를 원인으로 수술 및 입원비를 포함한 제반 치료비를 지출한 손해, 입원하지 않았다면 얻을 수 있었던 일실이익의 손해, 사고로 인한 정신적 손해, 재수에 소요된 비용의 손해, 재수에 따른 정신적 손해 등을 입었고, 이는 가해행위가 원인인 손해로서 인과관계도 존재한다.

이상과 같이 불법행위의 모든 요건을 충족하는 결과, B는 손해배상책임을 부담하며 A는 B에게 손해배상을 청구할 수 있다.

(2) 손해배상의 범위는 통상손해가 원칙이다. 통상손해는 그 종류의 불법행위가 있으면 보통 · 일반적으로 발생하는 것으로 예상되는 손해다. 즉 불법행위와 손해 사이에 구체적 관계와 일반적 관계가 모두 존재하여야 한다. B의 가해행위가 없었다면 A에게는 아무런 손해가 발생하지 않았을 것이므로 구체적 관계는 존재한다. 그리고 B의 가해행위와 같은 종류의 불법행위가 있으면 보통 · 일반적으로 수술비를 포함한 제반 치료비, 입원하지 않았다면 얻을 수 있었던 일실이익, 그 사고를 원인으로 하는 정신적 손해는 발생함을 예상할 수 있다. 따라서 이 사례에서 통상손해는 치료비 전액에 대한 손해, 일실이익의 손해 및 사고를 원인으로 하는 정신적 손해다.

그런데 A의 입장에서는 1년간의 재수에 소요된 비용 전액과 재수로 인하여 발생한 정신적 고통 역시 손해로 주장할 수 있을 것이다. 이 손해들에 대해서는 일반적 관계가 존재하지 않는 이상, 특별손해의 성립여부를 살펴보아야 한다. 특별손해가 손해배상의 범위에 포함되기 위해서는, 통상손해의 배상만으로는 완전하게 전보되지 않는 손해를 남기는 특별한 사정이 존재하여야 하고 또한 불법행위 시에 가해자가 그 특별한 사정을 알거나 알 수 있었어야 한다. 이 사례에서는 A가 수능시험을 앞두고 있는 학생이라는 점에 존재하는 특별한 사정은 있으나, 가해자B가 불법행위 당시에 그러한 사정을 알거나 알 수 있었다고 보기는 어렵다. 따라서 특별손해는 배상범위에 포함되지 않는다.

따라서 A는 교통사고로 인하여 발생한 치료비 전액에 대한 손해, 일실이익의 손해 및 사고를 원인으로 하는 정신적 손해를 범위로 하여 손해배상을 청구할 수 있다.

제9장 사례연습

음식료 채권은 1년간 행사하지 않으면 소멸시효에 의하여 소멸한다. 또한 소멸시효의 중단사유 중 승인은, 시효의 이익을 받을 자가 시효로 말미암아 권리를 잃게 될 자 또는 그 대리인에 대하여 그 권리의 존재를 인식하고 있다는 뜻을 통지하는 것으로서, 특별한 방식을 필요로 하지 않는다. B의 음식료 채권은 2024. 4. 30.부터 진행하여 본래대로라면 2025. 4. 30. 완성한다. 그러나 2025. 2. 10. A는 B에게 음식료 채무를 전부 변제하려고 하였으므로 이것이 승인에 해당하여 소멸시효가 중단하는지 보아야 한다. A는 음식료 채무를 전부 변제하고자 하는 취지를 통지하였으나 그 상대방은 B, 즉 시효로 인해 권리를 잃게 될 자가 아니었으므로 시효중단의 효력은 발생하지 않는다. 따라서 B의 음식료 채권은 본래대로 2025. 4. 30.에 소멸시효가 완성한다. 그 후 B가 A에게 음식료와 이자를 청구하더라도, A는 절대적 소멸설 또는 상대적 소멸설 중 어떠한 학설에 따르든 채무를 이행하지 않아도 된다. 즉 이 경우 A는 외상값과 이자를 갚을 필요가 없다.

제10장 사례연습

[사례1]

물권이 변동하기 위해서는 채권행위의 존재를 원인으로 하여 물권행위와 공시방법도 필요하다. 이때 동산의 공시방법은 점유의 이전, 즉 인도다. 노트북X를 목적으로 하는 매매계약은 A와 B, 그리고 A와 C 사이에 모두 유효하게 성립하였다. 다만 소유권은 물권이므로 이러한 원인행위에 의하여 소유권이전에 관한 물권적 합의와 공시방법까지 갖추어야 변동한다. 사례에서는 A와 C 사이에 C에게 X의 소유권을 이전하고자 하는 합의가 있음을 알 수 있으며 또한 X의 점유 역시 C에게 이전되었으므로 C가 소유권을 취득한다.

[사례2]

진정한 권리자와 공시방법이 불일치하는 경우 그 공시방법을 신뢰하여 거래한 자에게 그 신뢰한 대로의 효력을 인정하는 것이 공신의 원칙이다. 그러나 공신의 원칙은 부동산의 등기에는 적용되지 않는다. 사례에서 B의 소유권이전등기는 X토지의 매매계약이 무효임에 따라 원인무효의 등기가 된다. 이는 곧 X토지의 소유권이 A에게 있는 것이어서 진정한 권리자와 공시방법이 불일치하고 있음을 뜻한다. 그런데 그 등기가 말소되기 전에 B에게 처분권이 없음을 과실 없이 모르는 C가 X를 목적으로 하는 매매계약을 체결하고 소유권이전등기까지 마쳤다고 하더라도, 그 등기에 공신력이 인정되지 않는 이상 여전히 진정한 권리자는 A이며 C는 소유권을 취득할 수 없다. 따라서 A의 주장은 옳다.

[사례3]

물권이 변동하기 위해서는 채권행위의 존재를 원인으로 하여 물권행위와 공시방법도 필요하다. 이때 부동산의 공시방법은 등기의 이전이다. A는 B와 X아파트의 매매계약을 체결하였으나 아직 등기를 이전받지는 못하였다. 그 사이에 B는 X를 C에게 매도하고 그에게 소유권이전등기까지 마쳐주었다. B와 C의 관계에서는 2024. 8. 5. 당시 X아파트의 소유권자였던 B가 C와 매매계약을 체결하고 자신의 처분권에 근거하여 C에게 소유권을 이전해 준 것에 원칙적으로 아무런 문제가 없다. C는 물권변동의 요건을 모두 적법하게 갖추고 있는 이상 X의 소유권을 취득한다. 그런데 A는 B와의 매매계약에 따르는 채권만을 가지고 있을 뿐이며, 그 채권은 B에게만 주장할 수 있다. 다만 2024. 9. 1. 당시 B는 이행불능 상태이므로 A에게 채무불이행에 따르는 책임을 부담한다. 결국 A는 B와의 계약을 해제하거나 손해배상을 청구할 수는 있어도 X의 소유권을 취득할 수는 없다.

다만 이러한 부동산의 이중매매에 관해 판례는 다음과 같이 판시한다(B－C의 관계에 관한 것이다). "부동산의 이중매매가 반사회적 법률행위로서 무효가 되기 위하여는 매도인의 배임행위와 매수인이 매도인의 배임행위에 적극 가담한 행위로 이루어진 매매로서, 그 적극가담하는 행위는 매수인이 다른 사람에게 매매목적물이 매도된 것을 안다는 것만으로는 부족하고, 적어도 그 매도사실을 알고도 매도를 요청하여 매매계약에 이르는 정도가 되어야 한다."(대법원 1994. 3. 11. 선고 93다55289 판결) 이에 의하면 위 사례의 C가 선의인 경우는 물론 단순히 악의인 경우에도 그가 소유권을 취득하지만, 예외적으로 B의 배임행위에 적극 가담한 경우에는 소유권취득이 부정될 수 있다. 그러나 사례에서는 C를 선의로 가정했으므로 위 사례에서는 A가 소유권을 취득할 수 없다.

제11장 사례연습

부동산의 등기부 취득시효가 성립하기 위해서는 점유자가 그 부동산의 소유자로 등기되어 있어야 하고, 그 점유가 선의 · 무과실의 자주점유이면서 평온 · 공연한 점유여야 하며, 10년간 점유가 계속되어야 한다. 이 요건을 모두 갖춘 경우 점유자가 점유를 개시한 때로 소급하여 소유권을 취득한다.

(1) C가 위 등기부 취득시효 요건을 모두 갖추고 있는지 판단한다. C는 15년 전에 자기 이름으로 소유권이전등기를 마쳤다. 그리고 C는 자기가 소유권을 취득하였다고 과실 없이 믿었으므로 C의 점유는 자기에게 본권인 소유권이 있다고 믿은 무과실의 선의점유다. 동시에 매수인의 지위에서 시작된 점유이므로 자주점유다. 또한 사례에 다른 사정이 제시되어 있지 않은 한 평온 · 공연한 점유라고 본다. 그리고 C의 점유는 10년 넘게 계속되었다. 따라서 C는 등기부 취득시효의 요건을 모두 갖추었고 현재 소유권자에 해당한다.

(2) C는 등기부 취득시효의 요건을 모두 갖추었으며 이때 그 점유가 개시된 때로 소급하여 소유권을 취득하므로, X토지를 매수하여 점유하기 시작한 때부터 소유권을 취득한다.

제12장 사례연습

미등기 전세도 주택임대차보호법의 적용을 받으므로 주택임차인은 동법의 요건을 갖춤으로써 대항력과 우선변제권을 취득한다. 미등기 전세의 주택임차인이 주택을 인도받고 그 주택의 소재지 주민등록을 마치면 그 다음 날부터 대항력을 취득하며, 그와 동시에 계약서에 확정일자까지 받은 경우 대항력이 발생하는 날을 기준으로 우선변제권도 취득한다.

D는 2023. 10. 31.에 대항력 요건과 확정일자를 모두 갖추었으므로 2023. 11. 1.자로 대항력과 우선변제권을 취득하며, 그 날짜를 기준으로 보증금을 우선변제받을 수 있다. 그런데 목적주택인 X에는 다른 권리자들이 있다. 우선 B은행은 2020. 6. 10.자로 피담보채무를 8억원으로 하는 저당권을 취득하였으며, C는 2022. 4. 20.에 취득한 5억원의 채권이 있다. B의 저당권 성립일이 D의 확정일자보다 빠르므로 B가 D보다 선순위 권리자이며, D는 보증금에 관해 B보다 우선하여 변제받을 수 없다. 그런데 C는 담보권 없이 채권만 가지고 있으므로 D는 C보다는 우선하여 변제받을 수 있다. 즉 C는

가장 후순위가 된다. 따라서 모두가 배당에 참가하였다고 할 때 경매낙찰대금 19억원 중 D가 자신의 채권액 8억원을 모두 배당받고, 그 다음 순위에서 D가 보증금 10억원을 모두 배당받는다. C는 남은 1억의 범위에서 배당받는다.

그러므로 D는 보증금 전액을 변제받을 수 있다.

제13장 사례연습

[사례1]

혼인은 부부관계의 발생원인이므로 A와 B 사이에는 부부관계가 형성되지만 B와 C 사이에는 직접적으로 친자관계가 형성되지 않는다. 혼인과 별개로 입양이 있으면 그에 따라 B와 C 사이에는 법정친자관계가 발생한다. 그러나 사례에서는 그러한 언급이 없으므로 B와 C는 인척이다. C는 B에게 배우자의 혈족, B는 C에게 혈족의 배우자가 된다.

[사례2]

A에게 D는 혈족의 배우자의 혈족이다. 따라서 인척도 아니고 친족도 아니다.

제14장 사례연습

[사례1]

1순위 상속인은 직계비속이며 피상속인의 배우자가 있는 경우 직계비속과 공동으로 상속한다. 공동상속인들 간 상속분 비율은 동일하지만 배우자의 상속분은 직계비속의 상속분에 1.5배를 가산한다. 그런데 공동상속인 중에 상당한 기간 동안 동거 · 간호 기타의 방법으로 피상속인을 특별히 부양한 사람이 있는 경우 상속재산 가액에서 기여분 가액을 기여자를 위해 공제하고, 나머지를 상속재산으로 하여 각자의 상속분에 따라 상속한다. 한편 공동상속인 중에서 피상속인으로부터 증여나 유증 등 특별수익을 받은 자가 있는 경우에는 그의 상속분이 그 특별수익에 미치지 못하는 한도에서 상속받는다.

사례에서는 A의 기여에 대하여 공동상속인들이 보상액을 1억원으로 정했으므로, 9억원에서 1억원을 공제한 8억원에 대하여 각자의 상속분에 따라 상속한다. 그런데 A는 특별수익자이기도 하므로 그 특별수익 1억원을 더하여 계산하여야 A의 상속분 가액이 얼마인지 파악할 수 있다. 따라서 9억원을 기준으로 각자의 상속분을 곱해야 하는데, 피상속인의 직계비속은 3명이고 피상속인의 배우자가 공동으로 상속받으므로, 직계비속의 상속분은 각각 2/9, 배우자의 상속분은 3/9이 된다. 그 결과 직계비속의 상속분 가액은 각자 2억원, 배우자의 상속분 가액은 3억원이 된다. 그런데 A는 특별수익 1억원을 고려하여야 하므로 상속분에 부족한 나머지 1억원만 상속받는다.

따라서 피상속인이 남긴 9억원 중 1억원은 A에게 기여분으로, 나머지 8억원은 A에게 1억원, 오빠와 남동생에게 각각 2억원, 어머니에게 3억원씩 상속된다.

[사례2]

특별수익자 D가 있으므로 상속재산 가액 15억원에 특별수익을 더한 18억원을 기준으로 각 상속분에 따라 계산하면, 배우자B는 6억원, 자녀C와 E는 각각 4억원, 자녀D는 특별수익을 고려하여 부족한 상속분의 한도인 1억원을 각각 상속받는다. 그런데 채무도 상속되므로 4억5천만원의 채무 역시 각자의 상속분에 따라 상속된다. 그 결과 배우자B는 1억5천만원, 자녀C, D, E는 각각 1억원에 해당하는 채무를 상속한다. 따라서 각자의 순상속분액은 B의 경우 4억5천만원, C와 E는 3억원, E는 0원이 된다.

[사례3]

배우자와 직계비속의 유류분은, 유류분 산정의 기초가 되는 재산에 각자의 상속분을 곱한 것의 1/2이다. 이때 유류분 산정의 기초가 되는 재산은 상속개시 시의 상속재산 가액에 증여재산의 가액을 더하고 채무의 전액을 공제하여 계산한다. 유증은 아직 이루어지기 전이므로 해당 가액도 여기에 포함된다. 그리고 이에 따라 계산한 각 상속인의 유류분액과 각자의 순상속분 가액을 비교하여 유류분에 부족함이 있는 경우에는 유류분반환청구를 할 수 있다.

우선 사례에서 각자의 순상속분액이 얼마인지 살펴본다. 먼저 유언이 있는 범위에서는 그것이 상속에 우선하므로 3억5천만원에서 유증을 고려하면, 배우자B는 5천만원을 유증받고, 자녀C는 2억5천만원, 자녀D는 5천만원을 유증받는다. 채무 7천만원은 B에게 3천만원, C와 D에게 2천만원씩 상속된다. 따라서 각자의 순상속분 가액은 B가 2천만원, C가 2억3천만원, D가 3천만원이다.

각자의 유류분액을 계산하면 다음과 같다. 우선 유류분 산정의 기초가 되는 재산은, 상속개시 시의 재산 3억5천만원에 채무 7천만원을 공제한 결과 2억8천 만원이 된다. 여기에 각자의 상속분과 유류분비율을 곱하면, B의 유류분액은 6천만원, C와 D의 유류분액은 4천만원이 된다.

각자의 순상속분 가액과 유류분액을 비교하면 C의 경우 유류분에 부족함이 없으나,

B의 경우 4천만원의 부족분이 생기고 D의 경우 1천만원의 부족분이 생긴다. 이 부족분에 관하여 B와 D는 C에게 유류분반환청구권을 행사할 수 있다. 유류분반환청구의 결과 B는 6천만원, C는 1억8천만원, D는 4천만원을 상속한다.

판례색인

대법원 1962. 6. 14. 선고 4294민상1359 판결 125

대법원 1973. 7. 24. 선고 73다114 판결 177

대법원 1980. 1. 29. 선고 79므62, 63 판결 203

대법원 1980. 9. 9. 선고 80다7 판결 177

대법원 1981. 10. 24. 선고 81다96 판결 98

대법원 1983. 6. 14 선고 80다3231 판결 18, 20

대법원 1983. 7. 12. 선고 82므59 전원합의체 판결 218

대법원 1985. 9. 10. 선고 84다카1532 판결 123

대법원 1989. 4. 11. 선고 88다카11428 판결 103

대법원 1991. 6. 28. 선고 90다카25277 판결 78

대법원 1991. 7. 12. 선고 90다11554 판결 45

대법원 1991. 7. 26. 선고 91다5631 판결 158, 159

대법원 1991. 12. 10. 선고 91다3802 판결 22

대법원 1991. 12. 10 선고 91므245 판결 208

대법원 1992. 4. 14. 선고 92다1728 판결 23

대법원 1992. 5. 12. 선고 92다4581, 92다4598 판결 115

대법원 1992. 6. 23. 선고 91다33070 전원합의체 판결 120

대법원 1992. 10. 13. 선고 92다30597 193

대법원 1992. 10. 27. 선고 91다483 판결 134

대법원 1993. 2. 26. 선고 92다48635, 48642 판결 101

대법원 1993. 4. 27. 선고 92다56087 판결 97

대법원 1993. 5. 14. 선고 93다4366 판결 24

대법원 1993. 7. 27. 선고 93다20986,20993(병합) 판결 23

대법원 1993. 12. 10. 선고 93다12947 판결 100

대법원 1994. 1. 28. 선고 93다43590 판결 23

대법원 1994. 2. 8. 선고 93다39379 판결 49

대법원 1994. 3. 11. 선고 93다55289 판결 239

대법원 1996. 2. 9. 선고 95다27998 판결 135
대법원 1997. 8. 21. 선고 95다28625 전원합의체 판결 179
대법원 1997. 11. 28. 선고 97다31229 판결 209
대법원 1998. 3. 13. 선고 95다48599, 48605 판결 137
대법원 1998. 8. 21. 선고 97다37821 판결 22
대법원 1998. 12. 8. 선고 97므513,520,97스12 판결 228
대법원 1999. 2. 23. 선고 97다12082 판결 23
대법원 1999. 3. 18. 선고 98다32175 전원합의체 판결 153
대법원 1999. 3. 23. 선고 98다46938 판결 192
대법원 1999. 7. 9. 선고 98다9045 판결 177
대법원 2000. 1. 18. 선고 98다18506 판결 91
대법원 2000. 6. 9. 선고 2000다15371 판결 153
대법원 2000. 10. 27. 선고 2000다30554,30561 판결 89
대법원 2001. 1. 19. 선고 2000다12532 판결 104
대법원 2001. 3. 9. 선고 99다13157 판결 227
대법원 2001. 3. 23. 선고 99다33397 판결 125
대법원 2001. 7. 10. 선고 2001다3764 판결 76
대법원 2001. 12. 27. 선고 2001다32236 판결 136
대법원 2002. 9. 4. 선고 2002다11151 판결 88
대법원 2002. 10. 11 선고 2001다10113 판결 58
대법원 2002. 10. 22. 선고 2002다38927 판결 43
대법원 2002. 11. 8. 선고 99다58136 판결 86
대법원 2003. 1. 24. 선고 2002다65189 판결 86
대법원 2003. 7. 11. 선고 2003다19572 판결 137
대법원 2004. 3. 12. 선고 2001다79013 판결 129
대법원 2004. 11. 12. 선고 2002다53865 판결 124
대법원 2005. 1. 14. 선고 2002다57119 판결 155
대법원 2005. 6. 9. 선고 2005다6341 판결 127
대법원 2005. 7. 21. 선고 2002다1178 전원합의체 판결 16, 18, 19, 20
대법원 2005. 8. 25. 선고 2005다14595 판결 138

대법원 2005. 12. 8. 선고 2003다41463 판결 74
대법원 2006. 6. 29. 선고 2004다5822 판결 137
대법원 2006. 9. 28. 선고 2006다22074, 22081 판결 181
대법원 2007. 12. 20. 선고 2005다32159 전원합의체 판결 40
대법원 2007. 12. 28. 선고 2005다38843 판결 100
대법원 2008. 2. 1. 선고 2007다8914 판결 100
대법원 2008. 6. 12. 선고 2008다11276 판결 49
대법원 2009. 1. 15. 선고 2008다72394 판결 137
대법원 2010. 4. 29. 선고 2007다9139 판결 90
대법원 2012. 7. 12. 선고 2010다42990 판결 193
대법원 2013. 4. 26. 선고 2012다118334 판결 136
대법원 2013. 6. 28. 선고 2011다83110 판결 145
대법원 2014. 3. 13. 선고 2013다34143 판결 127
대법원 2014. 4. 30. 선고 2010다11323 판결 77
대법원 2014. 5. 16. 선고 2012다72582 판결 91
대법원 2014. 10. 27. 선고 2014다22772 판결 90
대법원 2015. 7. 23. 선고 2015다200111 전원합의체 판결 42
대법원 2015. 9. 15. 선고 2013므568 전원합의체 판결 211
대법원 2017. 6. 19. 선고 2017다215070 판결 155
대법원 2018. 2. 13. 선고 2017다275447 판결 74
대법원 2018. 7. 12. 선고 2015다36167 판결 144
대법원 2018. 11. 9. 선고 2018다240462 판결 155
대법원 2020. 11. 26. 선고 2018다221676 판결 106
대법원 2022. 12. 16. 선고 2022다218271 판결 151

헌재 2015. 4. 30. 2013헌마623 218
헌재 2022. 10. 27. 2018헌바115 204

사항색인

ㄱ

강제이행 117
강행규정(강행법규) 40
계약 37, 69
계약금 128
계약자유의 원칙 69
고의 104
공시방법 169
공시(公示)의 원칙 169
공신력 170
공신(公信)의 원칙 170
과실 104
과실상계 125
과실책임주의 21
관습법 16
권능 32
권리 31
권리남용 금지의 원칙 24
권리능력 55
권리의무관계 31
권리의 변동 35
권리의 주체 55
권한 32
급부 66
기여분 229

ㄷ

단독행위 37
담보물권 140, 166
담보책임 83
대리 48
대리권 48
대리행위 49
대리효과 50
대물변제 150
대상(代償)청구권 114
대습상속 226
대항력 189
동산 163
동시이행의 항변권 75
등기 169

ㅁ

매매계약 83
무효 38
물건 61, 163
물권 163
물권법정주의 164
물권적 청구권 176
물권행위 168
물적담보 140
미성년자 60

ㅂ

반사회질서의 법률행위 41
법률관계 29
법률요건 36
법률행위 36
법률효과 35
법원 15
법정채권관계 95
법정해제권 126
변제 149
변제공탁 150
변제의 제공 150
보증계약 139
부당이득 96
부동산 163
부부별산제 208
불공정한 법률행위 43
불법원인급여 99
불법행위 102
불완전이행 115
비채변제 99

ㅅ

사기 또는 강박에 의한 의사표시 46
사무관리 95
사적 자치의 원칙 21
상계 150
상당인과관계 106
상속 225
선량한 관리자의 주의 67
선의 45, 85, 101
선의취득 180
소극적 손해 124
소멸시효 152
소유권 165, 175
손익상계 124
손해 120
손해배상 120
승낙 74
신뢰이익의 손해 124
신의성실의 원칙 22
쌍무계약 75

ㅇ

악의 45, 85, 101
약정해제 128
용익물권 166, 185
우선변제 141
우선변제권 186, 192
위법성 105
위험부담 77
유류분 230
유상계약 83
유언 224
유증 225
유치권 141
의무 31
의사능력 57
의사표시 44

이행불능 113
이행이익의 손해 124
이행지체 111
이혼 209
인도 169
인적담보 139
인지 216
인척 201
일물일권주의 166
일상가사대리권 209
임의규정 40
임차권 187

ㅈ

재산분할청구권 215
재산적 손해 123
저당권 142
적극적 손해 124
전보배상 113
전세권 185, 186
점유 165, 169
점유권 165
정신적 손해 123
제3자 45
제척기간 153
제한능력자 59
제한물권 164
조리 18
지배권 33
지상권 185
지역권 185
지연배상 112
진의 아닌 의사표시(비진의표시) 45
질권 142

ㅊ

착오 46
채권 65
채권담보 139
채권양도 143
채권자대위권 134
채권자지체 128
채권자취소권 135
채권자 평등의 원칙 66
채무 68
채무불이행 111
채무인수 145
책임 68
책임능력 105
책임재산 118
책임재산의 보전 133
청구권 33
청약 73
청약의 유인 73
취득시효 152, 181
취소 38, 126
친권 219
친생자 추정 217
친족 201

ㅌ

통상손해 121
통정허위표시 46
특별손해 122
특별수익자 228

ㅎ

하자담보책임 89
항변권 34
해약금 128
해제 126
해지 126
행위능력 39, 59
혈족 201
형성권 34
혼인 203
효력규정 40

저자소개

[학력]

고려대학교 식품자원경제학과(경제학사) 졸업

동국대학교 대학원 법학과(민사법전공, 법학석사/법학박사) 졸업

[주요경력]

現 성신여자대학교 법과대학 교수

경기대학교 법학과 교수

한국토지법학회 제14회 우수논문상(2025)

한국소비자법학회 제3회 신진학술상(2021)

한국민사법학회 제12회 율촌신진학술상(2016)

동국대학교 법과대학 학술상(2012)

現 한국민사법학회, 한국가족법학회, 한국사법학회, 한국재산법학회, 한국소비자법학회, 한국집합건물법학회, 한국하도급법학회 등 상임이사

[주요논문]

개정론 관점에서의 민법상 조합 규정(민사법학, 2024)

집합건물 공용부분의 배타적 사용관계(토지법학, 2024)

무권리자의 처분과 독일민법 제185조의 처분수권(민사법학, 2023)

혼인의사의 합치에 대한 재평가(가족법연구, 2023)

전자상거래법상 청약철회 효과의 문제점과 개선방안(소비자법연구, 2021)

민법상 조합의 부분권리능력(민사법학, 2019)

민법상 조합의 불법행위와 조합원의 대외적 책임(비교사법, 2015)

祕密과 情報: 個人祕密의 民事法的 保護(박사학위논문, 2012)

등 70여 편

처음 만나는 민법

초판발행 2025년 6월 5일

지은이 김세준
펴낸이 안종만·안상준

편 집 이수연
기획/마케팅 김한유
표지디자인 BEN STORY
제 작 고철민·김원표

펴낸곳 (주) 박영사
서울특별시 금천구 가산디지털2로 53, 210호(가산동, 한라시그마밸리)
등록 1959.3.11. 제300-1959-1호(倫)
전 화 02)733-6771
f a x 02)736-4818
e-mail pys@pybook.co.kr
homepage www.pybook.co.kr
ISBN 979-11-303-4979-4 93360

정 가 18,000원